破解企业不连续创新

驱动力、路径与效应

冯军政◎著

『管理科学与工程』浙江省高校人文社科重点研究基地资助出版

ZHEJIANG UNIVERSITY PRESS
浙江大学出版社

前言

习近平总书记指出,中国经济呈现出"新常态"发展趋势,即经济从高速增长转变为中高速增长、经济结构不断优化升级、创新取代要素驱动和投资驱动成为经济增长的主要动力。然而在"新常态"情境下,中国企业开展创新所面临的国内外环境越发具有挑战性,如何适应这种挑战并化挑战为机遇是我国企业家和高层管理者急需解决的战略难题。

(1)全球主要经济体尚未完全从金融危机中恢复,经济增长乏力,对中国商品的需求不足,导致中国大量相关企业的生存和持续经营异常困难;

(2)自 2001 年中国加入 WTO(世界贸易组织)后,国内市场竞争国际化,大量外资企业加速进入,抢占了一定的市场份额,并占据行业产品创新、技术创新乃至管理创新的制高点;

(3)改革开放以来,我国市场经济建设和社会发展取得巨大的成就,人们的生活水平和生活质量得到极大提高,买方市场时代来临,消费需求出现快速分化和升级,需求个性化、全球化趋势凸显,但企业供给端的技术能力和技术创新水平难以满足未来市场需求;

(4)中国众多行业的发展已进入成熟期乃至衰退期,市场同质化竞争异常激烈,"超竞争"态势愈发明显,导致企业赢利水平大幅下滑,行业利润率几乎处于历史最低水平,创新资金投入不足;

(5)国际游戏规则发生重大改变,以美国和欧盟等为主导的发达国家正试图通过"服务贸易协定"(TISA)等一系列谈判构建一个新的、更加高级和更加严格的世界贸易与投资规则,并以此重塑全球贸易和投资新格局,其中的核心内容之一就是建立各成员国一致认同的知识产权管理标准以及透明、公平的市场竞争规则。

在多重压力背景下,中国企业的持续发展将面临一个非常严峻的战略困境:对处于低增长和"超竞争"环境下的企业来说,生存和赢利是第一要务,为了维持已有市场份额和经营利润,企业更倾向于选择成本更低、风险更小、速度更快的模仿战略与跟随战略,在已有业务领域内对当前的产品、技术、市场和商业模式等进行小幅度的改进,这促使企业形成了一种强调短期回报、抵制变革、害怕失败、规避风险的战略惯性;与此同时,如果企业一味固守原有的经营模式,无法快速取得产品突破、技术突破、市场突破和商业模式突破,那么在全球竞争条件下,势必会逐步丧失已有的市场份额和经营利润,且任何迟缓和不充分的反应都会给企业带来重大的机会成本,并给企业能力的进化和变革带来致命性的打击。那么,中国企业能否完成从模仿到创新,从跟随到引领,从中国制造到中国创造的跨越,其关键就在于能否有效应对"新常态"下的挑战并把握机遇,在不断增强渐进性创新能力的基础上,高效孕育和发展出不连续创新的能力。

为此,本书主要聚焦于中国制度转型期环境动荡性对企业不连续创新的驱动机制,以及针对不连续创新是否能够真正提升组织绩效这一逻辑链条展开研究,力图深化人们对不连续创新这一类创新的理解和认识。研究表明,不连续创新是企业长期成长和成功的"发动机",但是由于企业高管的认知障碍、信息过滤、感知激励不足、组织惯例、企业内部利益冲突等,企业不连续创新的决策和实施变得异常复杂和困难。本书认为,已有关于不连续创新的研究主要聚焦于宏观层次的技术不连续创新,特别是关注新技术成为在位企业现有主导产品或技术的真正威胁后的被动适应行为,对企业微观层次如何主动和前瞻性地开展不连续创新的探究不够。

一方面,根据有关理论,不连续创新的机会既不会以预先包装好的形式出现,也不会自动掉到我们面前,企业对环境动荡性的感知能够直接影响不连续创新的决策和实施。另一方面,在动荡环境下,调整、整合、重构内外资源与技能的动态能力理论近年来呈现蓬勃发展之势。作为组织认知的"主动加工"过程,动态能力能够有效应对高度不确定性和模糊性的活动,为企业开展不连续创新提供了一种合适的路径。那么,在环境动荡性情境下,企业是否能够通过动态能力的培育和提升来促进不连续创新?

围绕上述研究逻辑,建立在奥地利经济学派有关机会发现相关理论的基础上,本书主要研究内容包括:(1)深化并进一步拓展已有不连续创新关于环境前因的研究,即在中国转型期情境下探讨环境动荡性对不连续创新的直接影响机制;(2)基于动态能力微观认知机制方面的研究,从该视角探讨环境动荡性影响不连续创新的具体路径;(3)将组织绩效区分为短期绩效和长期绩效,并从知识吸收能力的视角,探讨不连续创新对组织绩效的非线性影响作用,以增强人们对不连续创新作用的认识。

本书在对已有研究进行系统评述和逻辑分析的基础上,通过开展探索性案例研究,构建出理论模型并提出相应的假设,最终利用204家中国企业的样本数据对所提出的假设进行检验。本书研究对理解动态能力理论和创新理论进行了深化与拓展,其中动态能力是由"机会感知能力""资源整合能力""组织重构能力"三个不同维度所构成的"合并型"多维构念,进一步证实环境是企业开展创新的直接驱动因素,而非仅仅作为企业成长和发展的背景而存在,同时动态能力为培育和提升不连续创新能力提供了重要的通道。本书的研究结论对我国企业如何主动适应环境变化、积极培育动态能力和促进不连续创新等管理实践具有参考价值,对政府有关机构产业发展与创新政策的制定具有启发意义。

本书的顺利完成离不开许多专家、领导和企业界朋友的指导和大力支持。首先非常感谢浙江大学魏江教授,魏老师对本书的构思和创意做出了较大的贡献,没有他的指导,就没有本书的顺利完成,同时也感谢魏老师团队诸位成员的热忱帮助。其次,感谢浙江南都电源动力股份有限公司有关领导和管理者的大力支持,使笔者掌握了丰富的第一手资料,顺利完成了探索性案例的研究工作,并对本书理论模型的构建具有直接支持作用。再次,感谢杭州电子科技大学管理学院王核成院长、周青院长、陈新书记,以及战略与营销系各位同仁和管理学院众多同事的关心和支持。感谢沈阳工业大学王海军教授多年来的一贯鼓励与支持,与之交流受益匪浅。感谢浙江大学出版社杨利军等各位老师认真与负责的态度,使本书能够按时顺利地完成。最后,感谢家人的理解、支持与包容,使我能够安心工作,顺利完稿。

由于时间、精力有限,书中难免有不足和需要改进之处,期待各位学者、专家、领导和读者朋友批评指正。

冯军政

2017年盛夏于紫台

目录

1 绪论 /001

1.1 研究背景 /001

1.2 不连续创新的提出及其实施障碍 /007

1.3 研究问题 /013

1.4 研究目标、框架与内容 /018

1.5 研究方法与技术路线 /022

1.6 主要创新点 /023

2 文献综述 /026

2.1 不连续创新文献综述 /026

2.2 环境动荡性文献综述 /052

2.3 动态能力文献综述 /065

3 探索性案例研究 /095

3.1 问题提出 /095

3.2 研究方法 /096

3.3 研究发现 /102

3.4 南都电源已有技术领域和新兴技术领域创新模式 /113

3.5 案例讨论及结论 /115

4 模型构建与假设 /117

4.1 环境动荡性与不连续创新 /117

4.2　动态能力与不连续创新　/126

4.3　环境动荡性与不连续创新：动态能力的中介作用　/132

4.4　不连续创新与组织绩效　/134

4.5　不连续创新的部分中介效应　/141

5　研究方法　/145

5.1　样本选择与数据收集　/145

5.2　变量测量　/148

5.3　研究方法　/152

5.4　构念信度检验　/154

5.5　构念效度检验　/158

6　研究发现　/166

6.1　变量描述性统计　/166

6.2　环境动荡性对不连续创新的影响效应　/169

6.3　动态能力对不连续创新的影响效应　/170

6.4　环境动荡性与不连续创新：动态能力的中介作用　/172

6.5　不连续创新与组织绩效　/175

6.6　不连续创新的部分中介效应　/180

6.7　本研究假设检验汇总　/183

7　结果讨论与结论　/186

7.1　本书核心构念多维结构的讨论　/186

7.2　环境动荡性与不连续创新假设检验结果讨论　/189

7.3　动态能力与不连续创新假设检验结果讨论　/192

7.4　环境动荡性与不连续创新：动态能力中介作用假设检验结果讨论　/194

7.5　不连续创新与组织绩效假设检验结果讨论　/194

7.6　环境动荡性、动态能力与组织绩效：不连续创新中介作用假设检验结果讨论　/196

7.7　研究结论　/197

8　**研究贡献与展望**　/200

8.1　理论贡献　/200

8.2　企业管理实践启示　/204

8.3　局限性与未来进一步研究的问题　/206

参考文献　/211

附录 1　企业访谈提纲　/243
附录 2　企业调查问卷　/245

1

绪论

1.1 研究背景

1.1.1 现实背景:超竞争促使企业主动和创新性地参与市场竞争

不连续创新,指导致企业在技术技能、知识、设计、产品技术、机器和厂房中的大量已有投资失效的创新(Utterback,Kim,1986;Utterback,1996)。在"超竞争"(D'Aveni,1994,1998)和环境"不连续性变革"(Prahalad,1998)情境下,不连续创新成为企业生存和持续发展的关键途径。Prahalad 是"核心能力"的创始人之一,同时被《商业周刊》誉为"当今企业战略领域最有影响的思想家"。Prahalad 教授在《管理不连续性:新兴的挑战》一文中认为,在 21世纪,竞争环境将展现出不连续性变革的显著特征,如全球化、放松管制和私有化、竞争加速、技术融合、产业边界模糊、新标准的出现、非居间化(disintermediation)和生态敏感性(eco-sensitivity)等,这使得企业以往经常实施的渐进性创新活动,如变得更好(TQM)、更快(cycle time)和更加灵活(agile)等,尽管仍然非常重要,但对企业的生存和持续发展来说是不够的,如何识别和学习即将发生的不连续性创新成为企业高管面临的真正挑战(Prahalad,1998)。

这种挑战的最直接威胁来自超竞争环境和竞争动态性变化。21 世纪以来,随着经济和贸易全球化进程的加快、技术进步与技术变革趋势的增强、竞争加剧等,在众多产业领域,企业所面临的技术环境、市场环境和政策环境都变得更具动态性、不确定性和复杂性。"超竞争"(D'Aveni,1994,1998)成了市场竞争的常态。D'Aveni(1998)曾经断言,当前众多产业已经从缓慢变化、稳定的寡头垄断环境转变为激烈而快速的竞争环境,在该环境中,竞争对手之间以不可预期的非常规方式快速对抗,竞争优势被快速地创造、侵蚀或破坏,其获取和维持变得越来越难,对企业组织的柔性、创新性和创造性提出了更高的要求,以快速适应不断变化的市场规则,同时开发高水平的动态能力,以解决能力与结构之间的矛盾(Biedenbach,Söderholm,2008)。

一些实证研究结果也表明,"超竞争"是当前市场竞争的主导发展趋势。例如,Thomas(1996)通过对美国1958—1991年间200家制造业企业的实证研究表明,企业市场竞争正在向超竞争的状况转变,而知识基础的重要性在于触发了企业向超竞争的转变。McNamara等(2003)通过对1978—1997年间114191个业务单元的实证研究证实,20世纪70年代后期到80年代后期的市场竞争存在超竞争的特性(暂时性超竞争)。Wiggins和Ruefli(2005)指出,"超竞争效应的广泛存在对于实践和理论研究都有重要的意义",他们通过对1972—1997年间40个行业6772家公司以及对1980—1996年间13899个业务单元的研究发现:(1)企业持续竞争优势的周期在不断缩短;(2)诸多产业的市场竞争都存在超竞争现象;(3)企业持续竞争优势建立在一系列短期竞争优势的基础之上。而更为重要的是,随着制度环境的不断完善和成熟,"超竞争"有向新兴市场国家(如阿根廷、巴西等拉美国家)发展的趋势(Hermelo,Vassolo,2010)。

而在中国制度转型情境下,1978年提出并逐步实施的改革开放政策从根本上改变了中国社会的制度基础,经济与市场体制、政府治理结构、企业所有权以及消费者的消费观念和消费行为都发生了翻天覆地的变化,然而,成熟和完善的市场体制尚未真正形成,中国经济体制兼具转型经济、新兴经济和西方经济体制的特征(Li,Peng,2008)。在这种转型情境下,以产权为基础的法律框架的缺乏、稳定的政治结构的缺乏和战略要素市场的缺乏等,为企业市场交易带来了极大的风险和极高的不确定性,同时制约着企业外部财务资源、管理资源和人力资源的获取(Peng,Heath,1996)。因此,中国当前的制度环境在很大程度上限制了企业战略选择的空间和范围,并导致企业间战略、结构和资源同构,加剧了行业市场竞争,"超竞争"和低增长的现象也越发凸显。

例如,国家统计局的数据显示(见图1.1),进入21世纪以来,中国规模以上工业企业主营业务收入增速明显变缓,2001—2006 年期间,规模以上工业企业主营业务收入年均复合增长率高达 27.32%,营业利润年均复合增长率更是高达 36.64%;而 2007—2010 年期间,规模以上工业企业主营业务收入年均复合增长率降至 20.41%,营业利润年均复合增长率降至 25.39%;2011—2015 年期间,规模以上工业企业主营业务收入年均复合增长率则降至 7.15%,营业利润年均复合增长率更是降至 0.07%。从利润率看,情况同样非常严峻,自 2008 年的全球金融危机以来,我国规模以上工业企业的利润率逐年下滑,2010 年至 2015 年分别为 7.96%、7.57%、6.68%、6.58%、6.08% 和 5.76%。

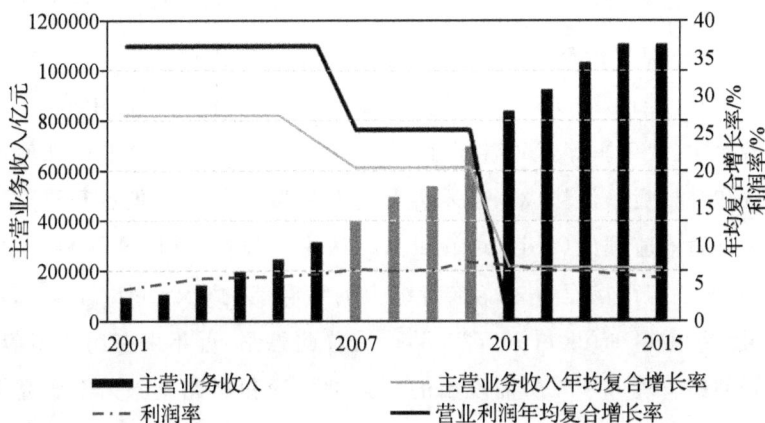

图 1.1　中国规模以上工业企业主要经济指标①

数据来源:国家统计局。

唐晓华和苏梅梅(2003)的研究为中国制度转型情境下的超竞争环境提供了直接证据。他们基于市场结构、市场行为和市场绩效三方面的评价发现,中国 37 个制造业行业中有 21 个行业(包括木材制品、塑料制品、造纸、印刷、专用设备制造、皮革、食品加工、饮料制造、纺织、家具制造等)都表现出了过度竞争的态势。中国企业之间价格战、广告战、促销战层出不穷,不但降低了整个行业的利润水平,也降低了资源配置效率,减少了消费者剩余和社会福利总水平(姜

---

① 1998—2006 年,规模以上工业是指全部国有及年主营业务收入达到 500 万元及以上的非国有工业法人企业;从 2007 年开始,按照国家统计局的规定,规模以上工业的统计范围为年主营业务收入达到 500 万元及以上的工业法人企业;2011 年经国务院批准,纳入规模以上工业统计范围的工业企业起点标准从年主营业务收入 500 万元提高到 2000 万元。

黎辉，2007）。这从客观上决定了中国企业只有实施大规模的结构性变革才能快速有效地适应超竞争环境的变化，以摆脱生产能力严重过剩、资源利用率低下和长期微利或亏损的状态。March(1991)指出，在市场竞争异常激烈的情况下，所有企业的平均绩效非常接近，边际利润很低，企业在现有技术和产品上进一步投资和学习几乎不再对组织绩效产生贡献，因此开发式学习无法帮助企业适应当前的状况，需要加强探索式学习。

1.1.2　理论背景：超竞争环境中组织适应性行为的新解释

在"超竞争"和环境"不连续性变革"(Prahalad，1998)情境下，特别是在中国制度转型期，外部制度和产业环境变化体现出了持续的高度"动态性"(Tan，Litschert，1994；Tan，Tan，2005)、"剧烈动荡"(Meyer et al. ，1990；Peng，2003b)和"湍流"型变化(武亚军等，2005；武亚军，2009)的典型特征，企业应如何快速适应并获取和维持竞争优势成为学术界和管理实践界的研究焦点和热点。本研究基于红皇后效应理论(red queen effect)认为，在超竞争环境下，企业只有积极、创新性地参与市场竞争才能维持组织的生存能力(Barnett，Hansen，1996)和提升组织绩效(Derfus et al. ，2008)。沿着此思路，近年来在组织适应性、动态能力和创新管理等领域所涌现出的一大批理论和研究流派为本研究提供了重要的理论支撑。

（1）超竞争环境中组织适应性行为变化新趋势

在组织适应性研究领域，面临环境的高度动荡性，组织变革与组织生态学等领域对组织能否适应以及如何适应环境的变化进行了丰富的讨论，出现了种群生态学派、制度学派、权变学派、演进理论、生命周期/间断均衡理论、战略选择/冲突理论、企业行为理论、资源基础理论、动态能力理论、组织学习理论和复杂性理论(何铮等，2006；吕鸿江等，2007；O'Reilly Ⅲ，Tushman，2008)。组织适应性，即组织对环境变化进行正确预测(Hamel，Valikangas，2003；Takii，2007)，适当调整自身战略、结构、行为、特征及管理系统(刘洪，2004；Smit，Wandel，2006；吕鸿江 et al. ，2007)，以及时识别、把握和开拓各种市场机会的学习能力与变革能力(Korn，1996；Oktemgil，Greenley，1997)，成为环境动态变化情境下学术界讨论最为激烈的焦点。

长期以来，在组织适应性的研究问题上曾经出现两个极端的视角：一种观点基于组织生态学的视角,以环境决定观为主导,认为组织由于具有能力刚性或组织惯性不能发生显著的变革,企业最终的结果都是走向失败;另一种观点以企业战略选择观或者环境—战略之间协同演进观为主导,认为组织通过学习或变革而具有延展性,能够随着环境条件的变化而进行调整(Eisenhardt,Tabrizi,1995;O'Reilly Ⅲ,Tushman,2008)。近年来,这种争论的焦点已经从适应性能否发生,转变到了这种适应性如何发生和何时发生(Gersick,1994)。通过罕见的大规模结构变革达到适应性的间断均衡模型开始出现,并逐渐成为组织适应性研究的主导模型(Romanelli,Tushman,1994;Eisenhardt,Tabrizi,1995)。O'Reilly Ⅲ和 Tushman(2008)认为在组织适应性研究的第二种视角中,主要围绕两个研究主题展开:

第一,即战略管理领域最近的研究热点和焦点之一,用来解释环境动态变化情境下企业竞争优势/持续竞争优势来源的动态能力理论(Teece,Pisano,1994;Teece et al.,1997;Eisenhardt,Martin,2000;Teece,2007);

第二,在组织研究领域,在探索性活动、利用性活动或者渐进性创新与不连续创新之间实现平衡的组织"双元性"理论(March,1991;Tushman,O'Reilly Ⅲ,1996;Tushman,O'Reilly,1997)。

因此,动态能力和组织双元性成为当前环境不连续变革情境下提高企业组织适应性的关键。

(2)动态能力对组织适应超竞争环境具有重要指导意义

动态能力是"企业为了应对快速变化的环境,整合、构建和重构内外资源、技能和不同职能部门能力的一种能力",它一方面强调环境的变化性,另一方面强调适当地调整、整合和重构内外组织技能、资源和职能部门能力的能力,以与环境变化相匹配(Teece,Pisano,1994;Teece et al.,1997)。与以往的研究相比,这种新的研究范式关注企业组织如何采取主动行动,通过修改其管理系统和决策过程来适应环境的变化(Chakravarthy,Doz,1992;尹丽萍,2010),并认为在全球竞争环境下,采取资源基础观的视角并不能保证企业获取显著的竞争优势,而全球市场中的胜利者将是那些面对变化的环境能够"及时响应,进行快速和灵活性的产品创新以及有效协调和重新配置内外组织技能、资源和职能能力"的企业(Teece,Pisano,1994)。

动态能力概念的提出使组织适应性的研究突破了以往产业结构理论和资

源观"静态"分析的局限性（Teece et al.，1997；Priem，Butler，2001），并打破了资源创造竞争优势过程的黑箱（Priem，Butler，2001），在一定程度上弥补了资源观和核心能力理论的局限性，解释了企业持续竞争优势的来源问题，逐步得到了学术界和企业管理实践领域的广泛关注和深入研究。总体而言，目前理论界关于动态能力理论的研究还很不成熟，集中表现在以下几个方面。①

第一，将动态能力理解为各种各样的资源、能力和过程，相互之间缺少共同的基础（Wang，Ahmed，2007；Wang，Zajac，2007）；

第二，过分强调对动态能力形成机制的分析而对概念框架的构建重视不够（曹红军等，2009），而大量的定性研究并不能阐明动态能力的概念（Woiceshyn，Daellenbach，2005；蒋勤峰等，2008）；

第三，学者们对动态能力维度的划分具有很大的分歧和不一致性，导致对动态能力构念"难以测量"（Eisenhardt，Martin，2000）、"缺乏可靠的实证研究和测量手段"（Zahra et al.，2006），至今关于动态能力的实证研究仍然非常缺乏，并且不同研究结果之间是相互分离的，这严重制约了动态能力理论的深入发展。

然而，动态能力理论继承了演化理论的重要思想，认为管理者是以其有限理性在快速变化和难以预测的环境中进行决策，企业不但可以不断修改组织的已有惯例，同时也可以主动地适应环境和塑造环境，使对企业竞争优势和持续竞争优势来源的分析深入企业内外资源整合与组织重构的层次上，是一种自内而外的重要分析哲学。另外，动态能力作为一种扩展、修改、变革和/或创造组织常规能力的高阶能力（Winter，2000，2003；Cepeda，Vera，2007；Wang，Ahmed，2007），更能前瞻性地适应环境的动态变化，对促进企业经营能力的转变与升级并形成新的核心能力、更新和重构竞争优势等具有重要的战略意义。

---

① 参考了蒋勤峰（2007）、章威（2009）、高若阳（2010）在其博士论文中对动态能力发展状况的一些论述。另外，笔者发表在《外国经济与管理》的综述性文章《国外动态能力维度划分及测量研究综述与展望》一文也专门针对这些问题进行了研究。

1.2　不连续创新的提出及其实施障碍

随着经济全球化进程的加快、不同技术领域之间的不断融合、全球范围内放松管制和私有化,新技术、新市场、新规则和各种突发事件不断涌现,消费者消费行为和消费观念发生重大变化,直接触发了整个产业或企业不连续创新(Bessant et al.,2005;Phillips et al.,2006a,2006b)。例如,通过物理科学、化学科学、计算机科学、生物科学、信息科学等多种不同领域的技术融合起来所发展的一系列新兴技术,包括网上银行、生物制药技术、光电技术、液晶显示技术、电子成像技术和 CT 扫描技术等,为企业不连续创新的决策和实施提供了机会。具体在中国制度转型情境下,多元和异质的商业环境(Davies,Walters,2004;Tan et al.,2007)也催生了大量不连续创新,如无尾家电、智能手机、第三方支付、互联网金融、平台型企业等,为本书研究提供了一个绝好的情境。

在理论研究领域,随着环境的动态变化和企业管理实践领域的日益重视,不连续创新得到了学术界的广泛关注。例如,Pilkingtona 和 Teichert(2006)通过对技术管理主要期刊 Technovation《技术创新》1996—2004 年间所发表文献的引用数据和共引数据的因子进行分析证实,"生命周期/变革/不连续性"与"战略与技术""竞争优势来源""知识管理"等研究主题并列,成为这 9 年间的七大研究主题之一。

事实上,最早关于不连续创新的理论研究可以追溯到熊彼特"创造性毁灭"概念的提出和理论总结。1912 年他在《经济发展理论》一书中认为,动态失衡才是健康经济的"常态"(而非古典经济学家所主张的均衡和资源的最佳配置),而企业家是创新的主体,是"经济发展的带头人",能够实现"生产要素的重新组合",其作用在于创造性地破坏市场均衡(即"创造性毁灭")。1942 年他在《资本主义、社会主义与民主》一书中指出,资本主义不仅包括成功的创新,也包括打破旧的、低效的工艺与产品,这种替代过程使资本主义处于动态过程,并刺激收入迅速增长,资本主义成功的一个主要原因就是创造性毁灭。

通过对熊彼特"创造性毁灭"这一思想的继承和发展,创新与技术变革领域的研究通常根据新颖性程度将创新视为一个连续的谱系。在该连续谱系的一端，即渐进性创新，是指对现有产品、技术、流程等进行细微的改进，主要聚焦于挖掘现有设计潜力的创新（Henderson，Clark，1990），已经得到了国内外学者的普遍认同，并成为成熟公司响应环境变化的一股不可阻挡的主流趋势（Salomo et al.，2007）。然而，在该谱系的另一端，尽管已经开展了 30 多年的研究，但是由于在基本概念、分析单元和操作化等方面的混淆性和/或模糊性，直接导致实证研究结论之间的不一致性和难以协调性（Ehrnberg，1995；Gatignon et al.，2002）。例如，类似的创新现象有可能被称为"全新创新"（really new innovation）、"根本性创新"（radical innovation）、"破坏性创新"（disruptive innovation）、"架构创新"（architectural innovation）、"突破性创新"（breakthrough innovation），或者"不连续创新"（discontinuous innovation）等（Veryzer Jr，1998；Garcia，Calantone，2002；Gatignon et al.，2002；Govindarajan，Kopalle，2006；Hang et al.，2006；姜黎辉，2007）。

对于这种现象，一些学者进行了批判，认为那些所谓的对创新研究的"新的"发现事实上只是在重复以前的研究而已，因此基于坚实的实证研究的需要，有必要提出具有一致性的创新分类方法（Garcia，Calantone，2002）。近年来，随着研究的逐步深入，以根本性创新（Utterback，Kim，1986；Utterback，1996）和破坏性创新（Christensen，Bower，1996；Christensen，1997）等具体形式体现的不连续创新（Hang et al.，2006；Tellis，2006；O'Connor，2008）得到了学术界的广泛认可，认为不连续创新是环境高度动荡性情境下企业的战略性适应行为，其本质是导致企业技术基础、市场基础或两者都发生重大变化的创新（魏江，冯军政，2010）[①]。

一系列研究指出，不连续创新能够极大地提升已有产品的技术性能、显著地降低成本、开发新的功能（Tushman，Anderson，1986；Anderson，Tushman，1990；Rice et al.，1998；Leifer et al.，2000；Rice et al.，2002）、开发新的产品线、开辟新的业务领域、转变与顾客和供应商之间的关系（Lynn et al.，1996；

---

① 魏江、冯军政（2010）在《国外不连续创新研究现状评介与研究框架构建》一文中将不连续创新定义为"导致企业技术基础、竞争基础或这两个方面都发生重大变化的创新"，这里将"竞争基础"调整为"市场基础"，即企业参与市场竞争所依赖的分配渠道、销售模式等，认为"市场基础"更能够体现 Christensen（1997）所提出的破坏性技术/破坏性创新的本质内涵。与已有学者的研究一致，"市场基础"与"技术基础"构成了不连续创新构念的两个维度。

Leifer et al.,2001)以及开发新的市场或新兴市场(Christensen,1997)等,是动荡环境下企业适应性形成的主要途径(Romanelli,Tushman, 1994;Eisenhardt, Tabrizi, 1995),成为企业长期快速成长的发动机(Chandy,Tellis,1998; Kaplan,1999;Hang et al.,2006;Salomo et al.,2007)。高层管理者的注意力和企业资源开始由渐进性创新转向不连续创新(突破性创新)(Salomo, Gemünden, Leifer, 2007)。然而,在位企业或大型企业通常难以管理不连续创新(Ehrnberg,Sjöberg, 1995;Christensen, 1997;Chandy,Tellis, 2000),并且任何过迟和不充分的反应都会带来重大的机会成本,给企业能力的进化和变革带来致命性的打击(魏江 et al.,2011)。

但是,企业特别是大型在位企业,在不连续创新的决策与实施过程中,面临着重重障碍。通过对已有研究的系统分析,这些障碍主要为:信息过滤、感知激励不足、组织内部冲突和组织惯例。

第一,信息过滤。

信息过滤是指"筛选出对组织不是很相关的信息,以使其将注意力集中在重要任务上的一种认知结构"。在一般情况下,组织信息过滤能够使企业及时处理消费者的诉求或抱怨,并将其反映到生产部门或分配渠道,最终使当前的产品尽可能快速和有效地满足消费者的期望。然而,因为不连续创新需要那些具有破坏性和替代性的新技术或新知识,信息过滤将导致企业不能有效地识别和获取这些信息(Chandy,Tellis,2000)。Ansoff 和 McDonnell(1990)提出了三种信息过滤器:监督过滤器(surveillance filters)、心智过滤器(mentality filters)和权力过滤器(power filters)(Ehrnberg,Sjöberg,1995)(见图 1.2)。

Ehrnberg 和 Sjöberg(1995)认为,在特定企业中,技术不连续性的信息需要经过这三种不同的过滤器。对于监督过滤器,由于有限理性的制约,企业对技术变革信号的搜索通常是惯例化的,主要搜索渠道集中于对降低企业产品生产成本和/或提高产品绩效有显著影响作用的特定技术期刊、大学、展览会和技术供应商等,并且这些技术信息来源基本上都局限于原有产品主导技术领域之内,其他技术领域所涌现的新技术将会被监督过滤器过滤掉。

对于心智过滤器,当技术不连续性信息与管理者已有的经验不一致时,管理者不太会注意这些信息或者拒绝接收这些信息,例如一个工程领域的管理者可能将电子和化学领域的信息过滤掉,因为他们具有不同的知识、技能和经验,并且处理的是完全不同的理论、方法和问题。因此，监督过滤器和心智过滤器将导致在位企业及其管理者缺乏对外部新的技术创新机会的警觉。

对于权力过滤器，正如 Ansoff 和 McDonnell(1990)所认为的，它是已有管理者的权力基础受到不连续性技术挑战时的自然反应，使得他们轻视或拒绝承认不连续性技术对企业的冲击甚至威胁。因此，当技术不连续性对先前的技术基础具有替代性时，权力过滤器将导致企业对该技术的保守行为(Ehrnberg，Sjöberg,1995)。

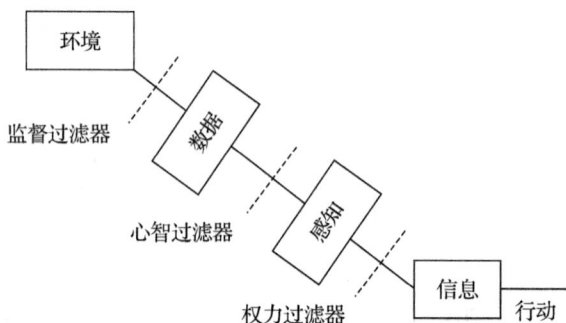

图 1.2　信息过滤器

资料来源：Ehrnberg 和 Sjöberg(1995)。

第二，感知激励不足。

与新进入企业相比，不连续创新对在位企业或者大型企业的感知激励较小。因为不连续创新具有使已有资源、技术、知识和经验过时的潜力(Tushman，Anderson,1986；Utterback，Kim,1986；Henderson，Clark,1990；Chandy，Tellis，2000；Gatignon et al.,2002；Subramaniam，Youndt,2005)，而租金的创造主要依赖于当前的资源和技术，因此不连续创新将危害现有产品或服务创造租金的能力。Chandy 和 Tellis(2000)认为，在不连续创新开发或商业化过程中，与非在位企业相比，在位企业将面临较低的边际激励，即使不连续创新本身比现有产品更具赢利性或者其固定成本近似于零的情况下也是如此。

Tushman 和 O'Reilly(1997)在论述企业如何通过组织双元性对渐进性创新和不连续创新进行平衡时指出，两种形式的创新对企业同等重要，为了实现持续创新，企业一方面需要处理那些对其当前经营来说重要的、正在赢利的、有效率和经营时间较长的业务(通常需要保持资源、能力、结构和文化之间的一致性);同时也要处理那些具有开拓性的、发展时间较短的、具有很大风险性和需要大量融资的业务(通常需要不断试验和组织灵活性,并倾向于打破资源、能力、结构和文化之间的一致性)。他们进一步指出,由于组织的资源和权力通常集中在较为保守的部门或管理者手中,他们通常试图蔑视、贬低甚至取消那些具有高度不确定性和不可预见性的业务。因此,与已有业务领域内的渐进性创新相比,由于风险和收益的不确定性,企业管理者对不连续创新的感知激励严重不足。

第三,组织内部冲突。

Vincent(2005)在讨论在位企业如何创造和培育持续创新流的问题时指出,企业内部具有两种截然不同的力量影响和制约持续创新,一种力量来源于已有业务的发起者(sponsor),他们以现有特定的组织规则为基础进行经营;另一种力量来源于创新的拥护者(champion),他们以更高的哲学为基础进行开发。已有业务的发起者和创新的拥护者在所使用的语言及其所持有的文化等方面具有显著的差异性(见表1.1),导致了他们在创新决策上的分化、相互破坏和冲突。因此,持续创新流的形成需要企业发现和培育"创新产婆"(innovation midwive),以对这两种力量进行有效的平衡(见图1.3)。基于此,不连续创新的决策和实施必然与企业日常经营管理或渐进性创新是两套完全不同的价值评价系统,且不连续创新将在很大程度上破坏企业已有业务的经营基础和赢利能力,在组织决策和实施过程中将遭到巨大的阻力。

表 1.1　已有业务发起者和创新拥护者的语言

发起者的语言	拥护者的语言
变革是有风险的,意外是不能被接受的	为了维持优势,变革是需要的,顿悟应该被赞扬
为了避免冲突,每个人都应集中于相同目标	冲突导致新创意产生并有益于识别创新
测量结果:ROA(总资产收益率)、ROE(净资产收益率)、ROI(投资回报率)	应用于现有业务和新业务的经验和知识
季度测量方式	市场和顾客驱动的测量方式,五年以上
里程碑	试验
失误导致无效率和延迟	失误是能够应用于下一次试验的教训

续表

发起者的语言	拥护者的语言
放大现有基础设施	探索新的基础设施
基于季度或年度的报酬系统	基于经验和学习自由的报酬系统
管理者,发起者	培育者,指导者,拥护者,提倡者
负责,忠诚,职业	所有权,尊重,使命
清楚,聚焦,可预测,承诺,给予	模棱两可
刻板的	可信的
在业务边界内工作	扩展业务边界
控制门	决策门

资料来源：Vincent(2005)。

图 1.3 "创新产婆"的定位和行为焦点

资料来源：Vincent(2005)。

第四,组织惯例。

组织惯例和组织流程的开发能够提高产品制造效率和现有产品的分配效率(Hannan,Freeman,1977,1984；Nelson,Winter,1982；Henderson,Clark,1990；Chandy,Tellis,2000)。在创新过程中,组织惯例有利于在当前技术基础上开展渐进性创新,提高已有技术和产品的开发效率。但是这些惯例在不连续创新开发时是无效的,甚至将阻碍企业对不连续创新信号的识别和获取,因为不连续创新是建立在完全不同的科学原理、工程原理和技术基础之上的(Henderson,Clark,1990；Henderson,1993),并挑战已有管理者的权力基础和利益分配方式,损耗企业当前的现金流、赢利能力或者破坏企业当前的业务结构。更为重要的是,不连续创新的实施和采纳将使已有的组织惯例过时,需要企业开发新的组织惯例,而这对已经取得成功的企业来说是非常困难、有成本和高风险的(Hannan,Freeman,1977,1984;Nelson,Winter,1982;Henderson,Clark,1990),因为在通常情况下,企业管理者更倾向于建立在当前组织惯例的基础上,在已有技术领域内开展渐进性创新,而不愿意拥抱不连续创新(Zhou et al.,2005)。

Benner(2007)在研究摄像产业企业对数字技术以及有线通信产业企业对网络语音技术的响应时明确指出,组织惯例和管理者的认知限制了在位企业对新能力的开发和对新技术的采用。另外,外部制度压力,如金融市场和证券市场的压力,往往会进一步限制在位者开发和引入突破性技术或具有替代性的技术,因为股票投资者和证券分析者更加注重企业的短期现金流,并且很容易受到负面报道的驱动。因此,受在位企业组织惯性和管理者认知的限制以及外部制度压力的多重约束,企业往往不愿意或者不能够对不连续创新进行及时的响应,即使新技术的发展使已有技术过时的趋势已经非常明显。与在位企业应对不连续创新所带来冲击的反应行为类似,Jiang 等(2010)指出,当前的理论研究也主要关注在位企业的主导设计或产品受到真正威胁后的被动调整行为,对新兴技术变成主导设计之前在位者的角色问题关注不够。

总体来说,组织惯例的存在将导致企业:(1)将资源投入与其当前技术基础、知识基础、经验和价值观念相一致的领域内,而非不连续创新领域;(2)即使企业管理者识别出了不连续创新的信号和潜在的赢利机会,不连续创新所面临的困难、高成本和高风险等,组织已有的价值评价惯例、组织结构惯例和决策惯例也将制约企业对不连续创新机会的把握(Teece,2007)。

基于此,企业要实现不连续创新的快速决策和顺利实施,必须有效处理以上四种障碍:信息过滤、感知激励不足、组织内部冲突和组织惯例。在第四章模型构建与假设中对环境动荡性、动态能力与不连续创新三者之间的关系的探讨也主要基于这四个方面来展开。

1.3　研究问题

在中国制度转型情境下,环境动荡性趋势越发明显,本研究基于组织适应性和战略管理理论,将不连续创新和动态能力视为企业当前应对环境变化的关键。然而,动态能力和不连续创新所产生的理论背景有所不同,它们之间具有怎样的内在关系还需要进一步的探索。另外,本研究还积极响应超竞争、竞争动态性以及转型经济或新兴经济领域理论研究的有关建议,将环境动荡性作为自变量,检验其对企业层次不连续创新的直接影响。因此,本书的主要研究内容是:在中国制度转型情境下,研究环境动荡性对企业不连续创新的直接影响机制、路径,以及不连续创新对组织绩效的非线性影响效应。

首先,在战略管理研究领域,已有研究主要将环境动荡性作为背景或权变性因素(见图1.4、图1.5),忽视了其对企业战略决策/组织行为直接的影响作用(Hoskisson et al., 2000; Peng, 2002; Meyer, Peng, 2005; Peng et al., 2009)。例如,Chen等(2010)明确指出,当前关于超竞争环境的大量研究聚焦于国家或者产业总体层次展开,并强调环境作为情境的作用,但是很少有实证研究在企业层次直接检验超竞争环境对其决策、行为和成功的影响。Peng (2005b)进一步指出,在研究新兴经济问题时,制度因素如法律、规则和标准等应该被视为自变量而非背景条件。

环境动荡性

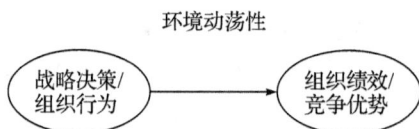

图 1.4 环境动荡性作为背景条件

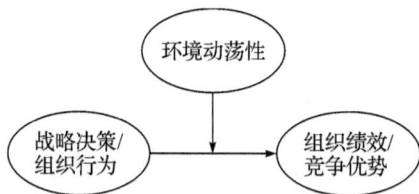

图 1.5 环境动荡性作为权变因素

其次,尽管动态能力理论和不连续创新所产生的理论背景有所不同,但是它们的本质都是为了解释动荡环境下企业竞争优势的获取和维持问题,这两种理论具有内在的一致性和互补性。例如,它们都是为了解释企业如何快速适应环境的不连续性变化(Prahalad,1998)而产生的,前者从组织内部考虑,强调企业内外资源、技能和职能能力整合与重构的重要性,而忽略了满足/创造用户当前/潜在需求的重要性;而后者虽然强调组织满足/创造用户当前/潜在需求的重要性,但是却忽视了主观能动性的组织能力在不连续创新中的驱动作用。因此,本书认为,动态能力是不连续创新的能力基础,是驱动组织开展不连续创新的关键因素(见图 1.6)。Salomo 等(2007)、O'Connor(2008)以及 O'Connor 等(2008)均认为,动态能力能够使企业有效应对高度复杂和模糊性的任务,它为培育、实施和维持不连续创新提供了一个非常适合的路径。同时,在不连续创新前置影响因素的研究中,尽管已有学者明确指出,新技术、新市场、新规则和各种突发事件的不断涌现以及消费者观念和消费行为的重大变化等是不连续创新的直接触发因素(Bessant et al.,2005;Phillips et al.,2006a,2006b),但是很少有学者直接检验环境特征,特别是中国制度转型情境下的环境特征对不连续创新的直接影响效应。为了弥补不连续创新前置影响因素研究中的不足,有必要深入探讨动态能力对不连续创新的影响作用,以及将环境动荡性作为自变量研究其对企业创新行为的直接影响。

动态能力 ⟶ 不连续创新

图 1.6　动态能力对不连续创新的驱动作用

与此同时,无论是动态能力理论还是不连续创新,它们本身的研究都还存在很大程度上的不完善。例如,一方面,在当前关于动态能力的研究中,对其概念与内涵的界定仍然是不清晰、不明确的(Woiceshyn,Daellenbach,2005),其维度划分和测量方式是不一致、不统一的(Eisenhardt,Martin,2000;Zahra et al.,2006),这严重制约了动态能力理论研究的进一步深入发展。另一方面,已有文献在不连续创新的理论研究方面也存在很大的争论和异议,例如,被《商业周刊》评为宗师地位(Scherreik,2000),同时是破坏性技术理论的提出者的Christensen(2006)认为,当前关于破坏性创新的研究还处于分类和标准化两个阶段的创建当中,而其概念与内涵受到了一些学者的质疑和批判(Danneels,2004;Markides,2006)。因此,动态能力和不连续创新在基本理论问题方面研究的缺陷与不足,直接导致坚实的实证研究的缺乏或研究成果存在很大的不一致性甚至冲突性,也就不能给企业管理实践领域带来切实可行的理论指导建议。

基于此，本书在动荡环境下的组织适应性以及企业资源观、知识观等理论基础上，并利用奥地利经济学派的机会发现理论，通过坚实的实证研究厘清环境动荡性、动态能力和不连续创新三者之间复杂的作用关系（见图1.7），以及不连续创新对组织绩效的影响效应。研究结论能够增强对中国企业在制度转型情境下组织适应行为的理解，对企业培育和构建动态能力、不连续创新的战略决策与实施、快速增强和提升组织绩效等具有理论和现实指导意义。

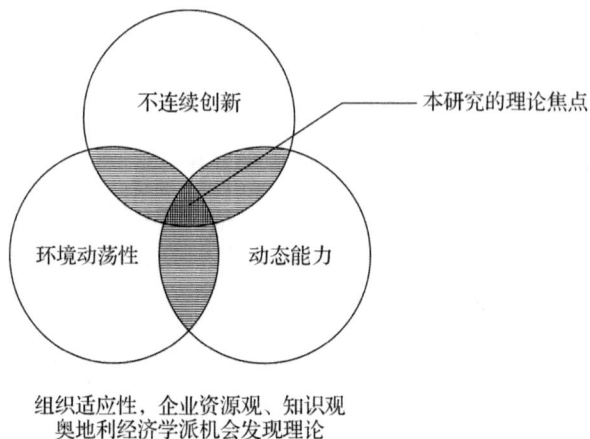

图1.7　本书研究的理论基础和理论焦点

基于本书的主要研究问题，紧密围绕不连续创新，具体研究问题包括以下四点：

研究问题一：环境动荡性特征如何驱动企业不连续创新

针对当前超竞争和竞争动态性研究领域中，关于环境动荡性对企业微观层面的战略决策与组织行为直接影响作用研究的不足（Chen et al., 2010），本书结合中国制度转型期技术、市场、政策以及行业竞争的高度动态性和不确定性特征，探讨环境动荡性对企业不连续创新的直接影响作用，而不是仅仅将其作为企业成长和发展的背景因素或权变因素。最终在大样本实证研究的基础上，进一步检验学者们所提出的环境动荡性是不连续创新的直接触发因素（Bessant et al., 2005；Phillips et al., 2006a, 2006b）这一命题。

研究问题二：动态能力在企业不连续创新过程中的角色

根据已有学者的研究，本书将动态能力构念视为合并型的多维构念（aggregate multidimensional construct）。一方面，根据奥地利经济学派机会发现有关理论的观点,技术创新机会并不以预先包装好的形式出现(Venkatraman, 1989),也不会自动掉到我们面前(Gaglio,Katz,2001),只有具备较强动态能力的企业才能识别和把握这种机会。因此本书提出并检验动态能力,即"系统地产生和修改组织经营惯例的一种集体行动的学习模式"(Zollo,Winter,2002)对企业不连续创新的直接影响作用。另一方面,本书还认为,环境动荡性对不连续创新的作用机制和影响路径极其复杂,因此将进一步检验动态能力在"环境动荡性—不连续创新"关系中的中介作用。

研究问题三:不连续创新能否真正提升企业组织绩效

不连续创新能够极大地提升已有产品的技术性能、显著地降低成本、开发新的功能(Tushman,Anderson,1986;Anderson,Tushman,1990;Rice et al.,1998;Leifer et al.,2000;Rice et al.,2002)、开发新的产品线、开辟新的业务领域、转变与顾客和供应商之间的关系(Lynn et al.,1996;Leifer et al.,2001)以及开发新的市场或新兴市场(Christensen,1997)等观点已经得到了学者的公认。因此,不连续创新有利于组织绩效的增强和提升。另外,基于知识吸收能力的视角,本研究认为不连续创新工程的决策和实施不仅难度高、风险大、成本高,而且其经济效益具有滞后性和不确定性,可能对企业组织绩效产生负向影响。

为了协调这些不同甚至相左的理论观点,本书首先基于已有的文献研究,将组织绩效区分为短期绩效和长期绩效两个维度;其次,以中国制造业企业为样本,采用多元线性回归的分析方法,检验不连续创新构念的不同维度对组织绩效的影响效应。

研究问题四:不连续创新的部分中介作用

一方面,尽管一系列研究证实,外部环境显著地直接影响企业组织绩效(Hawawini et al.,2003;McNamara et al.,2005;Rosenbusch et al.,2007;Short et al.,2007;Horváthová,2010;Rosenbusch et al.,2011),然而,二者之间关系非常复杂,环境特征如何增强组织绩效的内在机制仍然是不明确的(Short et al.,2007;Rosenbusch et al.,2011)。如 Rosenbusch 等(2011)认为,环境不会直接影响组织绩效,而是通过激发企业特定的战略行为进而影响组织绩效(Porter,1980)。

另一方面,在动态能力与组织绩效/竞争优势之间关系问题的研究上,

Teece 等（1994,1997）最初关于动态能力的研究认为，动态能力对竞争优势具有直接影响效应（Barreto，2010）。然而，近年来的一些研究则提出了相左的观点，即动态能力对竞争优势的影响是间接的。例如，Zott（2003）认为，动态能力通过修改企业资源或惯例束，对绩效产生间接影响；Helfat 等（2007）也指出，动态能力并不必然为企业带来竞争优势，而只有动态能力对企业资源基础的改变有价值时才能创造竞争优势。

因此，非常有必要进一步探讨环境特征以及动态能力影响组织绩效的内在机制，以协调不同的理论观点。具体而言，本研究将进一步检验不连续创新在环境特征与组织绩效、动态能力与组织绩效关系之间的部分中介作用。

1.4 研究目标、框架与内容

1.4.1 研究目标

根据上述研究问题，本书的研究目标是：在中国制度转型情境下，探索环境动荡性直接驱动机制及其作用路径，以及检验不连续创新对组织绩效的非线性影响作用。具体研究目标包括以下四个方面。

目标一：深化和拓展环境特征对不连续创新的直接影响效应研究

在中国制度转型情境下，深化并进一步拓展已有不连续创新关于环境前因的研究。采用 SPSS18.0 中多元线性回归的分析方法，研究环境动荡性（技术动态性、市场动态性、竞争敌对性和政策敌对性四个构念）对不连续创新的直接影响机制及其影响效应。

目标二：从动态能力的视角探索环境特征影响不连续创新的路径

尽管 Salomo 等（2007）、O'Connor（2008）以及 O'Connor 等（2008）均指出，动态能力为培育、实施和维持不连续创新提供了一个非常适合的路径，但是这些研究并未证实动态能力对不连续创新的具体影响效应。本研究采用 SPSS18.0 中的多元线性回归的分析方法，一方面检验动态能力对不连续创新的直接影响效应，另一方面检验动态能力在环境动荡性与不连续创新之间关系的调节效应，以理清动态能力在不连续创新过程中所扮演的角色，为企业创新管理实践提供理论指导。

目标三：提出和检验不连续创新对组织绩效的非线性影响效应

首先，将组织绩效区分为短期绩效和长期绩效；其次，基于知识吸收能力的视角，提出不连续创新对组织绩效的非线性影响效应；最后，采用 SPSS18.0 中的多元线性回归的分析方法，检验不连续创新对组织绩效的非线性影响效应，以增强人们对不连续创新作用的认识。

目标四：协调环境特征和动态能力影响组织绩效的诸多不同观点

针对外部环境特征影响企业组织绩效实证研究结果的争议性（Rosenbusch et al.，2007）或说服力的缺乏（Rosenbusch et al.，2011），以及动态能力影响组织竞争优势/绩效研究观点的不一致性，本书将不连续创新视为部分环境特征与组织绩效、动态能力与组织绩效之间关系的中介变量，以协调已有研究的不同观点。

1.4.2 研究框架

根据前文所提出的研究问题和研究目标，在理论推演和前期案例企业调研的基础上，构建了本研究的总体研究模型（见图 1.8）。该模型主要针对三个问题进行研究：（1）探索环境动荡性与动态能力对企业不连续创新的直接驱动作用；（2）检验不连续创新对组织绩效的影响效应；（3）将不连续创新作为中介变量，探究环境动荡性和动态能力影响组织绩效的内在机制，以协调不同的理论观点。

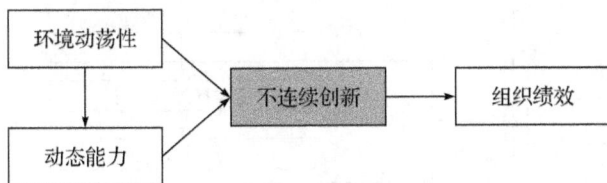

图 1.8 总体研究模型

为了实现本书所提出的研究问题和研究目标，笔者制定了具体的研究框架和章节安排（见图 1.9）。

章节安排	研究流程及拟解决的关键问题

	现实研究背景　　理论研究背景
第1章	研究问题提出
	研究目标、框架与内容
	研究方法和技术路线
第2章	文献综述
	不连续创新　环境动荡性　动态能力
第3章	探索性案例研究：环境动荡性、动态能力对不连续创新的影响作用
第4章	理论模型构建
	环境动荡性、动态能力与不连续创新　不连续创新与组织绩效　环境动荡性、动态能力与绩效：不连续创新中介
	假设提出
第5章	数据收集
	变量测量
	问卷信度与效度
第6章	变量描述性统计
	假设检验
第7章	结果讨论与结论
第8章	理论贡献
	企业管理实践启示
	局限性与进一步研究问题

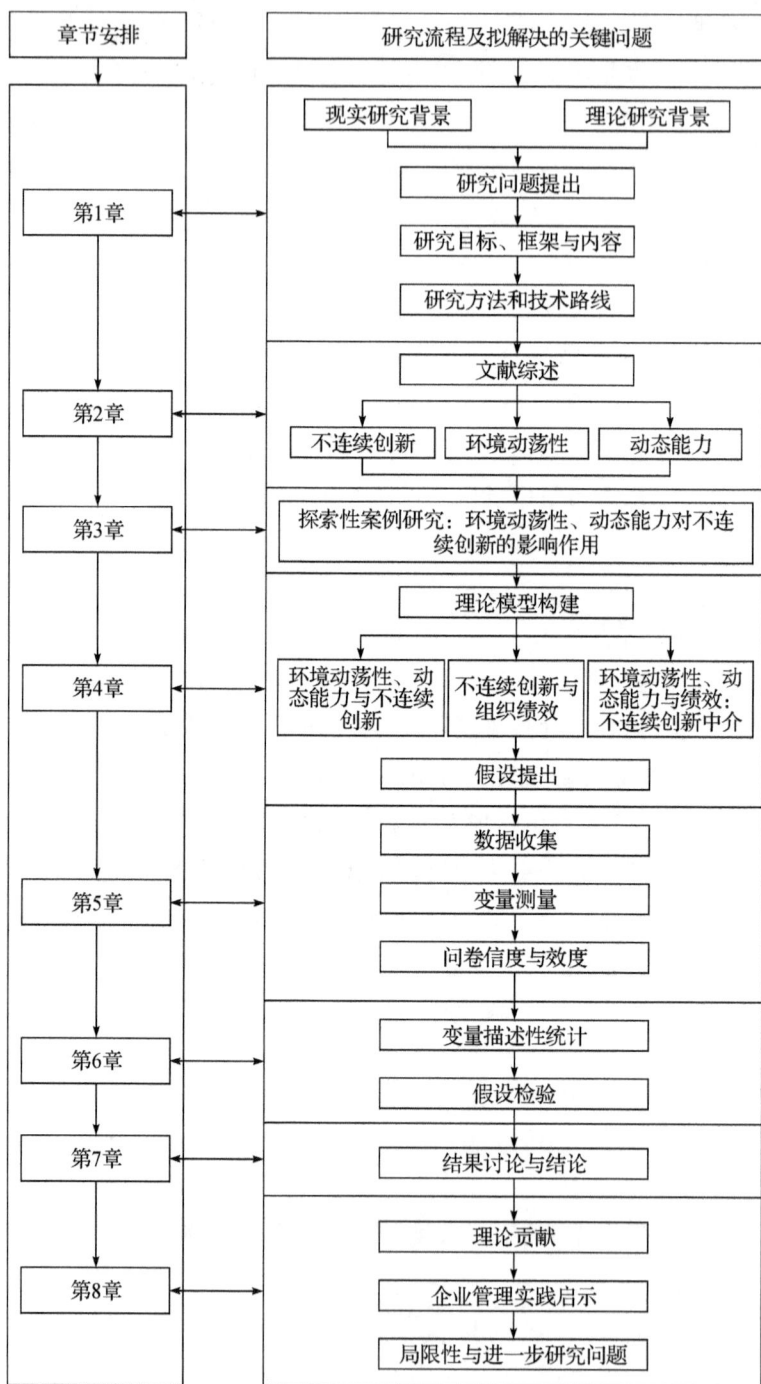

图 1.9　研究框架和章节安排

1.4.3　研究内容

本书以不连续创新的驱动因素及其对组织绩效的影响为核心,针对环境动荡性、动态能力、不连续创新以及组织绩效四个构念之间的关系展开,具体章节安排和研究内容如下。

第 1 章:绪论。本章介绍本书的现实研究背景和理论研究背景、关键概念不连续创新及实施障碍,提出研究问题,确定研究目标、框架和内容、研究方法和技术路线,以及本研究可能的主要创新点。

第 2 章:文献综述。本章主要目标为明确本书主要构念的内涵、构成维度和测量方式,为第 3 章案例研究和第 4 章模型构建与假设奠定理论基础。首先,通过对不连续创新相关概念的辨析,提出在企业微观层次开展不连续创新研究,进而对不连续创新的构成维度、测量方式和提升机制等研究状况进行回顾和梳理;其次,对环境动荡性构念进行评述,明确在制度环境(政策环境)和产业环境两个分析层次以及动态性和敌对性两个维度对动荡性这一构念进行解构;最后,通过系统的文献综述,对动态能力构念的构成维度及其对企业创新的影响机制进行评述。

第 3 章:探索性案例研究。本章主要针对研究目标一和研究目标二,通过探索性案例研究构建环境动荡性、动态能力对不连续创新影响作用的初始概念模型,为第 4 章模型构建与假设提出以及第 6 章实证分析奠定基础。

第 4 章:模型构建与假设。本章针对研究目标一、目标二、目标三和目标四,在对案例研究结论进行归纳、对已有研究文献的逻辑关系进行系统梳理的基础上,构建本书的具体研究模型,提出环境动荡性对不连续创新的影响作用、动态能力对不连续创新的影响作用及动态能力的中介作用、不连续创新对组织绩效的非线性影响作用、不连续创新的部分中介作用关系假设等,为第 6 章实证分析奠定基础。

第 5 章:研究方法。本章主要是大样本统计研究方法论介绍,包括本书问卷调查中的样本选择与数据收集、关键变量的测量方式,以及环境动荡性、动态能力和不连续创新构念的信度与效度检验,为第 6 章实证分析提供支撑。

第 6 章:研究发现。本章主要利用大样本统计研究检验第 3 章和第 4 章通过探索性案例研究和逻辑分析所构建的研究模型和相关假设。

第7章：结果讨论与结论。本章结合中国制度转型情境特征，对第6章研究发现所得出的结果进行讨论，最后进一步总结和提炼本书的研究结论。

第8章：研究贡献与展望。本章与该领域已有的相关文献进行对比，指出本书研究的理论贡献，分析研究结论在企业管理实践领域的启示，客观分析本书的研究局限，最后对未来可能的研究问题进行展望。

1.5 研究方法与技术路线

1.5.1 研究方法

根据本书的研究问题、研究目标、研究内容以及动态能力和不连续创新核心构念本身发展所处的阶段，本研究将采取理论归纳与演绎、探索性案例研究与大样本统计分析相结合的方法进行研究，具体如下。

（1）理论归纳与演绎

当前已有大量文献研究表明，动态能力和不连续创新构念以及基于构念的理论已经形成，成了两个相对独立和具有合法性的研究领域。这为本研究奠定了坚实的理论基础。本书在对已有文献进行评述、归纳和逻辑演绎的基础上，对动态能力和不连续创新的概念与内涵进行更为清晰和明确的界定，对其维度划分和测量方式进行统一，并进一步理清动态能力和不连续创新之间的内在逻辑关系，为构建理论模型并提出相应假设奠定基础。另外，理论归纳与演绎也为案例研究的资料收集与分析、大样本调查问卷的发放、数据收集和分析提供指导。

（2）探索性案例研究

目前关于动态能力、不连续创新本身的研究还处于起步阶段，例如，有学者认为当前关于动态能力的概念与内涵的界定仍然是不清晰、不明确的（Woiceshyn，Daellenbach，2005），其维度划分和测量方式还不一致、不统一（Eisenhardt，Martin，2000；Zahra et al.，2006）。另外，关于不连续创新的研究目前正处于分类和标准化两个阶段（Christensen，2006），其概念与内涵受到了一些学者的质疑和批判（Danneels，2004；Markides，2006），同时针对不连续创新问题的研究还没有开发专门的方法，案例研究是一个更有价值的研究方法（Rice et al.，

2002；Phillips et al.，2006a)，对于提炼构念的内涵、构成维度，深入分析其诱发因素和内在机制等非常有用。

（3）大样本统计分析

主要对前面通过理论归纳与演绎、探索性案例研究所得出的理论模型和提出的相关假设进行检验，包括环境动荡性、动态能力对不连续创新的直接影响效应，动态能力中介效应，不连续创新对组织绩效的影响效应以及不连续创新的部分中介效应等。所涉及的实证分析模块包括问卷调查、因子分析、变量测量的信度与效度分析、多元线性回归分析，使用的统计分析工具为 SPSS18.0 和Amos18.0。

1.5.2　技术路线

为了实现和完成本书的研究目标和研究内容，设计如下技术路线（见图1.10）。

1.6　主要创新点

在中国制度转型情境下，新技术、新市场、新竞争、新规则以及政策的高度动态性和不确定性是环境演化与变革的典型特征，为研究环境动荡性、动态能力和不连续创新之间的关系提供了得天独厚的情境。相较于已有文献研究，本书的创新点主要有以下三个方面。

第一，区别于超竞争和竞争动态性视角研究的不足，本书响应 Peng(2005b)和 Chen 等(2010)等学者的建议，将环境动荡性作为自变量，研究其对企业战略决策和组织行为(不连续创新)的直接影响效应，进一步深化和拓展环境特征对不连续创新驱动因素的理解。

已有研究已经证实了环境动荡性(De Tienne，Koberg，2002；Koberg et al.，2003)、市场力量(Zhou et al.，2005)等因素对不连续创新的显著影响作用。但是，我国转型经济或新兴经济情境与西方发达国家相对稳定的制度情境有着根本的不同，更为重要的制度因素对企业战略决策、组织行为的直接影响作用被忽视了。因此，本书聚焦于制度环境和产业环境两个层次以及动态性和敌对性两个维度，分别探讨技术动态性、市场动态性、竞争敌对性和政策敌对性四个

研究进程		研究方法	

理论归纳与演绎 | 探索性案例研究 | 大样本统计分析

提出问题 → 文献阅读 ↔ 前期企业调研

文献综述 → 不连续创新、环境动荡性、动态能力 → 构念概念、维度划分与测量、前因与后果

探索性案例研究 → 南都电源探索性案例研究

模型构建 → 环境动荡性与不连续创新 / 动态能力与不连续创新 / 动态能力中介作用、不连续创新与组织绩效及不连续创新的部分中介效应

方法论 → 数据收集 / 变量测量 / 信度与效度检验

统计检验 → 变量描述性统计 / 假设检验

讨论与结论 → 理论校对研究结论

贡献与展望 → 理论贡献 / 管理实践意义 / 局限性与进一步研究问题

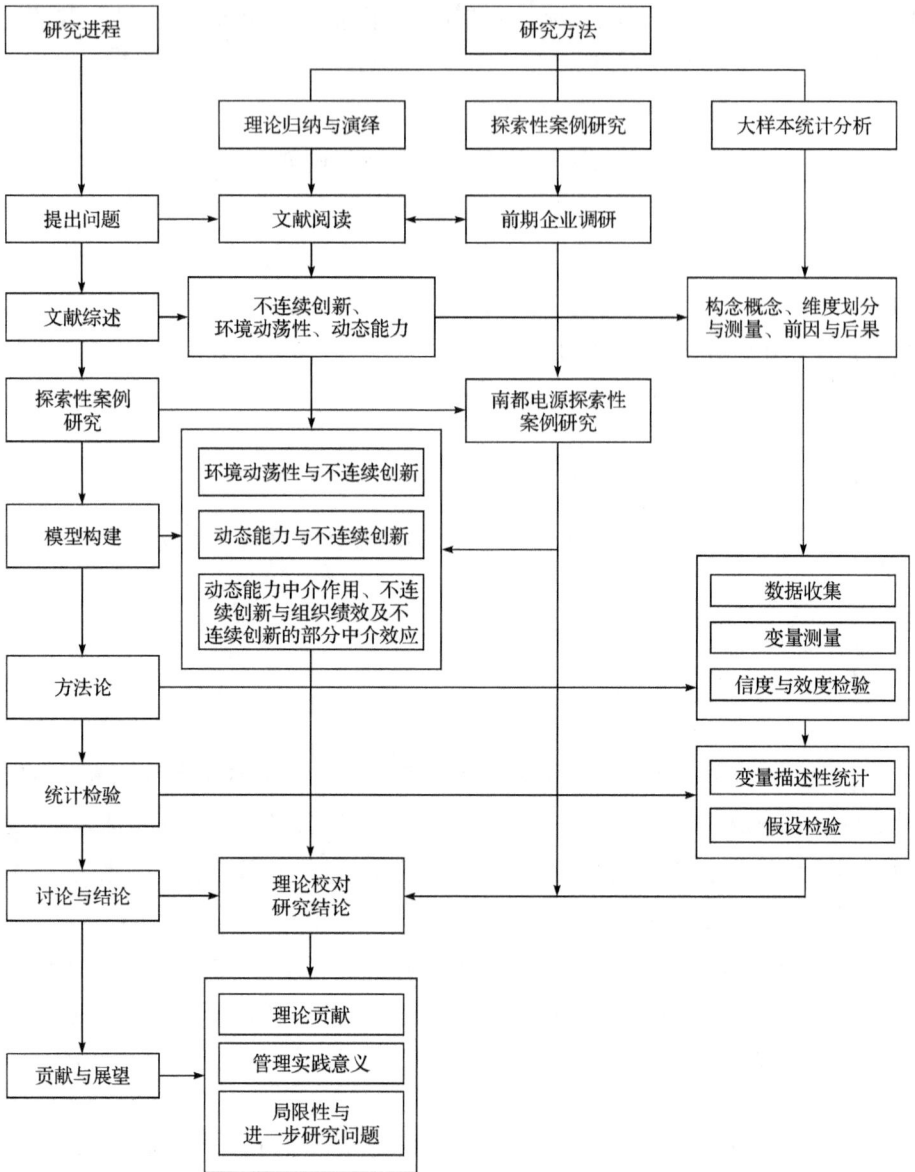

图 1.10　技术路线

方面对不连续创新的影响作用,进一步深化和拓展已有文献关于环境特征与不连续创新之间关系的研究。

第二,遵循 Barreto(2010)的建议,既整合早期的研究成果,同时又响应最

新的研究提议，从组织行为和组织认知两个方面将动态能力划分为机会感知能力、资源整合能力和组织重构能力三个维度，并探讨不同维度对不连续创新的影响作用，为不连续创新的驱动因素提供新的研究视角。

动态能力能够使企业有效应对高度复杂和模糊性的任务，因此从该视角来看，其为培育、实施和维持不连续创新提供了一个非常适合的工具、路径或机制（Salomo et al.，2007；O'Connor，2008；O'Connor et al.，2008）。然而，这些理论观点并没有从实证研究的角度进行检验。本书基于资源观和知识观，提出并检验动态能力构念的不同构成维度对不连续创新的直接影响效应。已有研究主要关注企业内部资源积累、组织结构联结、组织学习、企业或高管基本特征等因素对不连续创新的影响，忽略了外部资源驱动不连续创新的重要性。这显然与当前经济、贸易全球化，科技进步与科技变革条件下知识的分散性以及技术资源的全球性配置不一致，也与中国制度转型情境中财务资源、管理资源、人力资源内部积累不足和外部资源获取困难以及制度环境高敌对性的现实状况不相一致。因此，也就很难解释中国企业如何在短时间内快速成长壮大的真正原因和内在机制。本研究从动态能力视角探讨不连续创新的驱动因素，为理解不连续创新打开了新的窗口。

第三，基于知识吸收能力的视角，将不连续创新与组织绩效联结起来，提出和分析不连续创新对组织绩效的非线性影响效应。基于此，本书还检验了不连续创新在环境动荡性、动态能力与组织绩效关系之间的部分中介作用，试图打开环境影响组织绩效的黑箱并协调动态能力影响组织绩效的不同观点。

尽管已有的大量研究指出企业层次的不连续创新是企业长期、快速成长的基础（Kaplan，1999；Hang et al.，2006），能够极大地提升已有产品的技术性能、显著地降低成本、开发新的功能（Tushman，Anderson，1986；Anderson，Tushman，1990；Rice et al.，1998；Leifer et al.，2000；Rice et al.，2002）、开发新的产品线、开辟新的业务领域、转变与顾客和供应商之间的关系（Lynn et al.，1996；Leifer et al.，2001）以及开发新的市场或新兴市场（Christensen，1997）等，能够促进企业绩效的提高，但是，这些研究还只停留在理论探讨或者案例研究阶段，并未得到实证研究的直接支持。本研究基于知识吸收能力的视角，以中国企业为样本，提出并检验不连续创新对组织绩效的非线性影响效应。另外，本书还将不连续创新作为部分中介变量，以打开环境动荡性、动态能力影响组织绩效的内在机制。

2
文献综述

第 1 章描述了本书的研究问题、研究目标、研究内容和主要创新点。本章将针对本书研究问题所涉及的理论基础及国内外研究现状进行回顾和评述,从而明确主要构念的基本概念,同时为本书理论模型的提出和预期创新点的实现提供依据,为第 3 章探索性案例研究的开展提供理论指导。本章主要包含三部分研究内容:(1)不连续创新构念的内涵、构成维度和提升机制;(2)环境动荡性构念的分析层次和构成维度;(3)动态能力构念的构成维度及其对企业创新的影响机制。

2.1　不连续创新文献综述

2.1.1　相关概念辨析

自 1985 年以来,在技术变革与创新这一连续谱系的一端,即渐进性创新,已经成为成熟公司响应环境变化的一股不可阻挡的主流趋势,同时得到了学术界的普遍认同(Salomo et al. ,2007)。然而,在该谱系的另一端,由于在基本概念、分析单元和操作化等方面的混淆性和/或模糊性,直接导致实证研究结论之间的不一致性和难以协调性(Ehrnberg,1995;Garcia,Calantone,2002;Gatignon et al. ,2002;Hang et al. ,2006)。例如,类似的现象可以被称为"根本性创新""破坏性创新""突破性创新""全新创新""技术不连续性"以及"架构创新"等(Tushman,Anderson,1986;Anderson,Tushman,1990;Henderson,Clark,1990;Veryzer Jr,1998;Garcia,Calantone,2002;Gatignon et al. ,2002;

Govindarajan,Kopalle,2006；Hang et al.,2006)。

因此,也有学者认为那些所谓的对创新理论研究的"新的"发现事实上只不过是在重复以前的研究而已,我们当然也无法期望企业管理实践者从学术界的研究中受益(Garcia,Calantone,2002；姜黎辉,2007)。以下将对这些类似的概念进行辨析。

(1)根本性创新

Daft和Becker(1978)以及Duchesneau等(1979)强调了对不同类型创新进行区分的重要性,如管理创新和过程创新、根本性创新和渐进性创新(Ettlie et al.,1984)。Ettlie等(1984)指出区别根本性创新与渐进性创新的一个方面是创新是否包含与现有实践明显相背离的和有风险的技术(Duchesneau et al.,1979；Hage,1980)。如果一项技术对所采纳的单元是新的以及对所指向的组织团体是新的(Daft,Becker,1978),或者该技术需要在流程和产出方面进行变革(Hage,1980),那么这项变革的重要性或成本就决定了该技术是根本性创新(Ettlie et al.,1984)。

Utterback和Kim(1986)以及Utterback(1996)将根本性创新等同于不连续创新,是指导致企业在技术技能、知识、设计、产品技术、机器和厂房中的大量已有投资失效的创新。Leifer等(2001)将根本性创新视为具有空前的在已有性能特征或者成本方面有显著改善的产品、流程或者服务,而这些产品、流程或者服务能够极大地改变现有市场或者创造新的市场,例如,医学领域的电子计算机X射线断层扫描技术(CT)和磁共振成像技术(MRI)等。他们通过对一些学者或研究机构研究成果的归纳以及对位于华盛顿地区的领导企业的实地调研,将满足以下一个或多个标准的创新视为根本性创新:创造了全新的性能特征、在已知性能特征方面实现至少5倍的改善、显著降低成本(30%以上)(Tripsas,1997；Rice et al.,1998；Leifer et al.,2000；Leifer et al.,2001；Rice et al.,2002)。Sinha和Noble(2008)从技术基础视角出发认为,根本性制造技术即通过对现有竞争优势的破坏、降低已有企业力量和促进新竞争者的进入等使一个产业进行重新定义的制造工具和制造技术(Henderson,Clark,1990),这种根本性的制造技术表现为不连续创新以及产出方面一个数量级以上的变化。

Henderson和Clark(1994)根据组件(产品中的核心设计并可以执行一项特定功能的物理上独立的部分)知识和架构(将不同组件整合和联结在一起成

为一个整体）知识两个维度，将创新划分为渐进性创新、模块化创新、架构创新和根本性创新四种方式，其中渐进性创新是指仅对现有设计进行完善和扩展，组件核心设计的概念及它们之间的联结都没有发生改变的创新；而根本性创新则是指建立了新的主导设计的创新，组件体现了一系列新的核心设计概念，并采用了新的架构将其联结在一起。另外，Rosenbloom 和 Christensen（1994）将渐进性创新视为加强和扩展技术进步已有轨迹的创新，将根本性创新视为破坏技术进步已有轨迹的创新。

（2）破坏性创新

破坏性创新的概念主要来源于被《商业周刊》评为宗师（Scherreik，2000）的"破坏性技术"研究的先导者——Christensen。他在研究中首先对两对重要的概念进行了区分：维持性技术变革（sustaining technological changes）和破坏性技术变革（disruptive technological changes）（Christensen，Bower，1996）以及维持性创新（sustaining innovation）和破坏性创新（disruptive innovation）（Christensen，Bower，1996；Christensen，Overdorf，2000）。他认为，维持性技术变革是指在产品绩效方面维持产业已有技术进步速率的变革，这种技术变革一般针对现有主流市场中的已有顾客；破坏性技术变革是指破坏或者改变技术性能进步轨迹的变革，这种技术变革很难在已有市场上实施，更倾向于在其他市场或新兴市场找到其存在的价值（Christensen，Bower，1996）。

相对而言，维持性创新是指使产品或服务能为主流市场中的顾客提供更大价值的创新，它可以是突破性创新，如康柏公司早期采纳英特尔的 32 位 386 微型计算机；而破坏性创新是指通过新产品或新服务类型的引入创造全新市场的创新，而事实上这种产品或服务最初的性能是更差的（Christensen，Overdorf，2000）。Christensen（1997）在深入研究大公司为什么会失败的问题时，对维持性技术/破坏性技术进行了更为详细的阐述，指出维持性技术既可以具有不连续或剧变的特点，同时也可以具有渐进变化特点，它们主要是在主流顾客所重视的一些性能维度上进行改进的技术，破坏性技术则主要具有四个特点：①在技术发展初期（至少在近期）具有更差的产品技术性能；②通常更为简单、便宜、可靠和方便；③带给市场不同的价值主张；④通常需要创造新的价值网络，如引入新的供应商、建立新的销售渠道、开辟新的市场或新兴市场等。

(3)突破性创新

与根本性创新和破坏性创新的研究相比,学术界在突破性创新的研究方面并没有形成独立的概念内涵以及测量标准,许多学者将其与根本性创新等同起来。例如,Ahuja 和 Morris Lampert(2001)在研究在位企业如何创造突破性发明时,将根本性发明和突破性发明等同起来,认为它们处于企业创业活动和价值创造的核心,并指出突破性发明是新技术轨迹和技术范式的基础以及企业创造性破坏过程的重要组成部分。他们在对突破性发明进行界定时,将专利引用数量(排除自引)在前 1%范围内的专利视为突破性发明,其基本原理是:①引用数量最多的专利是最有价值的(Trajtenberg,1990);②专利价值分布的偏度非常大,也就是说少数的专利具有非常大的价值,而大部分专利的价值相对较低(Griliches,1990;Harhoff et al.,1999)。

Phene 等(2006)在美国生物技术产业情境下研究跨边界知识(边界产业技术和国家地理边界)来源对突破性创新的影响时,将突破性创新能力视为产生具有高影响力创新的能力,并将突破性创新视为企业外部知识获取的函数。与 Ahuja 和 Morris Lampert(2001)的处理方式类似,尽管没有精确地识别突破性创新的标志,但是他们继承了已有研究的做法,在对其进行操作化时,将 10 年内专利引用数量(排除自引)2%范围内的专利视为突破性创新。

(4)技术不连续性

技术不连续性的概念最早出现于 Tushman 和 Anderson(1986)关于技术不连续性与组织环境以及 Anderson 和 Tushman(1990)关于技术变革周期模型的两项研究中。他们将能力破坏型技术不连续性划分为能力破坏型产品不连续性和能力破坏型流程不连续性,前者是指创造新的产品类别(如电子照相法或者汽车)或者对现有产品的替代(如柴油机火车代替蒸汽机车,晶体管代替真空管);后者是指制造特定产品时的一项新方式,如玻璃制造流程中的浮法代替打磨和抛光。类似的,他们还将能力增强型技术不连续性划分为能力增强型产品不连续性和能力增强型流程不连续性,前者是指建立在已有诀窍基础上的对先前产品性能一个数量级的提升,而后者是指生产特定产品在效率上一个数量级的提升。

另外,Ehrnberg 和 Sjöberg(1995)在研究技术不连续性、竞争与企业绩效之间关系时指出,技术不连续性既可能发生在新技术的增加之中,也可能发生在产品技术基础发生根本性改变的过程之中。他们认为，为了更好地理解技术不连续性，需要从两个不同的维度进行探索，其一是需要在替代性技术（新技术使现有技术过时）和互补性技术（新技术与旧技术共存，而且是已有技术很好的补充）之间进行区分；其二需要评估新技术的新颖性，即新技术是否来源于不同的技术领域。而在对技术不连续性进行定义与测量的综述性文章中，Ehrnberg（1995）将技术不连续性视为新旧技术之间的差距，差距越大则技术不连续性就越强。

（5）架构创新

该概念由 Henderson 和 Clark（1990）在研究半导体照相平版印刷校正器行业中的创新时所提出，他们认为区分渐进性创新和根本性创新非常有意义，但是这种区分还是不完善的。例如，施乐小型复印件、RCA（美国广播唱片公司）和美国收音机市场这种创新仅仅是对技术进行了适当的改进，却带来了非常显著的竞争后果，而这就是典型的架构创新，即只改变产品组件联结方式而不涉及产品组件设计概念（以及组件背后的基本知识）的创新。

架构创新的概念一经提出，就引起了学术界的广泛关注，特别是他们提出的对创新新的分类方法（见图 2.1），得到了理论研究领域的普遍认同。例如，Magnusson 等（2003）在研究不连续产品开发时指出，模块创新和架构创新是不连续产品创新的两种主要类型。Funk（2008）在研究组件、系统和技术不连续之间的关系时，以 IT 产业为例研究发现，组件的渐进性改善是产生技术不连续创新的重要途径。

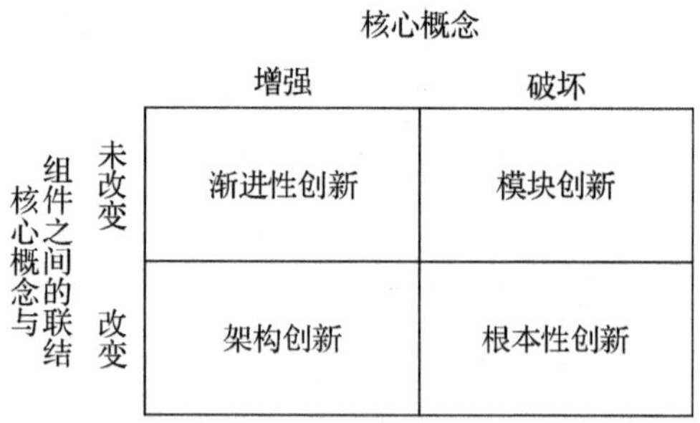

核心概念

		增强	破坏
组件之间的联结 核心概念与	核心概念 未改变	渐进性创新	模块创新
	改变	架构创新	根本性创新

图 2.1　Henderson 和 Clark 对创新的分类

资料来源：Henderson 和 Clark（1990）。

最近，一些学者试图对这些不同的概念进行区分。Gatignon 等(2002)用结构化的方法对不同的创新类型进行了划分：从创新的位置(locus)上将创新分为核心子系统(与其他子系统紧密耦合的子系统)创新和外围子系统(与其他子系统松散耦合的子系统)创新；基于将产品视为子系统和通过联结机制进行嵌套的概念，将创新划分为架构创新和代际创新(generational innovation)；从创新特征上将创新划分为渐进性创新(性价比的提高与现有技术轨迹进步的速率相一致)和根本性创新(性价比的提高大大超过现有技术轨迹进步的速率)以及能力增强型创新(建立在增强现有企业能力、技能和知识的基础上)和能力破坏性创新(使企业现有能力、技能和知识被推翻或使其过时)。他们通过严格的量表开发过程，证实这些不同的概念虽然相关，但却是不同的创新类型，并且管理者能够对这些不同的概念进行区分。

Govindarajan 和 Kopalle(2006)以 38 家财富 500 强企业中 199 个战略业务单元为样本进行研究，通过信度测量、探索性因子分析、验证性因子分析和统计检验，证实了创新的破坏性构念有三个构成维度：根本性(radicalness)、破坏性(disruptiveness)和能力摧毁性(competency destroying)。另外，Govindarajan 和 Kopalle 在其获得 2004 年 AOM(美国管理学学会)最佳会议论文的《已有企业如何引入根本性创新和破坏性创新：理论与实证分析》中指出，现有创新方面的文献具有两个重要的分析维度：技术基础和市场基础。其中技术基础是指创新的根本性，即相对于现有管理实践来说新技术的创新程度；市场基础是指创新的破坏性，即针对新兴细分市场的创新程度，该创新将破坏企业主流产品。基于此论文，Govindarajan 等(2011)在技术基础和市场基础区分的基础上，研究了顾客导向对根本性创新和破坏性创新的影响，其中根本性创新是指产品中包含实质性新技术的创新，破坏性创新是指面向新兴市场但却不一定包含最新技术的创新。

2.1.2 不连续创新概念与内涵的界定

由此可见，尽管早期学术研究对上述不同的概念并未加以严格的区分，无论是 Tushman 和 Anderson(1986，1990)将技术不连续性等同于突破性技术，还是 Utterback 和 Kim(1986)以及 Utterback(1996)将不连续创新等同于根本性创新，但从技术基础和市场基础两个维度进行研究得到了学术界的公认(姜黎辉,2007)。本书基于 Garcia 和 Calantone(2002)、Tellis(2006)、Hang 和 Chai(2006)以及 Govindarajan 等(2011)的研究,用学术界和商业管理实践界广泛应用的"不连续创新"(discontinuous innovation)这一概念进行统一。其中从技术维度进行研究的相关概念包括"根本性创新""突破性创新""技术不连续性"等,从市场维度进行研究的相关概念包括"破坏性创新"和"破坏性技术"等。

Garcia 和 Calantone(2002)将创新的类型分为宏观和微观两个研究层次,并从技术和市场两个维度,对根本性创新、全新创新和渐进性创新进行了区分(见表 2.1)。类似的,Benner 和 Tushman(2003)也根据两个维度对创新类型进行区分:①与企业当前技术轨迹的临近程度;②与企业已有顾客/细分市场的临近程度。另外,Tellis(2006)以及 Hang 和 Chai(2006)将根本性创新和破坏性创新视为不连续创新的两种主要类型,并从不连续创新的市场来源上对不连续创新的概念与分类进行了界定(见图 2.2)。

表 2.1　Garcia 和 Calantone(2002)对创新类型的划分

输入:不连续性①　输出:创新类型

宏观市场不连续性	宏观技术不连续性	微观市场不连续性	微观技术不连续性	根本性创新	全新创新	渐进性创新
1	1	1	1	1		
1	0	1	0		1	
0	1	0	1		1	
1	0	1	1		1	
0	1	1	1		1	
0	0	1	1			1
0	0	1	0			1
0	0	0	1			1

①　其他是不可行的,因为假如一项创新的结果导致宏观层次不连续性,那么在微观层次也必然不连续。

市场		不连续创新的概念	
		破坏性创新	根本性创新
新市场	高端市场		类型Ⅱ、类型Ⅲ
已有市场	高端市场	维持性创新	类型Ⅰ
	主流市场		渐进性创新
	低端市场	类型Ⅰ	
新市场	低端市场	类型Ⅱ	

图 2.2　Hang 和 Chai(2006)不连续创新的概念①

　　为了总结和提炼不连续创新更为一般性的概念,本书广泛借鉴了不连续创新、根本性创新、破坏性创新、技术不连续性等有关概念,试图在不同概念的比较分析中明晰不连续创新的内涵,并对其构成维度与测量方式进行统一。这里基于 Ehrnberg(1995)的观点,从创新新颖性程度和创新内容两个方面对这些概念进行区分,而创新内容具体包括三个方面:①在设计和生产产品时技术能力和其他资源方面的变化;②产品本身物理方面的变化②;③产品的性价比方面的变化。部分有代表性的概念如表 2.2 所示。

表 2.2　不连续创新代表性的概念

概念出处	技术与知识的新颖性程度	创新内容		
		资源与能力	产品本身	产品性价比
Carroad(1982)	◆			

---

　　①　破坏性创新类型Ⅰ是指服务于现有低端市场的低性能和低价格创新;破坏性创新类型Ⅱ是指服务于新市场中的低端市场的低性能和低价格创新。根本性创新类型Ⅰ是指现有业务的技术/市场领域内的创新;根本性创新类型Ⅱ是指一个企业现有业务间"空白地带"中的创新;根本性创新类型Ⅲ是指在企业当前战略情境之外的创新。

　　②　是指产品本身的子系统、零部件或流程等方面的变化,这里将顾客行为变化方面的文献也归于此。

续表

概念出处	技术与知识的新颖性程度	创新内容		
		资源与能力	产品本身	产品性价比
Abernathy 和 Clark(1985)			◆	
Utterback 和 Kim(1986)				
Foster(1986)	◆			
Tushman 和 Anderson(1986)			◆	◆
Olleros(1986)		◆		
Meyers 和 Tucker(1989)			◆	
Moore(1991)			◆	
Ehrnberg(1995)	◆			
Bower 和 Christensen(1995)			◆	◆
牛津大学出版社(1996)			◆	◆
Utterback(1996)		◆		
Walsh(1996)				◆
Ehrnberg 和 Jacobsson(1997)				◆
Tushman 和 O'Reilly(1997)			◆	
Christensen(1997)			◆	◆
Leifer 等（1997，1998，2000，2001，2002)				◆
Veryzer(1998)	◆			
柳卸林(2000)	◆			
De Tienne 和 Koberg(2002)	◆			
Benner 和 Tushman(2003)	◆		◆	
Zhou 等(2005)	◆		◆	
姜黎辉(2007)	◆		◆	
魏江和冯军政(2010)	◆	◆		
Govindarajan 等(2011)	◆		◆	

注：根据徐河军等(2003)、魏江和冯军政(2010)等相关研究以及有关文献进行整理。

通过对以上不连续创新相关概念的进一步分析发现,从技术和市场两个维度研究不连续创新成为一种趋势(本书称之为"技术不连续创新"和"市场不连续创新")。从技术基础变化的视角进行研究的主要观点包括:(1)不连续创新首先表现为企业采用的新技术与其原来的主导技术之间存在根本性区别,要求变换相关的技能基础和知识基础(Tushman,Anderson,1986;Anderson,Tushman,1990);(2)剧烈的技术变化会导致企业在技能、知识、设计、生产技术及工厂设备等方面进行的投资丧失作用(Utterback,Kim,1986;Utterback,1996);(3)不连续技术变化往往破坏企业已经具备的研发、生产和营销能力(Olleros,1986);(4)根本性技术是一类全新的技术,较之现有成熟技术具有更优越的性能(Foster,1986);(5)技术不连续性是新、旧技术之间的隔阂度,隔阂度越大则技术不连续性就越强(Ehrnberg,1995);(6)技术不连续性体现在获取新的技术方面,并从根本上改变产品的技术基础(Ehrnberg,Sjöberg,1995);(7)技术不连续创新是相对于现有市场中的已有产品来说的,包括采纳新的技术和先进的技术,以及提高顾客效益的创新(Benner,Tushman,2003;Zhou et al.,2005)。

基于市场基础变化视角进行研究的主要观点包括:(1)不连续创新会使顾客效用发生跳跃性的提高(Meyers,Tucker,1989);(2)不连续创新会取代现有技术范式,并且要求用户行为也发生相应的变化(Moore,1991);(3)破坏性技术提供了不同的性能组合,为新市场或新兴市场上的新用户创造不同的价值,通常还要求创造新的价值网络,并意味着竞争基础的变化(Rosenbloom,Christensen,1994;Christensen,1997);(4)市场不连续创新是指与现有的主流市场相背离的创新,通常为新兴市场的顾客创造新的顾客价值(Benner,Tushman,2003;Zhou et al.,2005)。

把技术基础和市场基础变化结合起来进行研究的观点包括:(1)能力破坏型创新是技术—生产能力、市场—用户关系或两者都发生变化的创新(Abernathy,Clark,1985);(2)不连续创新是更高层次的产品或市场创新(Herbig,1994);(3)不连续创新赋予了产品前所未有的功能,同时推出新的消费方式或使用模式(Bower,Christensen,1995);(4)不连续性是技术上和/或商业上的不连续性(Veryzer Jr,1998)。

本书认为,根本性创新、突破性创新和技术不连续性主要是基于创新新颖性程度的视角,并以企业为中心进行研究的,而破坏性创新则主要是以顾客为中心进行研究。基于此,本书以企业和顾客为中心,从创新新颖性程度以及创新内容中的资源与能力视角对不连续创新进行界定,认为不连续创新的本质是对全新知识的吸收和利用并创造出新的顾客价值的创新,其外在表现是对企业技术基础或市场基础的破坏。

2.1.3 不连续创新研究层次的界定

借鉴 Gatignon 等(2002)从创新的位置、类型和特征等方面对创新进行的划分,以及 Garcia 和 Calantone(2002)从创新的新颖性、分析层次和构成维度等方面对创新类型的辨别,下面主要从创新空间、创新位置和创新新颖性三个方面界定本书中不连续创新的研究层次。

(1)基于创新空间的不连续创新

从创新空间上看,不连续创新可以分为全球、产业或市场等宏观层次的研究和企业或用户等微观层次的研究(Garcia,Calantone,2002)。宏观层次的不连续创新不依赖于企业内部的技术基础和竞争基础,如蒸汽机、电话、计算机、互联网等的发明与利用;微观层次的不连续创新则可能导致企业营销和研发战略、供应商、分销渠道或销售模式等发生不连续的变化。研究表明,宏观层次的不连续创新在现实中很少发生,例如,Tushman 和 Anderson(1986)、Anderson 和 Tushman(1990)通过研究水泥、航空、微型计算机和玻璃制造四个产业纵向100 多年的技术发展历史,只发现了 20 次技术不连续性变革。Noke 等(2008)则研究发现,石化产业每 10~20 年引入一种新的产品技术,每 20~40 年发生一次过程技术变革,而重大的产业结构调整每 20~40 年才发生一次。本书认为,宏观层次的不连续创新难以测量,并且难以产生具有现实指导意义的研究成果。因此,这里主要聚焦于企业微观层次的不连续创新研究,以加深对不连续创新诱发因素及其发生机理的认识,并增强研究发现对企业管理实践的现实指导意义。

(2)基于创新位置的不连续创新

按照创新发生位置的不同,可以分为产品组件创新、产品架构创新、子系统创新和系统创新。Henderson 和 Clark(1990)认为,产品内部结构(包括产品零部件、系统参数和使用性能之间的关系等)的变化也是衡量不连续技术创新的一种方法。新知识有可能改进现有知识，但也可能摧毁现有知识。根据组件知识和架构知识两个维度的变化，可把创新分为渐进式创新、模块化创新、架构创新和根本性创新四种类型。Magnusson 等（2003）认为，产品不连续创新主要是指模块化创新和架构创新。Funk（2008）在研究技术不连续性的发生机理时指出，系统要素的渐进式改善能够影响绩效和系统设计；系统要素的渐进式改善通过影响系统中的共性设计来导致系统设计的不连续性，并且能够使各要素适应全新的系统。在本书中，不连续创新可以是产品组件创新、架构创新、子系统创新，也可以是系统创新，其中关键的区别在于创新是否导致了产品技术性能的极大提升、成本的降低、创造了新的产品功能或者使顾客感知价值发生了显著跳跃。

（3）基于创新新颖性的不连续创新

这方面的研究主要集中于技术不连续创新，并用创新中所包含新知识的程度来测量（Dewar，Dutton，1986）。Tushman 和 Anderson（1986）在研究技术不连续性与组织环境之间的关系时指出，能力破坏型技术不连续性往往涉及开发和利用新技能、新能力和新知识，需要企业掌握从根本上能够改变已有产品的能力；能力增强型技术不连续性则建立在已有产品诀窍的基础上，具体表现为产品性价比至少提高一个数量级。Anderson 和 Tushman 在随后的研究中提出从以下三个方面判断技术不连续性：①为掌握新技术必须接受的培训的总量；②企业为开发创新必须掌握的新技能的数量；③在新技术条件下原有技术范式需要改进的程度（Anderson，Tushman，1990）。Ehrnberg 和 Jacobbson（1993）认为，衡量新、旧技术的相关性，不仅要测量业已发生变化的技术的数量，而且还应该考虑技术领域问题，如果一种新技术与已有技术属于两个互不相关的领域，那么这种技术创新可以被视为突破性创新。Ehrnberg 和 Sjöberg（1995）进一步发展了技术不连续性的分类和测量方法，认为首先应该区别新技术的替代性和互补性特征，然后需要比较新技术与已有技术在知识结构及技能等方面的重叠程度，进而从这两个维度对不连续创新进行归类分析。

另外，Ehrnberg（1995）在技术不连续性的定义与测量综述中认为，要对技术不连续性进行测量，除了从创新的新颖性程度（small vs. large）方面进行区分外，如渐进性创新与根本性创新、持续技术变革与技术不连续性、技术演化与变革、技术进步与技术范式转变等，还需要从创新的内容（old to new）方面进行区分，如技术替代、创造性毁灭、新兴产业、侵入性技术和技术转型等。据此，笔者识别出了三个技术不连续性发生情境:①新产业的演化;②已有产业中新的产品类别对旧的产品类别的替代;③新产品类别或流程演化中的代际变革(见图 2.3)。姜黎辉(2007)基于 Ehrnberg(1995)的研究,结合当前中国企业技术创新的特点,将技术不连续性的发生情境划分为四种:①企业所在产业中,新技术对旧技术的替代;②企业所在产业中,新技术在技术发展子循环中的变化;③企业跨产业转移,转入其他已有产业;④企业跨产业转入新兴产业。

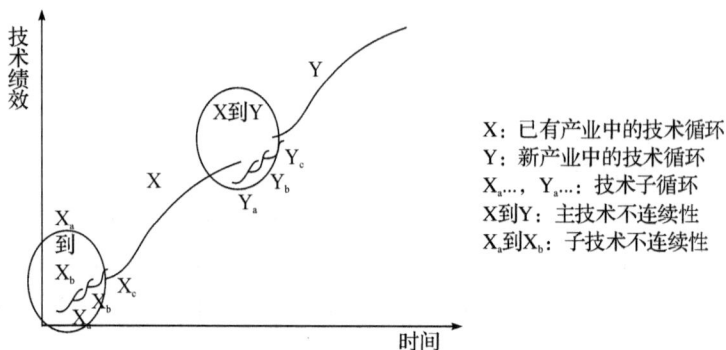

图 2.3　技术循环与技术不连续性的不同分析层次

资料来源:Ehrnberg(1995),由 Olleros(1986)演化而来。

基于以上三方面的分析,本书将不连续创新定位于企业微观层次、主技术不连续性以及与已有技术隔阂度较大的创新,并试图从技术基础和市场基础两个维度对类似的概念进行区分(见图 2.4)。

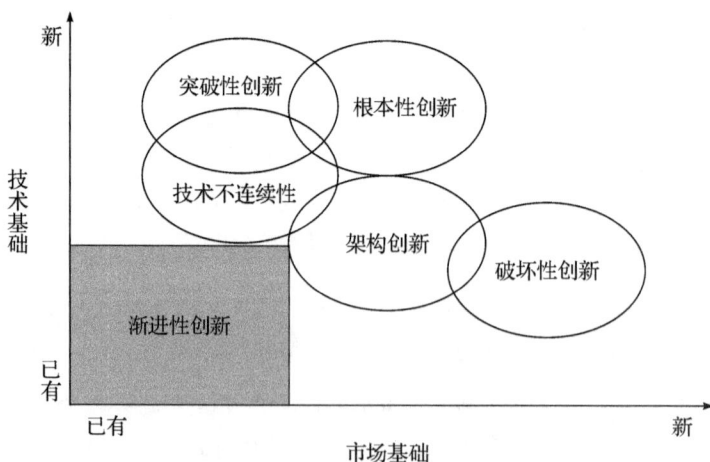

图 2.4　不连续创新相关概念的定位

2.1.4　不连续创新构成维度及测量方式的界定

对于创新的分类,越来越多的学者认同从技术基础和市场基础两个维度进行分析。例如,Garcia 和 Calantone(2002)指出,技术创新具有两种力量导致不连续性的发生:技术的力量和市场的力量。Benner 和 Tushman(2003)按照创新与企业当前技术轨迹的临近程度以及创新与已有顾客/细分市场的临近程度对创新进行分类,其中从技术维度可以将创新分为渐进性创新和根本性创新(根本性创新是指从根本上改变企业技术轨迹和相关组织能力的创新),从市场维度可以将创新分为渐进性创新和破坏性创新(定位于新市场或新兴市场的创新)。

Zhou 等(2005)借鉴了 Benner 和 Tushman(2003)对创新的分类标准,将技术基础上的突破性创新界定为对服务于已有市场中的现有产品来说,采纳新技术和先进技术并提高顾客效用,将市场基础上的突破性创新界定为与现有主流市场相分离的创新,运用新技术和不同技术为新兴市场中的顾客创造一系列新价值(Christensen,Bower,1996;Benner,Tushman,2003)。姜黎辉(2007)则直接遵循 Garcia 和 Calantone(2002)的建议,将不连续创新划分为技术和市场两个维度。类似的,Govindarajan 等(2011)认为,现有创新方面的文献具有技术基础和市场基础两个重要的分析维度,技术基础上的根本性创新和市场基础上的破坏性创新是两种典型的创新类型,根本性创新是产品中包含实质性新技术的创新,而破坏性创新是面向新兴市场但却不一定包含最新技术的创新。

由此可见,从技术和市场两个维度对不连续创新进行测量得到了学者的一致认同。基于此,本书将不连续创新构念划分为技术不连续创新和市场不连续创新两个维度(见图 2.5)。

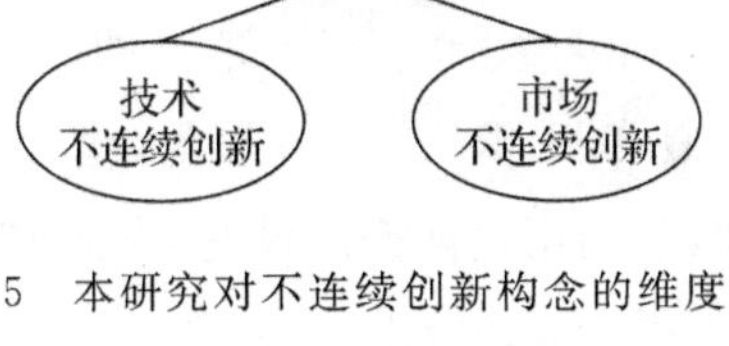

图 2.5　本研究对不连续创新构念的维度划分

1. 技术不连续创新的测量

技术不连续创新是指企业在技术或产品开发过程中，技术进步与其已有的主导技术的演化轨迹不一致的创新（Tushman，Anderson，1986；Anderson，Tushman，1990；McKelvey，1996；Benner，Tushman，2003）。本书主要根据企业创新过程中产品、流程或服务中所包含知识的新颖性程度（Dewar，Dutton，1986；Garcia，Calantone，2002；Zhou et al.，2005；姜黎辉，2007），不同技术之间的技术距离（Granstrand，Jacobsson，1991），技术领域之间的互补性或替代性以及新技术、新知识与企业已有技术和知识在技术领域或知识基础等方面的重叠程度（Ehrnberg，Jacobsson，1993；Ehrnberg，1995；Ehrnberg，Sjöberg，1995）等方面来判断。

通过文献综述发现，技术不连续创新的测量主要从三个方面展开：（1）基于产品技术性能变化的测量；（2）基于产品架构创新的测量；（3）基于技术能力变化的测量。Tushman 和 Anderson（1986）以及 Anderson 和 Tushman（1990）在产业层次上完成的技术不连续性与组织环境以及技术不连续性与主导设计方面的研究堪称不连续创新研究的奠基之作。他们用技术性能单一指标（如微机中央处理器的运行速度、水泥炉每天的生产能力、玻璃每小时制造的长度、飞机每年的座位公里数等）测量个人电脑、水泥制造、玻璃制造和航空等产业的技术不连续性。Foster（1986）应用性价比这一指标来测量轮胎帘布技术变化的大小，认为采用性价比来对技术变化方面进行评估更具操作性。Ehrnberg 和 Jacobsson（1997）通过制造系统的不连续技术变化过程的案例（传统的手工制造系统到数控制造系统、数控制造系统到柔性制造系统）研究指出，性价比的变化是技术不连续性变化的重要指标。

Henderson（1988）认为，应从产品内部结构的变化来分析技术的变化，从研究产品零部件、系统参数和使用性能之间的关系来衡量不连续技术创新程度。Henderson 和 Clark（1990）进一步指出仅仅区分渐进性创新与根本性创新是不完善的，因为有很多创新只是对技术进行了适当的改进，但却带来了非常显著的竞争结果，如施乐小型复印机、RCA 收音机等，进而区分了产品中的两种知识，即组件知识和架构知识，利用这两个维度将创新分为了四种创新类型，通过判断组件知识和架构知识的变化来判断技术的不连续程度。Funk（2008）认为组件的渐进性改善更易导致设计系统的不连续性。而 Magnusson 等（2003）更是将模块化创新、架构创新和根本性创新视为不连续创新的特殊类型。

Ehrnberg 和 Jacobsson(1993)提出测量技术能力的变化不仅需要测量变化技术的数量,而且需要从科技领域(机械、电子、化学等学科)进行考虑,如果新技术是从与原来产品的技术基础不相关的科技领域产生出来的,这种创新可以被认为更具不连续性。Ehrnberg 和 Sjöberg(1995)以普通机床到数控机床、独立的数控机床到柔性加工中心、固定电话到蜂窝移动电话变化过程中的不连续技术变化为例,指出应从两个维度(可以将技术不连续性分为四种类型)来研究技术的不连续性:第一,新旧技术的替代性与互补性特征,替代性是指新增加的技术全部或部分地替代了已有技术,互补性是指新旧技术是共存的和相互补充的;第二,新旧技术在知识内容方面的重叠程度,即新旧技术是否属于一个共性技术领域。另外,Granstrand 和 Jacobsson(1991)从新旧技术之间的技术距离的角度来测量技术不连续性。

Ehrnberg(1995)对技术不连续性的定义和测量进行了比较系统的综述,在很大程度上解决了已有研究在概念、操作和研究层次上的混乱性。他认为首先需要在技术变革的内容和程度上进行区分,在技术变革的内容上应该从三个维度分析技术不连续性:(1)在设计和生产产品时技术能力和其他资源方面的变化;(2)产品本身物理方面的变化;(3)产品的性价比方面的变化(见图 2.6)。从技术变革的程度上来区分相对容易,Ehrnberg(1995)认为应首先确定不连续性的分析层次,因为主技术不连续性必然导致子技术不连续性的发生,而子技术不连续性则并不意味着主技术不连续性的发生。从产品、流程以及能力基础方面对技术不连续性进行测量则相对困难,Dewar 和 Dutton(1986)从创新中所包

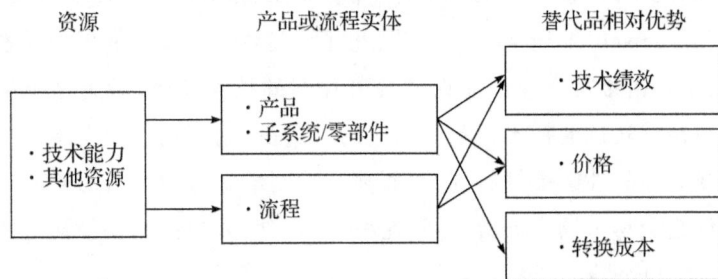

图 2.6　技术变革简易模型

资料来源:Ehrnberg(1995)。

含的新知识的程度来衡量根本性创新。另外，Tushman 和 Anderson(1986)以及 Anderson 和 Tushman(1990)指出尽管用来测量技术不连续性的历史数据难以获得，但是他们仍然建议通过构建一系列指标来测量技术不连续性，这些因素包括：(1)掌握新技术需要重新培训的数量；(2)开发一项创新需要获取新技能的数量；(3)建立在已有技术基础上的模型需要翻新的程度。

2. 市场不连续创新的测量

从技术视角对不连续创新进行测量的时候，Ehrnberg 和 Jacobsson(1993)通过对独立机床向柔性制造系统这一不连续性转变过程的研究发现，通常我们第一印象认为的供应商能力并没有发生巨大变化，而先前产品用户发生的转变是最大的，因为产品可以由一系列子系统相互补充，而用户则需要学习如何从这些产品中获益。因此，从市场/顾客角度进行分析使不连续创新的研究超越了技术这一单一维度，进而对产业或企业管理实践中所发生的改变具有了更强的解释能力。最近甚至有学者从商业生态系统的角度进行探索(Adner,Kapoor,2010)。

早在 1992 年，Christensen 在修正技术 S 曲线理论的过程中就认为，单纯从技术轨迹的视角来看产业变迁是片面的，将技术与市场相割裂是一个不当的做法(Christensen,1992a,1992b)。他们指出，当技术进步的速度超过已有市场需求提高的速度时，在竞争基础(如价格、便利性等)其他方面的改进就能改变已有技术的进步轨迹，为市场进入者提供了破坏甚至摧毁在位者市场地位的重大机遇(Christensen,Rosenbloom,1995；Christensen,Bower,1996)。面对破坏性技术变革，产业领导者或在位企业通常难以维持其领导地位(Bower,Christensen,1995)。建立在 Kuhn 的"科学范式"和 Dosi 的"技术轨迹"理论的基础上，Christensen 和 Bower(1996)提出了维持性技术变革和破坏性技术变革的概念，前者是指维持产业产品性能提升速率的技术变革，后者是指破坏或重新定义产品性能轨迹的技术变革。相应的，维持性创新是指使主流市场用户所需的产品或服务的性能更好的创新，而破坏性创新是指通过新的产品或服务类别的引入创造全新市场的创新，尽管这种产品或服务的性能在最初是比较差的(Christensen,Overdorf,2000)。

与已有学者对创新分类的标准不同，Rosenbloom 和 Christensen(1994)从以下两个维度对创新进行分类：(1)创新是否建立在根植于已有业务的科学技术能力之上;(2)与已有的价值网络①是否相关。他们指出技术不连续性通常导致价值网络的变化,并强烈依赖于新能力的开发。需要指出的是,维持性创新主要是为主流市场的用户提供性能更好的产品或服务,一般是渐进式的,但也可能是根本性的,即产品性能大幅度提升;而破坏性创新的目标则一般是通过引入与现有产品或服务的性能相比尚不够好的产品或服务,满足新的细分市场上的用户或者潜在用户的需求。

2.1.5 不连续创新的提升机制研究

不连续创新具有极强的技术与市场上的不确定性、不可预测性、偶然性、非线性、随机性和探索性等特征(Rice et al.,1998;Phillips et al.,2006a),新技术、新市场、新政治规则等是其直接触发因素(Bessant et al.,2005;Phillips et al.,2006a,2006b)(见表2.3)。

表2.3 不连续创新的触发因素及潜在的问题

环境	触发因素	说明	潜在问题
一般环境	出现新的政治规则	政治条件急剧转变	新规则难以理解或学习
	管理体制变革	规制框架转变、新规则出台	不能快速转变或看不到新机会
	文化观念转变	压力集团施压、观念转变	现有假设难以改变
	发生意外事件	流行新的游戏规则	现有能力过时
	商业模式创新	重新界定问题,重定游戏规则	新进入者重定规则
	技术经济范式转变	新规则取代现行规则	在位者倾向于死守已有模式
任务环境	出现新市场	市场研究和分析常规技术失效	在位企业对这种威胁置之不理
	出现新技术	技术突破或不同技术间的融合	"非此地发明"综合征
	产业结构调整	创新空间减少、产业竞争加剧	创新规则嵌入特定情境
	市场氛围和行为发生重大变化	公众采取新的行为模式	新、旧不能兼容,认知不一

资料来源:Bessant等(2005)、Phillips等(2006a,2006b)。

---

① 价值网络指企业参与竞争和解决顾客问题的具体情境。详见文献:Bower 和 Christensen(1995)。

对于企业不连续创新的提升机制问题,不同的学者表达了不同的观点。例如,Chandy 和 Tellis(2000)重点研究了在位企业的规模因素对不连续创新的影响。而他们在另一项研究中则超越了企业规模因素对不连续创新的影响,认为企业组织情境因素和对已有投资剥离的意愿因素对不连续创新的影响被忽略了(Chandy,Tellis,1998)。Zhou 等(2005)研究了企业战略导向对不连续创新的驱动作用。De Tienne 和 Koberg(2002)以及 Koberg 等(2003)则综合检验了外部环境特征、组织情境和组织学习等因素对不连续创新的影响。

总体来看,已有研究广泛检验了环境层因素、网络层因素、企业层因素和高管层因素对不连续创新的促进作用。其中环境层因素主要是环境动态性(De Tienne,Koberg,2002;Koberg et al.,2003);网络层因素主要是战略联盟与合作创新(Rothaermel,2000,2002;Spedale,2003;Phillips et al.,2006a;Noke et al.,2008);企业层因素包括战略导向(Zhou et al.,2005)、组织学习(De Tienne,Koberg,2002;Koberg et al.,2003;O'Connor et al.,2008)、知识搜索(Ahuja,Morris Lampert,2001;Phene et al.,2006;Jiang et al.,2010)、组织情境(Chandy,Tellis,2000)、资源积累(Landry et al.,2002;Perrons,Platts,2005;Perrons et al.,2005;Subramaniam,Youndt,2005)和企业基本特征(Chandy,Tellis,1998;De Tienne,Koberg,2002;Koberg et al.,2003)等;而高管层因素主要是高管认知和高管基本特征(De Tienne,Koberg,2002;Kaplan et al.,2003;Koberg et al.,2003;Eggers,Kaplan,2009)(见图 2.7)。

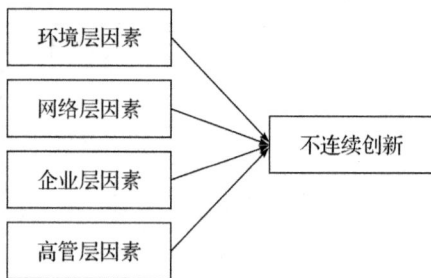

图 2.7 不连续创新前因

1.环境层因素

De Tienne 和 Koberg(2002)以及 Koberg 等(2003)在研究组织环境动态性和组织学习对不连续创新的影响效应时证实,由于外部环境动态性能够有效地降低组织惯性和管理惯性,并有利于高管在更广泛的创新范围内进行选择,因此对不连续创新具有显著的正向影响效应。Zhou 等(2005)在战略导向如何驱动企业不连续创新的研究中指出,需求不确定性能够激发企业超越顾客需求和创造顾客需求的能力,技术动荡性则能够使企业增强研发投资强度并抓住新技术所带来的机会,因而两者均正向影响不连续创新;相反,竞争强度一方面促使企业专注于降低成本的模仿创新,另一方面又使其聚焦于开发新的细分市场,因此负向影响技术不连续创新、正向影响市场不连续创新。他们通过实证研究证实,需求不确定性无论对于技术不连续创新还是对市场不连续创新均有显著的正向影响效应;技术动荡性仅对技术不连续创新有显著的正向影响效应;而竞争强度则对市场不连续创新具有显著的正向影响效应。

2. 网络层因素

网络层因素的文献一般将不连续创新视为外生变量来进行研究,探讨企业如何应对其为企业所带来的冲击,以及企业如何有效应对不连续创新。基于此,Rothaermel(2000,2002)提出了"互补创新"的概念,即在位企业和新进入企业利用互补性资产开展合作创新,他认为通过"互补创新"组建联盟有利于企业间开展创造性合作、促进企业进入新市场、改善在位企业组织绩效以及促进产业融合。他将生物技术视为制药产业发展进程中的不连续创新,通过分析美国传统制药企业与新兴生物技术企业组建联盟开展合作创新的数据,验证了战略联盟是应对不连续创新冲击的有效途径。

Spedale(2003)在对英国纤维光学产业 124 家企业进行实证研究后发现,面对产业不连续变革所带来的威胁,合作(结构化合作和非结构化合作)对在位企业和新建企业都是一种可行的战略,并且结盟所采取的战略类型取决于战略类型与技术、组织柔性之间的匹配关系。具体而言,如果结盟企业采取市场拉动的通用战略(generalist strategies),同时技术与组织柔性较低时,应选择结构化的合作战略,以在较广泛的市场中实现新技术的商业化;而当企业采取技术推动的专业化战略,同时具有高水平的技术与组织柔性时,应选择依赖个人与组织间非正式关系的非结构化合作战略,以对面向专业利基市场的新技术进行持续开发。

类似的,另有学者通过对不同行业进行案例研究后指出,与长期性、紧耦合和强连带的合作关系相比,更具柔性和灵活性的短期战略性合作(strategic alliances)是创造不连续创新的更佳选择,即松耦合和弱连带将更有利于不连续创新(Phillips et al. ,2006a；Noke et al. ,2008)。

3. 企业层因素

在驱动企业不连续创新的企业层因素方面,已有文献开展了非常广泛的探索,包括战略导向(Zhou et al. ,2005)、组织学习(De Tienne,Koberg,2002；Koberg et al. ,2003；O'Connor et al. ,2008)、知识搜索(Ahuja,Morris Lampert,2001；Phene et al. ,2006；Jiang et al. ,2010)、组织情境(Chandy,Tellis,2000)、资源积累(Landry et al. ,2002；Perrons,Platts,2005；Perrons et al. ,2005；Subramaniam,Youndt,2005)和企业基本特征(Chandy,Tellis,1998；De Tienne,Koberg,2002；Koberg et al. ,2003)等。

(1)战略导向

Zhou 等(2005)在研究战略导向如何驱动企业不连续创新(基于技术基础的突破性创新和基于市场基础的突破性创新)时认为,市场导向使企业能够更好地理解当前和潜在的顾客需求,并使其满足领先用户所需要的新技术进而正向影响技术不连续创新。然而市场导向又容易使企业忽略其他的创新源泉,如其他产业中的企业、新的非传统的竞争对手以及未来市场中的机会等,因此对市场不连续创新具有负向影响;技术导向由于支持最新的技术、促进企业加大研发投资、鼓励创造性发明以及有利于培育容忍失败的文化等,故正向影响技术不连续创新;创业导向则通过强调创造新业务、使企业重新恢复活力、风险承担性和前瞻性以及财务和管理承诺等,对技术不连续创新和市场不连续创新均有正向影响。

他们以中国 350 个耐用消费品和非耐用消费品为样本进行研究发现:市场导向正向影响技术不连续创新,但负向影响市场不连续创新;技术导向正向影响技术不连续创新,对市场不连续创新没有显著的影响效应;对于创业导向来说,无论对于技术不连续创新还是市场不连续创新,均有显著的正向影响效应(Zhou et al. ,2005)。

(2)组织学习

De Tienne 等(2002)以及 Koberg 等(2003)运用复杂性理论和信息处理理论,通过对美国航空、电子元件和通信等高科技产业 192 位 CEO(首席执行官)的调查,检验了环境动态性、企业内部结构、试验和工程转型与不连续创新之间的关系,研究发现企业通过不断进行试错学习和从失败中学习,能够使其不断获得新的信息,发现意外的机会,并且快速实现战略转换,因此有利于企业不连续创新;通过工程任务分解、不同环节之间的无缝对接以及流程和关键点控制,能够实现工程间的平滑转型,最终也有利于不连续创新;而即兴学习对不连续创新没有显著影响效应。

Zhou 等(2005)在研究战略导向如何驱动企业不连续创新时认为组织学习能够增强外部信息的价值、产生新的见解、有利于建设性冲突并形成一致性的观点等,因而对不连续创新具有正向影响作用。最终他们研究证实,组织学习不仅对企业不连续创新具有显著的正向影响效应,同时在战略导向与不连续创新之间扮演部分中介作用。

(3)知识搜索

Ahuja 和 Morris Lampert(2001)在研究已有企业如何创造不连续创新时,识别出了三种妨碍不连续创新的路径,即熟悉陷阱(familiarity trap)、成熟陷阱(maturity trap)和临近陷阱(propinquity trap)。他们基于专利数据的研究发现,通过对新颖性(novel)技术、新兴(emerging)技术和先导(pioneering)技术的试验,能够使企业克服这三种障碍,进而创造不连续创新。

Phene 等(2006)从技术边界和地理边界两个维度探讨了创新搜索对不连续创新的影响。他们基于吸收能力理论,以美国生物技术产业中的专利数据为样本进行研究,证实:在同一国家情境下,技术远距型知识对不连续创新具有倒U 形影响效应;在跨国情境下,技术临近型知识对不连续创新具有正向影响效应;而同时在技术和地理两个维度进行探索对不连续创新则是不利的;在跨国情境下,技术远距型的知识搜索对不连续创新没有显著的影响效应。

Jiang 等(2010)研究在位企业如何在新兴技术领域进行发明时认为,当前的文献研究主要关注当在位企业的主导设计或产品受到真正威胁后的被动调整行为,但是在位企业也可以在技术变革周期的早期开展前瞻性的发明,以有效应对新兴技术所带来的挑战。他们在全球半导体产业情境中研究发现,在位企业在新颖性领域的搜索意愿、在公共领域探索科学知识以及与合作伙伴建立联盟能够促进企业在新兴领域的发明。

(4)组织情境

组织情境因素包括组织结构变革、组织内部知识共享与交流、组织文化等多个方面。Chandy 和 Tellis(1998)超越了以往不连续创新研究中对企业规模因素的关注,提出对已有投资剥离的意愿对不连续创新具有决定性影响作用,因为对已有投资的剥离将鼓励员工掌握新技术并使企业在不连续创新方面分配足够的资源。他们通过对三个高技术产业的研究证实,企业对投资剥离的意愿显著正向影响不连续创新,并且该因素在解释不连续创新中比规模更具解释力。

Veryzer(2005)在对研发管理者进行调研以后发现,不连续创新的营销信息和设计信息具有截然不同的来源。营销信息主要来源于公司研发部门的科技人员和业务单元的营销人员,而设计信息则主要来源于业务单元的营销和科技人员以及研发机构的员工和外部顾客。此外,实证研究表明,营销部门的参与性和重要性降低产品不连续性,但却提高流程不连续性。

Christensen(1997)系统地研究了大型在位企业面临破坏性技术时失败的原因,认为企业应对破坏性技术的一个关键原则是创立新组织实体。他列举了一些广为人知的案例予以佐证,如 Quntum 为开发 5.25 英寸驱动器创立了一个完全独立的子公司——Plus Development,IBM 为开发 PC 机在远离纽约总部的佛罗里达州创立了一个高度自主的子公司,惠普则为开发喷墨打印机在远离加利福尼亚总部的温哥华创立了一个完全自主的子公司,AB 公司为适应可编程电动控制技术的发展,并购了 Inc. 公司以及 Bunker Ramo 公司相关的技术部门等。这些公司通过创立新的组织实体或并购其他小型公司、新兴企业,大大提高了企业对破坏性技术的适应性。Macher 和 Richman(2004)也得出了类似结论,他们通过 Motorolar 创立新的风险投资公司,IBM 创立一种介于风险投资公司和合资企业之间的混合性组织实体,Kodak 公司采取收购和合资的双重手段来应对不连续创新的案例,验证了创立新的组织实体是应对不连续创新的有效手段。

(5)资源积累

McKelvey(1996)通过分析基因工程对传统制药产业的影响,完善了 Tushman 等(1986)的不连续技术创新理论,认为每个产业中只存在一种核心技术,且企业具有同质性资源和能力的假设是不全面的。由于不同企业反应行为、经验与能力不同,即使是相同的技术也可能对不同的企业产生不同作用,企业要有效应对不连续创新,就必须同时重视自身能力培养和从外部获取知识。

　　Landry 等(2002)关注企业社会资本对创新的影响作用,他们发现研发强度、应用先进技术的数量、研究网络、关系资产、财务资产、营销资产以及研发人员的数量对不连续创新(根本性创新)有显著的正向影响,一般员工的数量对不连续创新有显著的负向影响,而商业网络、信息网络、参与资产(参加商业会议、行业协会和网络的次数)和信任资产对不连续创新没有显著的影响。

　　Subramaniam 和 Youndt(2005)聚焦于组织智力资本因素(人力资本、组织资本和社会资本)对不连续创新(根本性创新)的影响,他们认为有创造性、聪明和技术熟练的员工是组织新思想和新知识的来源,他们不仅增加了组织技能的数量和多元程度,而且还喜欢质疑组织主导的规则,并对组织吸收和配置新知识具有重要作用,因而促进企业不连续创新。以 93 个样本企业为对象进行研究发现,企业人力资本负向影响不连续创新,社会资本则显著地正向影响不连续创新,而组织资本对不连续创新的影响效应不显著;同时,组织社会资本有利于对根本性思想的识别、消化、传播以及将其价值最大化,最终有利于企业对根本性技术的采纳,因此组织社会资本将增强人力资本对不连续创新的正向影响作用。

　　还有一些研究强调了互补性资产在应对产业技术不连续性变革中的作用。Teece(1986)认为,在新技术的商业化过程中,市场营销、制造和售后支持等服务总是需要的,而这些服务来源于互补性资产,因此需要将专业知识与其他能力或互补资产一起使用,创新才能成功(Rothaermel,Hill,2005)。例如,在CAT 扫描仪市场,曾经的创新者——EMI,正是缺少专业性互补资产,才在竞争中输给了其跟随者——GE 医疗系统(Rothaermel,Hill,2005)。Tripsas(1997)对打字机产业 1886 年至 1990 年间技术与竞争历史的分析也证实,在突破性技术变革如何使产业中的已有企业迅速失败并被新进入企业所取代的问题上,他认为互补资产将缓解突破性技术变革所带来的冲击。

　　Teece(1986)在解释创新型企业为什么不能从一项创新中获取经济回报的原因时指出,当创新模仿相对容易的时候,由该创新所产生的利润将流向互补资产的拥有者而非知识资产的开发者,所以那些在创新方面做得最好的企业,在缺乏必要的制造和有关能力的情况下,仍然有可能死亡。Christensen(1997)在研究本田如何进入并占领美国市场时证实,企业新市场或新兴市场开发能力、产品销售能力以及分配能力是开发破坏性技术的关键。Mitchell(1989)通过对美国医疗诊断成像产业 30 年进入五个子领域的研究发现，企业专有性互补资产（产业市场份额和产业分配系统）将增强在位企业进入新领域的可能性，并且该互补资产越丰富企业进入速度越快。

Rothaermel 和 Hill(2005)运用个人计算机、电弧熔炉、生物制药和无线通信行业 26 年的面板数据考察了产业和企业两个层次的绩效以后发现，在技术不连续的情境下，互补资产对产业绩效和企业绩效产生权变性影响。具体而言，如果不连续技术能够通过通用性互补资产来实现商业化，那么新进入者的进入会导致在位者产业绩效的恶化；如果新技术是通过专有性互补资产来实现商业化的，那么新进入者就难以撼动在位者的竞争地位，而且在位者的产业绩效会有所改善。在企业层次，如果新技术通过通用性互补资产来实现商业化，那么在后技术不连续性时期，在位者的财务实力将更能够促进其绩效的提升；如果新技术通过专有性互补资产来实现商业化，那么在后技术不连续性时期，在位者的研发能力更能促进其绩效的提升。

（6）企业基本特征

Chandy 和 Tellis(2000)针对是否存在"在位者的诅咒"的现象，深入研究了在位企业规模对不连续创新（根本性创新）的影响，他们基于坚实的实证研究发现：对于不连续创新来说，在位企业与非在位企业在其可能性上是一致的，即不存在"在位者的诅咒"现象；如果考虑时间变量的话，第二次世界大战前的不连续创新主要来源于非在位企业(73%)和中小企业(83%)，而第二次世界大战后的不连续创新则主要来源于在位企业(74%)和大企业(74%)（这些结果在统计学上都是显著的）。

De Tienne 等(2002)以及 Koberg 等(2003)在研究环境动态性、企业内部结构、试验和工程转型对不连续创新的影响作用时发现，CEO 的基本特征（年龄和任期）在组织基本特征、组织内部联结和不连续创新之间发挥权变性作用。具体来讲，企业成长年限和企业规模对不连续创新均具有阻碍作用，但在 CEO 比较年轻的情况下，这些阻碍作用将得到缓冲；企业内部联结机制对不连续创新具有促进作用，而在 CEO 比较年轻的情况下则进一步增强了这种促进作用。

4.高管层因素

一些学者指出高管认知因素也是企业不连续创新决策和实施的重要决定

因素。例如,Kaplan 等(2003)以及 Eggers 和 Kaplan(2009)将管理认知视为一种动态能力,分别以制药产业中高管对新兴技术——生物技术的认知以及通信产业中高管对新兴技术——纤维光学技术的认知为例进行纵向研究,研究表明管理认知是企业进入根本性新技术市场(技术不连续性)的重要驱动因素,并且将高管认知因素与组织情境因素结合在一起时,将对组织行为产生更强的解释力。

2.1.6　研究小结

本研究通过对不连续创新以及有关概念进行综述,发现当前学术界在该问题或该现象的研究上尽管还处于初始发展阶段,但也取得了一些共识。

第一,明确了不连续创新的研究层次。指出宏观层次的不连续创新不依赖于企业内部的技术基础和竞争基础,而微观层次的不连续创新则可能导致企业营销和研发战略、供应商、分销渠道或销售模式等发生显著性的变化。因此,本书主要聚焦于企业微观层次的不连续创新研究,以取得对管理实践更具现实指导意义的研究成果。

第二,提出了不连续创新构念的分析维度。一系列文献研究表明,从技术和市场两个维度对创新进行分类得到了学术界的公认。本研究基于已有的文献,主要聚焦于技术不连续创新和市场不连续创新两个维度进行研究,其中技术不连续创新是指与企业已有技术领域隔阂度较大的创新,而市场不连续创新是指与企业当前主流市场中的顾客需求差距较大的创新。

第三,案例研究方法日渐成熟。已有大量的文献研究了诸如微型计算机、水泥制造、玻璃制造、航空产业、制药产业、先进制造系统、通信产业、半导体产业和 IT 产业、数码产业、石油和天然气产业、汽车产业、光学产业、钢铁产业以及磁盘驱动器等产业中的不连续创新现象,得出了一系列有意义的研究结论,使不连续创新的内容效度得到了证实。

基于上述已有的研究成果,本研究认为未来研究应该在以下三个方面重点探索,以期取得理论上的突破。

第一,在不连续创新前因上,一方面,应超越当前环境动态性、战略导向、组织学习、知识搜索、组织情境、资源积累和企业基本特征等因素对不连续创新的影响作用,探索更为广泛的资源(如冗余资源、外部不同类型网络资源)与能力

（吸收能力、动态能力）对不连续创新的驱动作用；另一方面，应对不同层次前置影响因素开展跨层次或者交互性整合性研究，以取得更具解释力的发现。

第二，在不连续创新成果研究方面，尽管已有文献研究指出不连续创新能够极大地提升已有产品的技术性能、显著地降低成本、开发新的功能、开发新的产品线、开辟新的业务领域、转变与顾客和供应商之间的关系以及开发新的市场或新兴市场等，是企业长期、快速成长的"发动机"，但是，这些研究成果并未得到实证研究的支持。未来应加强不连续创新成果，特别是加强不连续创新对组织绩效或竞争优势直接影响作用方面的研究。

第三，在研究方法上，除了突破案例研究的局限性，加强大样本统计研究之外，还应丰富不连续创新的研究情境，如不连续创新实施的不同制度情境（西方发达国家/中国等制度转型或新兴经济国家）、产业情境（高技术产业/低技术产业）或企业情境（大企业/小企业、在位企业/新创企业或者非在位企业）等，以期取得更为普适性的研究发现。

2.2 环境动荡性文献综述

2.2.1 环境动荡性分析单元的界定

环境动荡性（jolts）是指"环境对组织临时性的扰乱，而这种扰乱的发生难以预测、对组织具有破坏性并且通常是有害的影响"（Meyer，1982），它强调对环境的制度化假设，以及揭示制度化实践、技术、组织形式和产出之间不可预期的关系，环境动荡性能够为组织、管制者、投资者、顾客等带来危机，并产生与预期完全相反的结果（Sine，David，2003）。然而，Hambrick（1981）以及 Fahey 和Narayanan（1986）等学者认为，由于组织及其战略决策制定者在信息收集和信息加工方面存在有限理性、环境的高度复杂性以及不同要素之间的相互联结性等原因，将环境作为一个整体进行分析几乎是不可能的（Tan，Litschert，1994；姜黎辉 et al.，2006）。因此，有必要对环境的分析单元进行清晰、明确而严格的界定。

在已有研究中，Duncan（1972）将环境分为内部环境和外部环境，内部环境是组织范围之内的相关实体及社会因素,包括组织结构、组织文化、人力资源配置等;外部环境则是组织范围之外的相关实体及社会因素,由消费者、供应商、竞争者、社会政策因素及技术等构成(李大元 et al.,2009)。Daft 等(1988)将整个环境分为遥远型环境和任务型环境,遥远型环境由政治/法律、经济、社会/文化和技术四个部分组成,而任务型环境由所有与组织目标的制订和完成密切相关的因素组成,包括竞争对手、顾客和资源的供应者(姜黎辉 et al.,2006)。Tan 和 Litschert(1994)通过对已有研究的总结,将组织环境划分为任务环境和制度环境两类,其中任务环境是与组织目标设定和实现密切相关、与竞争对手和管制者有关的环境;而制度环境是指与社会、人口、经济、政治和国际化等要素相关的环境。还有一些学者将环境的分析单元区分为宏观环境、中观环境和微观环境(Hodge,Johnson,1970),或者技术环境和制度环境(Meyer,Rowan,1983)等。

本研究考虑到中国制度转型期环境的独特性,将重点考虑两个层次的环境特征:间接环境/遥远型环境和直接环境/任务型环境。其中间接环境/遥远型环境是指制度环境,本书主要聚焦于政府产业政策。因为一系列研究指出,在制度转型情境中,政府政策对企业的战略与行为具有直接的影响作用(李增泉 et al.,2005;夏立军,方轶强,2005;Kuipers et al.,2008;方军雄,2008;唐建新,陈冬,2010),而且这种影响不仅仅作为企业发展的背景而存在,还与其生存休戚相关。Peng(2005b)甚至直接指出,在研究新兴经济问题时,制度因素如法律、规则和标准等应该被视为自变量而非背景条件。例如,对企业多元化以及并购活动来说,制度因素甚至是比企业经营绩效、企业规模等基本特征更具解释力的影响因素(Andrade et al.,2001;李增泉 et al.,2005;方军雄,2008)。对于直接环境/任务型环境(即产业环境),本研究与已有的大量文献研究相一致(Jaworski,Kohli,1993),主要聚焦于具体产业技术环境、市场环境和企业间竞争环境三个方面。

1.转型期制度环境特征

1978 年开始实施的改革开放政策从根本上改变了中国的制度基础(Tan et al.,2007),中央计划经济体制逐渐被有利于促进经济交换的市场经济体制取代。然而,基于产权的成熟而完善的市场经济体制在短时间内尚未真正建立起来,中国经济发展处于制度转型期,同时兼具新兴经济体制和西方经济体制的特征(Li,Peng,2008)。由此,中国企业的生存和发展不仅面临着自身资源积累与能力构建的约束,而且还受外部制度环境的深刻影响。

总体来看,中国制度转型情境下的制度环境特征主要表现在以下几个相互加强的方面:①以产权为基础的正式法律法规制度的不完备;②政策环境的不稳定,主要表现在政府治理机制不稳定,政府监管和管制模糊而粗放,政府在稀缺资源配置中仍然发挥着重要作用(参与型政府);③战略要素市场的不成熟(Peng,Heath,1996;Choi et al. ,1999;Hoskisson et al. ,2000;武亚军 et al. ,2005;张建君,张志学,2005;Lin et al. ,2009;武亚军,2009)。在这些因素的综合影响下,中国制度环境明显表现出"剧烈动荡"(Meyers,1990;Peng,2003),甚至是连续性剧烈动荡(Meyer et al. ,1990;Peng,2003)和"湍流"型(武亚军等,2005;武亚军,2009)变化的典型特征,这使得新政策、新规则等不断涌现(如产业放松管制、建设创新型国家、实施自主创新战略、鼓励企业走出去等),为企业不连续创新决策与实施打开了新的机会窗口。

2.转型期产业环境特征

在产业环境层次,外资企业的大量进入、国有企业决策独立性和财务自主性的增强、非国有企业合法性的取得,使中国商业环境的发展更具多元化和异质性(Davies,Walters,2004;Tan et al. ,2007),企业所面临的技术环境和市场环境更具动态性、复杂性和不确定性。根据 Zhou 等(2005)以及唐晓华和苏梅梅(2003)的相关研究,可以从以下三个方面来分析产业环境的重要特征。

(1)从技术供应的视角看,产业技术进步和技术变革的速度更快

首先,世界范围内基础科学的进步和突破性发展,催生了许多新兴技术、前沿技术和先导技术,如纳米技术、生物技术和通信技术等,为产业技术进步与技术变革提供了强劲的动力;其次,在中国市场对外开放过程中,为了赢取利润和获取市场份额,拥有先进技术和新技术的外资企业在短时间内大量涌入,为中国产业技术进步与技术变革提供了重要途径;再次,中国本土企业为适应全球市场竞争需要,一方面加强自身研发力度投资开发新技术,另一方面积极开发本地化的新技术;最后,外资企业为了适应中国市场的需求,也在研发上投入了大量经费开发新技术、构建新能力,如通用 1994 年以来针对中国市场,在设计、开发和生产方面投入了 10 亿美元(Luo,2002),2003 年,福特宣称其在福克斯模型的开发上就投入了 10 亿美元(BBC News,2003)。

(2)从市场需求的视角看,消费者的消费观念和消费行为正发生重大转变

第一,中国商品市场虽然经过了三十多年的飞速发展,产品得到了极大的丰富,然而产品同质化现象非常严重,消费者会将之前未曾使用过的产品视为新产品;第二,中国不同地区发展的差异性和不平衡性(武亚军等,2005)以及区域贸易壁垒和区域保护等,不仅导致市场需求的多样化,而且消费者会将其他区域的产品视为新产品;第三,国内外许多公司都普遍看好中国巨大的市场潜力,为了赢取利润和获取市场份额,不断引进许多真正的突破式创新(Luo,2002);第四,在改革开放过程中,中国消费者对西方产品缺乏接触和相关知识(Zhou et al.,2002),将许多首次引入的产品视为新产品。

(3)从市场竞争的视角看,超竞争趋势日益明显

目前,已有学者论述称,中国多个产业已经进入了市场空白极少的整体白热化竞争阶段(姜黎辉,2007)。唐晓华和苏梅梅(2003)基于 Q 型聚类方法,从市场结构(市场集中度、企业规模)、市场行为(企业进入数量和增长速度)和市场绩效(生产能力利用率、产业利润率)三方面基准进行测度,通过对中国 37 个行业的市场竞争状况进行研究发现,专用设备制造业等 21 个行业都出现了过度竞争状况,导致行业生产能力严重过剩、生产能力利用率低下、企业长期处于微利或亏损状态,具有"自杀性"和"毁灭性"的价格战、广告战、商业间谍战等不断爆发(姜黎辉,2007)。

类似的,Tan 和 Litschert(1994)以及 Tan 和 Tan(2005)对中国电子产业的实证研究表明,与 1990 年相比,十多年后(2002 年)中国企业所面临的外部环境的敌对性、动态性和复杂性尽管都有不同程度的降低,但是仍具有高度的不确定性、动荡性、不可预见性和不可测性,而在这种商业环境条件下,企业战略的未来导向性、前瞻性和风险承担性都有很大程度的提高,而分析性和防守性的战略导向则有所降低(见表 2.4)。

表 2.4 1990—2002 年间中国商业环境特征和企业战略定位的演化趋势

外部环境特征与企业战略定位	T1(2002 年)	T2(1990 年)	△(T1—T2)
未来导向性	4.29	3.86	0.43
前瞻性	4.58	3.96	0.62
风险承担性	4.53	3.95	0.58

续表

外部环境特征与企业战略定位	T1(2002 年)	T2(1990 年)	△(T1－T2)
分析性	4.37	4.51	－0.14
防守性	3.74	4.77	－1.03
环境敌对性	4.60	4.98	－0.38
环境动态性	4.87	5.84	－0.97
环境复杂性	4.57	5.18	－0.61

资料来源：Tan 和 Tan(2005)、Tan 和 Litschert(1994)。变量测量采用 7 分量表("1"表示程度最低，"7"表示程度最高)。

2.2.2　环境动荡性的构成维度

对于环境动荡性构成维度的划分，早期的研究相对简单，通常将其视为单维度构念，如 March 和 Simon(1958)采用资源丰裕性来刻画环境动荡性的特征。随着研究的深入，学者们逐渐采用两维度、三维度甚至更多维度视角来刻画环境动荡性特征(见表 2.5)。本研究重点介绍被学术界公认并被广泛引用的几项研究，而那些非以环境动荡性为研究焦点的文献将被排除，如将环境特征作为研究背景或调节变量的文献。

Duncan(1972)是最早研究环境动荡性构成维度的学者之一。他在环境特征对组织决策制定者影响作用的研究中，将外部环境聚焦于顾客、供应商、竞争对手、社会—政治以及技术环境，并将其构成维度划分为"简单—复杂"(复杂性)和"静态—动态"(动态性)两个维度，复杂性是指决策者在决策制定中所要考虑的因素的数量，动态性是指这些环境因素随时间基本保持不变或持续变化的程度，最终的数据分析结果表明，与复杂性相比，环境动态性对组织的决策制定具有更为重要的影响。

Child(1972)在研究组织结构、环境与绩效之间的关系时，将环境动荡性划分为变化性(variability)、复杂性(complexity)和稀缺性(illiberality)三个维度。变化性是导致环境不确定性的主要因素，得到了决策制定者最广泛的关注，是指环境特征的变化程度，包括环境变化频率、变化过程中的差异性程度以及总体变化模式不规则程度的函数；复杂性是指环境特征的异质性和变化范围；稀缺性是指在实现组织目标过程中决策制定者所面临的外部竞争、敌对性或中立性威胁的程度。

Dess 和 Beard(1984)在 Aldrich(1979)对环境动荡性维度划分的基础上进行研究发现,组织任务环境的 6 个构成维度最终缩减为 3 个:丰裕性(munificence,包括容量)、复杂性(complexity,包括同质—异质性、集中—分散性)、动态性(dynamism,包括稳定—不稳定性和动荡性)。根据已有文献研究,丰裕性与 Aldrich(1979)所提出的环境容量的概念相一致,是指环境支持企业持续成长的程度;动态性与 Miles(1974)等学者的研究一致,是指环境变革的速率以及环境变革的不可预测性;复杂性则与 Child(1972)等学者的研究相一致,是指环境的异质性和变化的范围,管理者面临复杂的环境时将感知到更大程度的不确定性并对信息处理具有更高的需求(Duncan,1972)。

Miller 和 Friesen(1982a,1983)以及 Miller(1983)在研究环境动荡性与企业战略制定、创新等构念之间的关系时,使用了动态性、敌对性和异质性三个维度。动态性(通常被称为不确定性)是指产业变革与创新的速率,以及竞争对手和顾客行为的不确定性和不可预测性;敌对性是指企业所在主导产业的竞争的多方面性、竞争活力和竞争强度,以及产业的衰退与繁荣等;异质性或者复杂性是指市场中的多样性,这需要企业产品和营销定位的多样性。

Sharfman 和 Dean(1991)指出,已有关于环境动荡性构念及其测量方式的研究没有形成普遍被接受的研究标准,使得难以理解环境动荡性对企业的具体影响。他们广泛回顾了已有研究的共性,将环境归纳为三个维度:复杂性(complexity)、不稳定性(instability)和资源可获得性(resource availability)。复杂性是指对复杂知识的需求程度以及环境要素多样性的程度;不稳定性是指对特定环境未来发展趋势的难以预测性;资源可获得性是指环境中资源可用性的水平。针对 Dess 和 Beard(1984)在不同环境动荡性构念测量中理论上的疏忽性问题,他们又提出了新的测量方式。

Rosenbusch 等(2007)则指出,尽管产业环境对企业绩效变异具有 10%～20%的解释力,但是在环境动荡性构念的概念化和测量方面仍然是不一致的,甚至得到了相互矛盾的研究发现。基于此,他们将环境区分为四个维度并对环境动荡性与绩效之间的关系进行元分析:丰裕性、敌对性、动态性和复杂性。丰裕性是指环境中资源的可用性(Dess,Beard,1984),尽管其与敌对性相似,但是在理论上却是完全不同的概念;敌对性显示了产业企业对稀缺资源和机会进行竞争的一种不利的环境条件(Miller,Friesen,1983；Covin,Slevin,1989)，敌对性是企业在经营时其战略选择将面临的一系列约束；动态性是指未来发展的一种不确定性，如顾客需求的变化、技术不连续性或者竞争对手与供应商行为的变化等；复杂性是指企业在动荡性环境中成功经营所需要的知识、资源和能力的数量。

还有许多学者将环境动荡性作为一个单维构念进行研究，如 Miles 等(1978)、Milliken(1987)、Buchko(1994)聚焦于不确定性，Snyder 和 Glueck(1982)聚焦于动态性。另外，还有一些学者对环境中某一构念的具体构成维度进行分析，例如，Wholey 和 Brittain(1989)对环境变化性这一维度进行分析时认为，传统关于环境不稳定性测量的研究并不能把握这一构念的所有方面，需要从环境变化的频率、变化幅度和可预测性三个方面来分析。McCarthy 等(2010)聚焦于变化速度，指出该构念是一个多维构念，它包括环境变化速率和变化方向两个关键维度。

表 2.5　环境特征的维度划分

文献来源	维度划分
March 和 Simon(1958)	丰裕性
Emery 和 Trist(1965)	复杂性、不稳定性、常规性
Thompson(1967)	异质性、动态性
Duncan(1972)	动态性、复杂性
Child(1972)	变化性、复杂性、稀缺性
Miles 等(1978) Milliken(1987) Buchko(1994)	不确定性
Mintzberg(1979)	复杂性、稳定性、敌对性、多样性
Aldrich(1979)	容量、稳定性、动荡性、异质性、集中性
Tung(1979)	复杂性、不稳定性、常规性
Snyder 和 Glueck(1982)	动态性
Miller 和 Friesen(1982a,1983)	动态性、敌对性、异质性
Dess 和 Beard(1984)	动态性、复杂性、丰裕性
Dwyer 和 Welsh(1985)	动态性、异质性

文献来源	维度划分
Miller(1987)	动态性、异质性、敌对性
Keats 和 Hitt(1988)	丰裕性、不稳定性、复杂性
Wholey 和 Brittain(1989)	频率、幅度、可预测性
Klein 等(1990)	动态性、异质性
Sharfman 和 Dean(1991)	动态性、复杂性、资源可用性
Wiersema 和 Bantel(1993)	丰裕性、不稳定性、复杂性
Zahra(1996a)	动态性、异质性、敌对性
Goll 和 Rasheed(1997)	丰裕性、动态性
Rosenbusch 等(2007)	丰裕性、敌对性、动态性、复杂性
McCarthy 等(2010)	环境变化速率、环境变化方向

2.2.3 环境动荡性构成维度的界定

从对环境动荡性构成维度的综述可见,不确定性、复杂性、动态性、敌对性(通常被视为丰裕性或有利环境的另一端)和异质性是被学术界公认的构成维度,但是根据一些学者对这些维度概念的定义不难发现,不确定性、复杂性和异质性三者之间在概念界定上是不明确、不清晰的,且存在很大程度上的重叠性,因此不宜作为独立的变量进行研究。例如,Child(1972)所提出的环境复杂性实际上是指异质性,他将复杂性的概念界定为"组织活动的异质性和范围"。类似的,Dess 和 Beard(1984)所提出的复杂性也是异质性,认为环境复杂性包括异质性和集中性两个方面。Tan 等(1994,2005)对环境复杂性的解释又类似于动态性,即复杂性是指竞争环境的可预测性。Sirmon 等(2006)对环境动态性的界定实质上则是指复杂性,而环境不确定性是指动态性。另外,在许多学者的研究中,环境不确定性通常是一个包含动态性、敌对性等的多维构念(Duncan,1972;Miles et al.,1978;Milliken,1987;Buchko,1994)。

由此,环境动态性和环境敌对性(是丰裕性和有利性的另外一端)是两个相对独立同时也更为重要的关键研究构念。例如,Duncan(1972)在研究环境不确定性对组织决策制定的影响时发现,与复杂性构念相比,动态性是一个更为重要的构念。Slevin 和 Covin(1997)特别指出,尽管大量关于环境动荡性构念的文献研究中重点关注了动态性、复杂性、不确定性和异质性等对战略过程的影响，但是当前的研究趋势是逐渐将敌对性单独划分出来以检验其独立的影响作用。Lumpkin 和 Dess(2001)认为，关于环境构念构成维度的概念化主要基于两个方面：①环境是信息的来源；②环境是资源的储备。从本质上看，动态性和复杂性都反映了环境的不确定性程度，丰裕性则是企业对环境中资源依赖的信号，因此动态性和敌对性构成了早期文献和理论构建中的两个基本的构念。Robert Mitchell 等(2011)直接指出，环境动态性和环境敌对性对企业战略决策制定具有相对独立的影响效应(separate effects)，因而将其研究聚焦于动态性和敌对性这两个维度。

基于以上分析，本书也从动态性和敌对性两个维度进行分析。而且近期关于"超竞争"、竞争动态性以及制度观领域的一系列研究也凸显了环境动态性和环境敌对性两个维度的重要性。因此，在明确环境分析单元(制度环境和产业环境)、维度划分(动态性和敌对性)的前提下，本研究主要聚焦于环境动荡性构念的四个变量，即技术动态性、市场动态性、竞争敌对性和政策敌对性，其中竞争敌对性主要指学者提出的与价格相关的敌对性(见图 2.8)(price-related hostility)(Zahra，Bogner，2000)，而市场动态性主要指顾客需求动态性。

	技术环境	市场环境	制度环境
复杂性			
动态性	①技术动态性	②市场动态性	
敌对性		③竞争敌对性	④政策敌对性
异质性			

图 2.8　本书对环境动荡性的分析维度

环境动荡性是指环境变化的速率(Sharfman，Dean，1991；Jaworski，Kohli，1993；Lumpkin，Dess，2001；Lichtenthaler，Ernst，2007)、环境变化的不稳定性或不可预测性程度(Child，1972；Duncan，1972；Dess，Beard，1984；Miller，1987；Tan，Litschert，1994；Helfat et al.，2007)。环境动荡性通常发生在多个不同的方面，如技术进步与技术变革、顾客需求以及竞争对手和供应商的行为等(Rosenbusch et al.，2007)。在组织理论和商业政策理论中大量的文献聚焦于环境动荡性这一维度，如 Luo(2003)、Garg 等(2003)、Wiklund 和 Shepherd

(2005)、Atuahene-Gima 等(2006)、Zhou 和 Li(2007)、Drnevich 和 Kriauciunas (2011)。

环境敌对性与贫乏性(illiberality)(Child,1972)类似,是与丰裕性(Lumpkin, Dess,2001；Rosenbusch et al.,2007)、有利性(benefit)(Covin,Slevin,1989；Slevin,Covin,1997；Covin et al.,2000)相对的另一端,指稀缺资源的可获得性以及市场机会的可利用性程度(Child,1972；Mintzberg,1979；Miller,Friesen, 1982a,1983；Covin,Slevin,1989；Sharfman,Dean,1991；Tan,Litschert,1994；Zahra,Covin,1995；Zahra,1996b；Lumpkin,Dess,2001；Rosenbusch et al., 2007),反映了环境对企业持续成长(Aldrich,1979)、业务经营能力(Covin, Slevin,1989；Zahra,1993；Miller,1994；Slevin,Covin,1997；Covin et al., 2000)或目标实现(Child,1972；Khandwalla,1976；Miller,Friesen,1978)的威胁程度或不利程度,通常由价格、质量、技术、服务和分配等广泛领域竞争的激烈程度,管制的严厉性,劳动力或者原材料的短缺程度以及人口发展趋势的不利程度等方面来体现(Miller,1983,1987；Miller,Friesen,1983；Covin,Slevin, 1989；Zahra,1996b)。

对于环境动荡性,技术动态性和市场动态性得到了学者的一致认同(Mintzberg,1979；Sharfman,Dean,1991；Lichtenthaler,2009)；对于环境敌对性,类似于 Zahra 和 Bogner(2000)价格相关的敌对性和非价格相关的敌对性之间的区分,本书主要关注竞争敌对性和政策敌对性对企业不连续创新的影响作用,因为无论是市场竞争还是政策设计,它们均通过影响机会发现、资源获取等对企业创新战略决策的制定与实施产生决定性的影响。

(1)技术动态性

技术动态性是指感知产业技术变革/技术发展的速度(the rate of technological change)(Jaworski,Kohli,1993；Atuahene-Gima et al.,2006；Lichtenthaler, Ernst,2007；Paladino,2008；Lichtenthaler,2009)。

在中国制度转型情境下,技术动态性主要有四个方面的来源:第一,前沿科学的发展和新兴技术的出现,如网络技术、生物技术、纳米技术和通信技术等,为产业技术进步与技术变革提供了强劲的动力;第二,在中国对外开放的过程中,为了赢取利润和获取市场份额,拥有大量先进技术和新技术的外资企业在短时间内大量涌入,为中国产业技术进步与技术变革提供了重要途径,如微软、索尼、通用、IBM、西门子、苹果、谷歌、诺基亚等；第三，大型跨国公司为了适应中国本地市场的需求，纷纷加强了在新技术上的研发投入以开发新技术和新产品；第四，面对跨国公司的竞争压力以及主动扩展国际市场的需要，中国本土企业也积极地通过技术购买、合作开发、自主开发等方式，开发新的技术和构建新的能力，如华为、海尔、联想等都已经发展成为行业技术发展的领先者。

（2）市场动态性

市场动态性是指感知市场需求或顾客需求变化的不稳定和不确定性程度（Jaworski,Kohli,1993；Helfat et al.,2007；Lichtenthaler,2009），包括顾客构成以及顾客偏好的变化速度（the rate of change in the composition of customers and their preferences）（Jaworski,Kohli,1993；Slater,Narver,1994）或者感知产品需求偏好和新顾客涌现的速度（Atuahene-Gima et al.,2006）等。

针对中国市场发展的阶段和特征，市场动态性主要有四个方面的来源：第一，在改革开放过程中，由于中国产品市场仍处于相对缺乏的阶段，消费者普遍对西方产品缺乏接触和相关知识，导致将许多首次引入的产品视为新产品（Zhou et al.,2002）；第二，中国商品市场虽然经过了40多年的飞速发展，产品得到了极大的丰富，然而产品同质化竞争现象非常严重，消费者总是在寻找更为便宜或更为新奇的产品，缺乏品牌忠诚度；第三，国内外许多公司都普遍看好中国巨大的市场潜力，为了赢取利润和获取市场份额，不断引进或开发许多真正的突破性的创新产品（Luo,2002），如iPhone智能手机、液晶电视机、笔记本电脑、LED显示器等；第四，中国区域发展的差异性、不平衡性以及发展阶段的不同（武亚军等,2005），加上消费者收入的巨大差距和区域贸易壁垒、本地保护等，导致消费者需求的高度异质性和多样化。

（3）竞争敌对性

竞争敌对性可以以价格和非价格两种形式来体现，其中价格敌对性表明了产业中基于成本缩减和价格降低的竞争强度，非价格敌对性强调了对企业成功非常重要的产品质量和服务的重要性（Grant,1995；Zahra,Bogner,2000）。Zahra和Bogner（2000）对环境敌对性进行了概括，其中在描述竞争敌对性时将其视为一种不利的商业环境，如在资源和市场机会方面激烈的竞争（Iansiti,1995），其来源主要是大量竞争对手的存在、不利的供应条件、严格的管制、价格战和顾客忠诚度的缺乏等（Miller,1983；Miller,Friesen,1983；Covin,Slevin,1989；

Potter,1994;Slevin,Covin,1997)。因此,敌对性的竞争环境通常表现为由于
资源和机会的缺乏(Aldrich,1979;Miller,Friesen,1982a;Covin,Slevin,1989;
Zahra,Covin,1995;Zahra,1996b;Lumpkin,Dess,2001)、企业边际利润很低
(Potter,1994)等,环境不能支持大量企业的成长(Dess,Beard,1984)。

Luo(2003)指出,竞争压力是一个产业中企业数量的函数。在中国当前产
业环境条件下,竞争敌对性高的原因主要体现在:第一,新兴市场中许多产业都
处于萌芽期或者快速成长阶段,导致大量新企业不断创立;第二,目前大部分制
造业企业都远未达到规模经济阶段,企业为了实现经济回报的价值最大化,纷
纷盲目进入,使得竞争企业的数量急剧增长;第三,中国制度转型期各种正式的
政策与规则还不健全、不完善,企业在市场交易过程中面临较大的成本和风险,
大多数企业以多元化手段来分散风险,也导致竞争企业数量的剧增;第四,中国
改革开放政策的持续实施,致使大量的外资同行企业广泛涌入,它们以强大的
技术能力、营销能力、品牌建设与开发能力,获取了大量的产业资源(包括顾客
资源、人力资源和各种物质资源),更加剧了行业市场竞争的激烈程度。

(4)政策敌对性

借鉴环境敌对性和竞争敌对性的有关概念,本研究将政策敌对性界定为由
于感知政策设计或重新设计所导致的稀缺资源配置和市场机会分布方面的变
化,并由此形成对企业持续成长的一种资源约束和法律约束。在中国制度转型
期,以产权为基础的正式制度的缺乏、稳定的政治政策的缺乏和战略要素市场
的不完善(Peng,Heath,1996),导致了政治和行政管理中极大的不确定性,前者
是指政策变化带来的不确定性,而后者是指政府和执法部门工作的不透明性和
不规范性带来的不确定性(Guthrie,1997;罗党论,唐清泉,2009)。这种政治和
行政管理的不确定性使政策敌对性成为中国情境下环境敌对性的关键构成维
度,主要表现在政府行为的不断调整、产业政策与法律的不断变更、新法律和新
政策的出台等(McCarthy et al. ,2010)。

当前,政府仍然控制着多种重要的战略性资源,拥有很大的项目审批权和
资源分配权(Li,Atuahene-Gima,2001),对企业资源获取甚至生存和发展具有
决定性的影响作用。有的学者甚至将企业与政府机构之间的关联提升到政
治战略的高度(Keim,Zeithaml,1986;Hillman,Hitt,1999;Lord,2000;张建
君,张志学,2005),并将其作为正式契约的替代来降低市场交易成本和风险

（Xin，Pearce，1996；Peng，2005a；Li，Zhang，2007），是与市场战略相平行的企业竞争优势的主要来源之一（Schuler，1996；张建君，张志学，2005；贺远琼，田志龙，2007）。

具体而言，中国制度转型情境下高政策敌对性的主要原因是：第一，政府干预，政府为了追求经济发展、就业或社会稳定等多重社会目标以及实现自身的政治目标（潘红波 et al.，2008），会利用自身所拥有的审批权和资源分配权积极干预企业的经营管理决策，从而对企业成长战略决策具有决定权，但是这种自由分配并不是按照市场机制运行的，政府会有目的、有倾向性地对所掌握的资源进行分配；第二，严格的产业管制，在制度转型情境下没有政府的允许，企业的一些战略行为是不合法的，如 Peng 和 Heath（1996）指出，在制度转型的早期阶段，没有政府政治动机的支持，并购是不允许的，这也就制约了企业外部资源的获取；第三，市场分配机制的有效性不足，以产权为基础的完善的正式法律框架尚未完全建立，政府治理机制体制不稳定，战略要素市场不成熟（Peng，Heath，1996）等，制约了企业从市场获取成长和发展所需的必要资源。

2.2.4 研究小结

通过对环境动荡性已有文献研究的回顾，并结合中国制度转型情境下的环境特征，本研究认为：

第一，在环境动荡性的分析单元上，由于组织及其战略决策制定者在信息收集和信息加工方面存在有限理性、环境的高度复杂性以及不同要素之间的相互联结性等，将环境作为整体进行分析是一项不可能完成的任务（Hambrick，1981；Fahey，Narayanan，1986）。本书结合中国制度转型过程中环境动荡性的典型特征，最终将研究聚焦于两个分析单元，即制度环境（主要是产业政策环境）和产业环境（技术环境、市场环境和竞争环境）。

第二，在环境动荡性的分析维度上，尽管环境不确定性、复杂性、动态性、敌对性和异质性是被学术界公认的构成维度，但是这些构成维度在概念界定上是不明确、不清晰的，存在很大程度上的重叠性，不宜作为独立的变量进行研究。本书根据已有研究，主要聚焦于环境动态性和敌对性两个相对独立的维度展开。因此，本研究将环境动荡性构念解构为技术动态性、市场动态性、竞争敌对性和政策敌对性四个方面。

2.3　动态能力文献综述

2.3.1　动态能力概念提出与界定

动态能力的思想最初起源于 Teece 等(1992)的一篇工作论文:《动态能力与战略管理》。1994 年,《产业与公司变革》(*Industrial and Corporate Change*)杂志第 3 卷第 3 期发表了两篇文章,一篇是 Iansiti 和 Clark 所著的《整合与动态能力》,一篇是 Teece 和 Pisano 所著的《企业动态能力:导言》一文。前者尽管提出了动态能力的概念,即"培育、适应和再生企业知识基础的能力,以及开发和维持将知识基础转变为有用行为的能力",但是其研究重点是整合能力而非动态能力。

后者,即《企业动态能力:导言》一文,是"动态能力"概念正式提出的标志。Teece 和 Pisano 指出,对于半导体、信息服务和软件等全球竞争的高技术产业来说,采取资源基础战略并不能保证企业获取显著的竞争优势,全球市场中的胜利者是"面对变化的环境,能够及时响应、开展快速和灵活性的产品创新以及有效协调和重新配置内、外组织技能、资源和职能能力"的企业。他们将竞争优势的这种来源称为"动态能力",是当前环境条件下获取和维持竞争优势的一种新的范式,与先前的战略管理研究相比,"动态能力"强调两个方面:第一,"动态性"是指环境的变化特征;第二,"能力"强调适当调整、整合和重构内、外组织技能、资源和职能能力,以应对变化的环境。1997 年,他们在《战略管理杂志》(*Strategic Management Journal*)发表《动态能力与战略管理》一文,对动态能力进行了更为系统的阐述,指出动态能力是"在快速变革的环境下,企业整合、构建和重新配置内、外组织技能、资源和职能能力",它反映了组织在给定的路径依赖和市场位势条件下实现新的和创新性的竞争优势的形式,组织与管理流程、资源位势和路径是动态能力三个重要的决定因素(Teece et al.,1997)。

"动态能力"一经提出,就引起了企业管理实践界的广泛重视以及学术界的极大兴趣和研究热情。从文献数量来看,以"dynamic capabilities"(动态能力)为"主题(检索范围)"或"标题(检索范围)"在 Web of Science 中的 SSCI 引文索引数据库中进行检索发现，1997—2009 年 13 年间共发表论文 1090 篇，其中 2001 年以来，学术界关于动态能力研究的文献数量呈现出稳步上升的趋势（见图 2.9）。

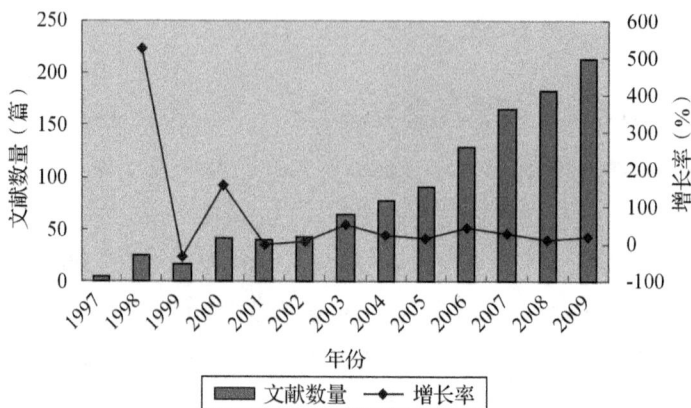

图 2.9　1997—2009 年间 SSCI 数据库关于动态能力发表文献数量

　　然后，以"动态能力"为"主题（检索项）"，在中国期刊全文数据库中的"经济与管理"专辑中进行检索发现，1997—2009 年间共发表文献 302 篇，而 2003 年以前发表的关于动态能力方面的文献为 0 篇。表明中国学术界对动态能力的研究从 2003 年才逐渐开始，比国际范围内的动态能力研究滞后 6 年以上，然而近年来文献数量增长迅猛（见图 2.10）。

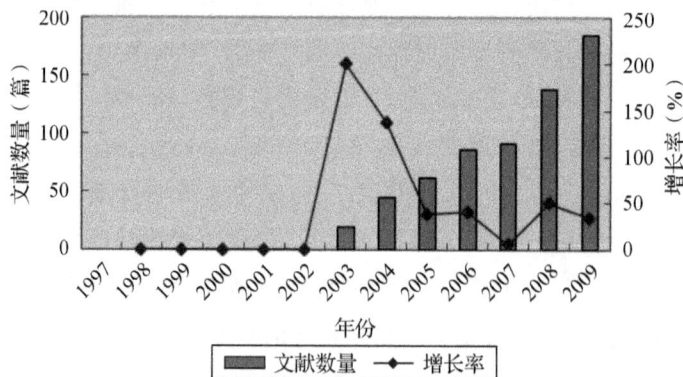

图 2.10　1997—2009 年间中国期刊全文数据库网关于动态能力发表文献数量①

---

　　①　2002 年的文献数量为 0，因此 2003 年文献数量增长率为无穷大，这里用 200% 标识。

自从 Teece 等(1994,1997)提出"动态能力"的概念以来,国外许多学者对动态能力的概念和内涵进行了界定与描述(见表 2.6)。

表 2.6　动态能力有代表性的概念界定与描述

概念出处	描述
Teece 和 Pisano(1994)	能够及时响应、开展快速和灵活性的产品创新以及有效调整、整合和重新配置内、外技能、资源和职能能力的能力,有三个重要的决定因素:流程、位势和路径
Iansiti 和 Clark(1994)	企业培育、适应和再生其知识基础的能力,以及开发和保留将这种知识基础转变为有用行为的能力
Teece 等(1997) Adner 和 Helfat(2003)	动态能力是在快速变革的环境下,企业整合、构建和重新配置内、外能力的能力,来源于流程、资产位势和演化路径
Helfat(1997)	使企业创造新的产品和流程以及对变化的市场环境进行响应的能力
Teece(2000)	感知能力,进而快速和熟练地抓住机会的能力
Eisenhardt 和 Martin (2000)	企业利用其资源的过程,特别是整合、重组、获取和释放资源的过程,以与市场变化相一致甚至创造市场变化。是随着市场的出现、冲击、裂变、演化和衰退而实现新的资源重组的组织和战略惯例
Delmas(2002)	组织利用管理能力有效地协调、重新配置内、外竞争力,在短时间内对市场变化进行响应的能力
Zahra 和 Georage(2002)	从本质上定位变革的能力,以帮助企业重新部署和重组其资源基础以应对变化的顾客需求和竞争对手的战略
Zollo 和 Winter(2002)	是一种习得的和稳定的集体行为模式,该模式使组织在追求效能(effectiveness)改善的过程中系统地产生和修改其运营惯例
Zott(2003)	指导企业资源构造演化的一系列惯例
Winter(2003)	企业扩展、修改或创造常规能力的能力
Zahra 等(2006)	组织的主要决策制定者以其想象和认为适当的方式重组企业的资源和惯例的能力
Wang 和 Ahmed(2007)	企业不断整合、重组、更新和再造其资源与能力的行为,更为重要的是,在响应变化环境的过程中升级和重构其核心能力以获取和维持竞争优势

续表

概念出处	描述
Teece(2007)	感知和形成机会和威胁的能力，抓住机会的能力，通过增强、组合、保护以及必要时重组企业隐性和显性资产以保持竞争力的能力
Helfat 等(2007)	有目的地创造、扩展或修改其资源基础的能力
Cepeda 和 Vera(2007)	组织能力分为运营能力和动态能力两种，前者是指企业赖以生存的能力，而后者就是改变运营能力的能力，是一种高阶能力
Døving 和 Gooderham (2008)	实现新的资源配置的可见的、已知的和管理上蓄意的持久的惯例、系统和流程
Prieto 等(2009)	动态能力强调不断追求企业资源、能力和胜任力的更新、重构和整合
McKelvie 和 Davidsson (2009)	企业整合和变革其资源基础以适应变化的环境的能力，创新是动态能力的基石，动态能力包括创意产生能力、市场破坏能力、新产品开发能力和新流程开发能力四种
Barreto(2010)	动态能力是由机会和威胁感知、制定及时和市场定位决策、改变其资源基础的倾向性所形成的系统地解决问题的潜力

资料来源：根据章威（2009）、高若阳（2010）、Zahra 等（2006）、Helfat 等（2007）、Barreto（2010）以及笔者自己整理形成。

综合已有的这些研究，本研究认同高若阳（2010）所提出的目前学者们对动态能力理解方面所达成的共识，同时对其提出的共识进行进一步的整合，认为经过近 20 年的发展，动态能力研究虽然仍然存在概念界定不明确、不清晰（Woiceshyn，Daellenbach，2005；蒋勤峰 et al.，2008），相互之间缺少共同的基础（Wang，Ahmed，2007；Wang，Zajac，2007），维度划分和测量方式不一致、不统一所导致的动态能力"难以测量"（Eisenhardt，Martin，2000）、"缺乏可靠的实证研究和测量手段"（Zahra et al.，2006）等基本理论问题，但学术界在动态能力基本概念的认识上还是取得了许多一致性的观点。

第一，动态能力是一种抽象的组织能力，包括对外部机会与威胁的感知能力（Teece，2000，2007；O'Reilly Ⅲ，Tushman，2008），内外资源与技能的构建能力、整合能力与重构能力（Teece，Pisano，1994；Teece et al.，1997），资源/投资剥离或释放能力（Eisenhardt，Martin，2000；Sirmon et al.，2006；Danneels，

2008，2010）。这类抽象的组织能力具有路径依赖性和组织嵌入性的特点，其本质特征是企业为适应环境的动态变化，扩展、修改、变革和/或创造组织常规能力的一种高阶能力（Winter，2000，2003；Cepeda，Vera，2007；Wang，Ahmed，2007），它决定着企业常规能力的变化速度（Collis，1994；Winter，2003；Hoopes，Madsen，2008；Drnevich，Kriauciunas，2011）。

第二，动态能力不是模糊的，而是一系列具体的、可识别的战略和组织过程（Eisenhardt，Martin，2000）。例如产品开发、联盟、战略决策制定（Eisenhardt，Martin，2000）、研发（Helfat，1997；Danneels，2002，2008；Hung et al.，2007；Rothaermel，Hess，2007）和营销（Danneels，2002，2008）、新产品与新流程开发能力（Marsh，Stock，2006；McKelvie，Davidsson，2009）、与外部新技术（Rothaermel，Hess，2007）或服务提供者（Døving，Gooderham，2008）建立联盟、收购新的技术企业、高水平的人力资本（Rothaermel，Hess，2007）等。但是，本书认为这些具体的能力以及组织学习能力、创新能力等是动态能力的外在体现，不能代替动态能力。这在一定程度上解决了众多学者所认为的动态能力概念模糊（Kraatz，Zajac，2001）、难以理解（Winter，2003）、同义反复（Collis，1994；Williamson，1999）或缺乏共同研究基础（Wang，Ahmed，2007；Wang，Zajac，2007）等问题。

第三，动态能力的认知基础是一种主动加工为主、自动加工为辅的图式顺化过程（高若阳，2010）。动态能力不是组织一种无意识的反应（spontaneous reaction），而是主动的（initiative）、有意识的（intentional）和深思熟虑的（deliberate）一种组织活动，它具有"通过学习所获得的、高度程式化的（highly patterned）、可重复的或准可重复"、"稳定的集体行为模式"（Zollo，Winter，2002）的组织惯例特征（Winter，2003；Helfat et al.，2007；Schreyögg，Kliesch-Eberl，2007），涌现或运气成分不包括在内（Ambrosini，Bowman，2009），即兴发挥或特定问题解决模式（ad hoc problem-solving event）不是动态能力（Winter，2003），运气也不是动态能力（Ambrosini，Bowman，2009）。

第四，动态能力不是"同义反复的"（Collis，1994；Williamson，1999）。尽管动态能力能够致使企业变革和适应外部环境的变化，但致使企业变革和适应外部环境变化的不都是动态能力，正如动态能力能够提升组织竞争优势，但是能够提升组织竞争优势的不都是动态能力一样，比如企业在产业结构中的位置、企业资源积累状况等。本书认为，组织能力阶层理论和组织惯例理论能为我们解决动态能力概念界定混乱的问题提供非常有效的分析视角,前者能够清晰地阐述动态能力的本质特征——对企业常规能力进行变革的能力;后者指出尽管从逻辑上可以提出比动态能力更高阶的能力,但它只存在于数学计算公式当中(Winter,2003),从根本上解决了目前有关动态能力理论的最大争议——无限回归问题,这有助于界定清晰、明确的动态能力概念,并使其更具可操作性。

2.3.2 基于能力阶层的动态能力

从上述诸多学者对动态能力的概念界定来看,动态能力的概念非常广泛,它既可以看作"适应环境变化的能力"等宏观概念,也可以看作"资源重组能力"或"组织重构能力"等微观概念。因此,学者们在动态能力的概念理解上存在巨大的差异,这成为动态能力理论目前亟须解决的关键问题。总体来看,目前学术界对动态能力的质疑主要存在于密切相关的两个方面(冯军政,魏江,2011)[①]。

第一,动态能力理论缺乏一致性的理论基础和清晰明确的理论内核,如Wang和Ahmed(2007)以及Wang和Zajac(2007)等指出,已有研究将动态能力理解为各种各样的资源、能力和过程,相互之间缺少共同的基础。另外,如同资源基础观是否存在同义反复的著名争论一样(Barney,2001;Priem,Butler,2001),动态能力与竞争优势之间也存在着同义反复之嫌(鄢德春,2007),并且已有的研究过分强调其形成机制的分析,而对清晰明确的概念框架的构建重视不够(曹红军 et al.,2009),导致学术界在动态能力的研究情境、分析单元和研究对象等问题上出现了不同的理解。

第二,实证研究进展缓慢严重制约了动态能力理论的深入发展。一方面,由于动态能力概念与内涵的广泛性和不明确性,导致大量关于动态能力的定性研究并不能阐明动态能力的概念(Woiceshyn,Daellenbach,2005);另一方面,一些学者对动态的理解停留在抽象层次,使其"难以测量"(Eisenhardt,Martin,2000),进而使得对动态能力的研究"缺乏可靠的实证研究和测量手段"(Zahra et al.,2006),或者不同的学者对动态能力的研究相互之间缺乏联系(Barreto,2010),研究结果之间不一致甚至相互矛盾。

---

① 章威(2009)在其博士论文中将动态能力研究存在的问题概括为概念界定欠清晰、共性特征未得到系统总结和实证研究尤其是实证研究缺乏三个方面。

为了解决动态能力的本质问题,Winter(2003)以及 Cepeda 和 Vera(2007)等学者从能力阶层的视角进行分析,为理解动态能力提供了一种很好的逻辑思路(见表 2.7)。Collis(1994)在《战略管理杂志》发表了《组织能力的价值》一文,首次提出了能力阶层的观点。他认为在研究企业持续竞争优势来源的问题上,组织能力作为战略定位学派和资源基础观的补充,将容易被"更好"的或者"更高阶"的能力所取代,因此在预测和解释持续竞争优势的问题上会导致无限回归(infinite regress)问题。为了回答企业如何赢得并保持竞争优势,Collis 将组织能力分为三类:第一类组织能力,反映了企业开展基本的职能活动的能力,如生产规划、物流分配和营销活动等;第二类组织能力,是指动态提升企业各项活动的能力,如频繁的产品或流程创新、制造柔性、对市场趋势的响应、缩短开发周期以及学习、适应、变革和更新等;第三类组织能力,是指抽象的战略洞察能力,以使企业早于竞争对手识别其他资源的内在价值或开发新奇的战略,如战略的构想、选择和实施能力,部署企业资源和开发新资源的能力以及企业家精神等(孟晓斌 et al.,2007)。

组织能力阶层观点的提出,为广义动态能力的阶层模型奠定了基础(孟晓斌等,2007)。根据组织能力阶层的思想,Winter(2003)将常规能力或"零层能力"定义为使企业在短期内得以生存(make a live)的能力,将动态能力定义为扩展、修改或创造常规能力的更高阶能力,尽管在逻辑上可以提出更高阶层的能力,但是这种能力必须具有组织能力的基本特征,而组织能力则是高层次的惯例(或惯例的集合),因此特定问题解决的行动虽然也可以实现组织变革,但是它并不依赖于动态能力,也不是一种惯例。需要指出的是,Winter(2003)所提出的"零层能力"是相对的,比如对于自身从事研发的企业来说,生产和销售产品是其零层能力,而对于自主研发实验室来说,开发新产品是其零层能力。Cepeda 和 Vera(2007)以及 Drnevich 和 Kriauciunas(2011)将组织能力分为常规能力和动态能力两种,常规能力是指企业赖以生存的能力,而动态能力则是改变常规能力的能力,是一种高阶能力。

此外,Wang 和 Ahmed(2007)也从能力阶层的视角讨论企业资源与能力:资源是企业的根本和能力的基础,属于能力阶层的零阶层次;企业部署资源以达到预期目标时的能力属于一阶层次,该能力将导致组织绩效的改善;企业资源和能力的集合,对其竞争优势具有战略重要性的核心能力属于该阶层的二阶层次；三阶动态能力则强调企业不断追求资源、能力和核心能力的更新、重构和再创造，以与环境的变革相一致，它决定了能力变化的速率（Collis，1994）。类似的，Danneels（2008）也将企业组织能力分为一阶能力和二阶能力两种，其中一阶能力是指企业执行一项具体任务的能力，而二阶能力，即动态能力，是指企业构建新能力的能力（如二阶研发能力和二阶营销能力）。

表 2.7　组织能力的阶层

文献来源	组织能力阶层
Collis(1994)	开展基本职能活动的能力
	动态提升完成各种职能活动的能力
	战略洞察能力
Winter(2003)	保证企业在市场上求得生存的能力——零阶能力
	应对变化的适应能力——一阶能力
	创造新能力的能力——二阶能力
Cepeda 和 Vera(2007) Drnevich 和 Kriauciunas(2011)	企业赖以生存的能力——常规能力
	改变常规能力的高阶能力——动态能力
Wang 和 Ahmed(2007)	企业资源基础——零阶能力
	企业的生存技能——一阶能力
	与竞争优势直接相关的核心能力——二阶能力
	组织更新能力、重构能力、再造能力、环境适应能力等——三阶能力
Danneels(2008)	企业执行一项具体任务的能力——一阶能力
	企业构建新能力的能力——二阶能力

2.3.3　动态能力构念的维度划分与测量

　　本部分试图通过对已有动态能力维度划分和测量手段的总结，发现当前关于动态能力维度划分与测量手段的内在一致性。动态能力在最初提出时被划分为适应能力、整合能力和重构能力三个维度（Teece，Pisano，1994）。1997 年，在动态能力研究上具有里程碑意义的论文——《动态能力与战略管理》中明确提出动态能力由整合能力、构建能力和重构能力三个维度构成的观点（Teece et al.,1997)。Eisenhardt 和 Martin(2000)在《动态能力:它是什么?》一文中同样对动态能力构念构成维度的研究做出了重要贡献,在秉承已有动态能力研究观点的同时,提出了从具体的战略与组织过程研究动态能力的新视角,引起了学术界的广泛响应。在最近的研究中,Teece 等学者又将动态能力解构为机会和威胁的感知能力、机会利用能力和重构能力(Teece,2000,2007;O'Reilly Ⅲ,Tushman,2008)。

经过近 20 年的发展和完善,目前国外在动态能力构念维度划分问题上的研究成果已经非常丰富(见表 2.8),总体来说存在以下四种发展趋势。

趋势一,继承 Teece 等(1994,1997)传统的理论观点,将动态能力构念的构成维度划分为适应能力、整合能力、构建能力、重构能力等,并将其视为单维或者多维构念展开研究,这些文献包括 Zott(2003)、Wu(2006,2007)、Zhou 和 Li(2010)等。

趋势二,对 Teece 等(1994,1997)传统的动态能力构念的内涵进行扩展,将外部机会与威胁的感知能力以及机会利用能力包括进来(O'Reilly Ⅲ,Tushman,2008;Liao et al.,2009),同时将创新能力、组织学习能力(Wu,2006,2010;Wang,Ahmed,2007)和资源剥离或释放能力(Eisenhardt,Martin,2000;Sirmon,Hitt,2003;Sirmon et al.,2006)包括进来。

趋势三,秉承 Eisenhardt 和 Martin(2000)以及 Winter(2003)的理论观点,将动态能力视为一系列具体可识别的战略和组织过程,这些战略与组织过程包括组织研发能力(Helfat,1997;Hung et al.,2007;Rothaermel,Hess,2007;Danneels,2008)、营销能力(Danneels,2008)、新产品与新流程的开发能力(Marsh,Stock,2006;McKelvie,Davidsson,2009)、与外部新技术(Rothaermel,Hess,2007)或服务提供者(Døving,Gooderham,2008)建立联盟、收购新技术企业、高水平的人力资本(Rothaermel,Hess,2007)以及双元组织(O'Reilly Ⅲ,Tushman,2008)等。

趋势四,在动态能力的理论基础上进行扩展,近年来还有一些学者超越了资源观的认识,从知识观的视角对动态能力构念的内涵与构成维度进行新的探索,将动态能力划分为知识创造、知识整合和知识重构能力三个维度(Prieto et al.,2009)。

表 2.8　国外学者对动态能力的维度划分

文献出处	趋势一	趋势二	趋势三	趋势四	主要维度
Teece 和 Pisano (1994)	◆				适应能力 整合能力 重构能力
Teece 等(1997)	◆				整合能力 构建能力 重构能力
Helfat(1997)			◆		研发能力
Eisenhardt 和 Martin (2000)		◆	◆		整合能力 重构能力 获取能力 释放能力
Teece(2000)		◆			机会感知能力 机会利用能力
Zott(2003)		◆			资源配置能力
Marsh 和 Stock(2006)			◆		新产品开发能力
Slater 等(2006)			◆		战略形成能力
Wu(2006) Arthurs 和 Busenitz (2006)		◆	◆		资源整合能力 学习能力 产品市场绩效
Hung 等(2007)			◆		研发创新能力
Rothaermel 和 Hess (2007)			◆		智力型人力资本 明星科学家 研发能力 与新技术提供者联盟 收购新技术企业
Teece(2007) O'Reilly Ⅲ 和 Tushman (2008)		◆			机会和威胁感知能力 机会利用能力 重构能力
Wang 和 Ahmed(2007)		◆			适应能力 创新能力 学习能力

续表

文献出处	趋势一	趋势二	趋势三	趋势四	主要维度
Wu(2007)		◆			整合能力 重构能力 学习能力 环境适应能力
O'Reilly Ⅲ, Tushman (2008)			◆		组织双元性
Danneels(2008)			◆		营销能力 研发能力
Døving 和 Gooderham (2008)			◆		人力资本的异质性 内部开发惯例 外部服务提供者联盟
Pandza 和 Thorpe (2009)			◆		创造性搜索 战略建构
Malik 和 Kotabe(2009)			◆		企业绩效
Liao 等(2009)	◆				机会识别整合能力 机会利用整合能力
McKelvie 和 Davidsson (2009)			◆		创意产生能力 市场破坏能力 新产品开发能力 新流程开发能力
Macher 和 Mowery(2009)			◆		新流程技术的开发与引入
Prieto 等(2009)				◆	知识创造 知识整合 知识重构
Zhou 和 Wu(2010)			◆		战略柔性
Wu(2010)		◆			资源整合能力 学习能力 资源重构能力
Zhou 和 Li(2010)	◆				适应能力

续表

文献出处	趋势一	趋势二	趋势三	趋势四	主要维度
Barreto（2010）		◆	◆		资源基础变革倾向 感知机会与威胁倾向 及时决策倾向 市场导向决策倾向

通过进一步分析发现,当前国外动态能力构念研究的四种趋势主要体现以下两种明显的倾向(冯军政,魏江,2011)(见表2.9,图2.11)。

倾向一,继承Teece等学者关于动态能力的最初观点,在继承其概念内涵的基础上将其视为一种抽象的组织和管理能力,如构建能力、适应能力、整合能力、重构能力(Teece,Pisano,1994;Teece et al.,1997;Eisenhardt,Martin,2000),后来的研究逐渐将企业感知和识别外部机会和威胁的能力(Teece,2000,2007;O'Reilly Ⅲ,Tushman,2008)也视为动态能力的构成维度。

倾向二,继承Eisenhardt和Martin(2000)的观点,从组织和实证的视角将动态能力视为一系列具体的战略和组织过程,诸如一系列学者所提到的组织研发能力(Helfat,1997;Hung et al.,2007;Rothaermel,Hess,2007;Danneels,2008)、营销能力(Danneels,2008)、新产品与新流程的开发能力(Marsh,Stock,2006;McKelvie,Davidsson,2009)、与外部新技术(Rothaermel,Hess,2007)或服务提供者(Døving,Gooderham,2008)建立联盟、收购新技术企业等。

本书认为,倾向一的研究既继承了已有的研究成果,同时又使动态能力构念的内涵不断丰富和完善,逐渐由行为层面的研究扩展到组织认知甚至组织态度层面;而倾向二的研究则把动态能力视为具体的战略和组织过程,有同义反复之嫌,模糊了不同企业动态能力的共性特征,同时不同研究之间缺乏关联性,因而妨碍了动态能力构成维度研究的深入发展,这种概念界定视角也缺乏牢固的理论基础(冯军政,魏江,2011)。因此,本书倾向于采用倾向一的研究,有利于在秉承已有研究成果的同时不断深化动态能力构成维度的研究。

表 2.9 当前国外动态能力研究的两种主要倾向

概念类型	主要文献	主要观点
抽象的组织和管理能力	Teece 和 Pisano(1994) Teece 等(1997)	企业构建、调整、整合、重构内外资源与能力的能力
	Teece(2000,2007) O'Reilly Ⅲ 和 Tushman (2008) Liao 等(2009)	机会和威胁的感知与识别能力
	Eisenhardt 和 Martin(2000) Danneels(2010) Sirmon 等(2006)	资源的剥离或释放能力
	Wang 等(2007) Wu(2006,2010)	学习能力
具体的战略和组织过程	Helfat(1997)	创造新的产品和流程的能力
	Eisenhardt 和 Martin(2000)	产品开发、联盟、战略决策能力
	Danneels(2002,2008)	营销能力、研发能力
	McKelvie 和 Davidsson(2009)	创意能力、市场破坏能力、新产品开发能力和新流程开发能力
	Drnevich 和 Kriauciunas(2011)	开发新产品或服务、实施新的业务流程、创建新的顾客关系、改变做生意方式的能力

资料来源:冯军政和魏江(2011)。

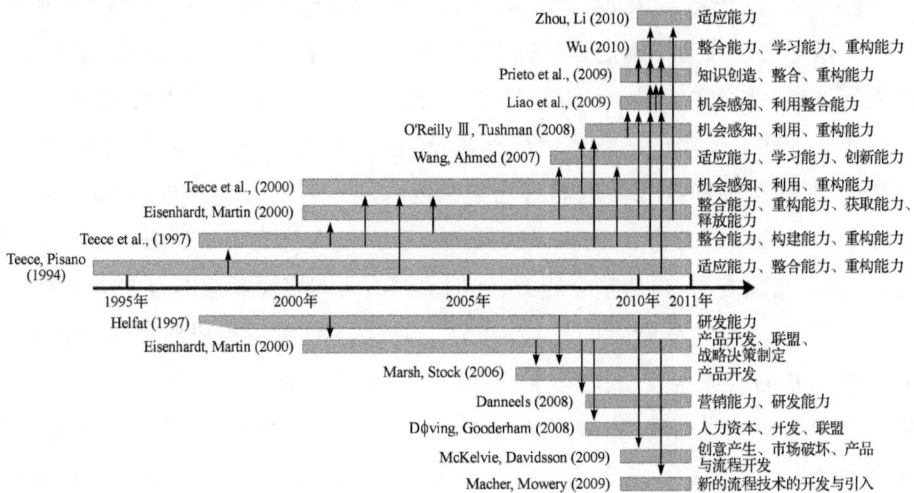

图 2.11 当前国外动态能力研究两种主要倾向的特点

资料来源:冯军政和魏江(2011)。

与国外学者的研究焦点不同,国内学者的研究尽管实证研究文献数量近几年来增长很快,但是忽略了对动态能力的基本内涵、维度划分等基本理论问题的探讨,使得不同研究在其维度划分和测量方式上的差异非常大,最终导致不同研究结果之间的不一致,制约研究发现的可概化性。通过对国内学者实证研究成果(见表 2.10)的初步分析发现,国内学者的研究大致可以分为以下三种趋势。

趋势一,继承国外学者对动态能力构成维度的划分方法,在中国情境下进行验证性研究。例如,钟国梁和揭筱纹(2008)在 Teece 等(1994,1997)研究的基础上,通过对泰国企业的调查研究,利用因子分析法修正了动态能力的测量模式,并在此基础上验证了动态能力三个维度之间的内在联系。蒋勤峰和田晓明(2008)、田晓明等(2008)在 Wang 和 Ahmed(2007)的研究基础上,以中国新创企业为样本进行研究发现,动态能力可以划分为吸收整合能力和创新能力两个维度。葛宝山和董保宝(2009)在 Teece 等(1997)和 Zott(2003)的研究基础上实证研究表明,动态能力可以划分为资源整合能力、资源再配置能力、学习能力、适应能力和创新能力五个维度。黄俊等(2010)继承了 Teece 等(1994,1997)以及 Cepeda 和 Vera(2007)的思想,利用中国汽车行业数据进行研究,证实了动态能力的三个维度:整合能力、学习能力和重构能力。

趋势二,在中国或其他国家情境下探索动态能力新的维度。贺小刚等(2006)以中国企业为样本进行研究发现,动态能力包括市场潜力、组织柔性、战略隔绝、组织学习和组织变革五个维度;揭筱纹和钟国梁(2009)在此基础上,以泰国企业为样本证实动态能力由战略隔绝、组织变革、市场潜力、信息技术、整合能力、组织柔性和业务实施能力七个维度构成。曹红军和赵剑波(2008)、曹红军等(2009)以中国企业为样本进行研究认为,动态能力可以划分为信息利用能力、资源获取能力、内部整合能力、外部协调能力与资源释放能力五个维度。

趋势三,以国内外学者的研究为基础,对动态能力的构成维度进行扩展,并探索其新的构成维度。焦豪等(2008)在对国外文献进行梳理的基础上,以中国企业为样本进行研究,认为动态能力由环境洞察能力、变革更新能力、技术柔性能力与组织柔性能力四个维度构成。胡望斌等(2009)在 Larson 和 Starr(1993)、Jantunen 等(2005)、贺小刚等(2006)、魏江和焦豪(2008)的研究基础上,以中国新创企业为样本,研究表明动态能力可以划分为变革更新、环境洞察、组织柔性、组织学习四个维度。李大元等(2009)则通过对已有文献的综合分析,并利用中国企业为样本进行研究,发现动态能力可以划分为组织意会能力、柔性决策能力及动态执行能力三个维度。

表 2.10　国内学者对动态能力的维度划分

文献出处	趋势一	趋势二	趋势三	主要维度
贺小刚等(2006)		◆		市场潜力 组织柔性 战略隔绝 组织学习 组织变革
钟国梁和揭筱纹(2008)	◆			知识整合能力 投资整合能力 学习能力 重置转换能力 内外资源 业务支持 路径
蒋勤峰和田晓明(2008) 田晓明等(2008)	◆			吸收整合能力 创新能力
焦豪(2008) 焦豪等(2008)			◆	环境洞察能力 变革更新能力 技术柔性能力 组织柔性能力
李大元等(2009)			◆	组织意会能力 柔性决策能力 动态执行能力
揭筱纹和钟国梁(2009)		◆		战略隔绝 组织变革 市场潜力 信息技术 整合能力 组织柔性 业务实施能力

续表

文献出处	趋势一	趋势二	趋势三	主要维度
曹红军和赵剑波(2008) 曹红军等(2009)		◆		信息利用能力 资源获取能力 内部整合能力 外部协调能力 资源释放能力
葛宝山和董保宝(2009)	◆			资源整合能力 资源再配置能力 学习能力 适应能力 创新能力
胡望斌等(2009)			◆	变革更新能力 组织柔性能力 环境洞察能力 组织学习能力
黄俊等(2010)	◆			整合能力 学习能力 重构能力

2.3.4 动态能力构成维度的界定

本研究对动态能力构成维度的划分与测量方式的选择遵循以下原则。

第一,基于 Teece 等学者对动态能力概念的最初界定,主要关注动态能力中的整合能力和重构能力维度(Teece,Pisano,1994;Teece et al.,1997;Wu,2010)等组织行为层次。

第二,吸收和借鉴 Teece 等学者对动态能力概念的概念与内涵新的理论观点,将机会感知能力(Teece,2000,2007;O'Reilly Ⅲ,Tushman,2008;Li et al.,2009)也视为动态能力概念的构成维度之一。

第三,借鉴国外研究的成果,特别是国际主流期刊所载的实证研究,对动态能力构成维度和测量方式进行分析。因为尽管国内关于动态能力的实证研究近年来增长很快,但是这些学者在维度划分和测量方式上有很大的差异性,并且与 Teece 等学者所提出的动态能力的最初内涵有较大的差异。

基于此,在动态能力概念构成维度划分方面,资源整合能力和组织重构能力这两个构念相对比较成熟，是被学术界普遍接受的理论构念（Wu，2006，2007，2010；Liao et al.，2009；Prieto et al.，2009），而机会与威胁的感知能力等组织认知维度构念，尽管引起了学者的极大关注（O'Reilly Ⅲ，Tushman，2008），但仍处于概念提出和理论创建阶段，还有待实证检验，从另一个方面为本书动态能力研究提供了空间。

本研究响应 Barreto（2010）的提议，既整合动态能力理论的早期研究成果，又响应最新的研究提议，将其视为由机会感知能力（capacity to sense opportunities）、资源整合能力（integrating capability）和组织重构能力（configuring capability）三个维度构成的合并型多维构念（见图 2.12）。

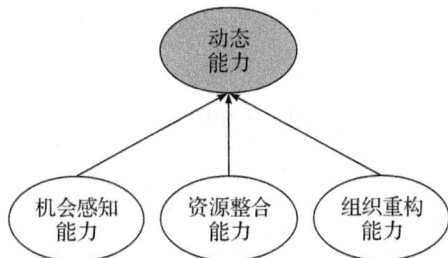

图 2.12　本书对动态能力构念的维度划分

（1）机会感知能力

Maitlis（2005）指出，感知是组织的一项关键活动，对组织决策制定和战略变革具有极其重要的影响。它被定义为组织获取和诠释环境信息并采取行动的过程（Weick，1995）。Thomas 等（1993）将感知界定为"信息搜寻、意图（meaning）归因和行动之间的交互"。类似的，Sackman（1991）将感知视为限定组织感知（perceiving）、诠释、确信进而采取行动的一系列标准和规则。因此，感知是基于意图和行动之间交互的多维构念（Weick et al.，2005），一般来说包括战略信息交换、信息诠释和多视角分析等维度（Neill et al.，2007）。

在高度动态和不确定的技术与市场环境下，感知活动能够使企业维持与环境的相互关系并采取集体行动以与其保持一致（Weick，Roberts，1993；Maitlis，2005）。作为一种能力，感知能力能够促进企业根据环境变化有效地配置和部署资源（Eisenhardt，Martin，2000），从而有利于企业构建和维持竞争优势（Day，1994；Teece et al.，1997）。Teece（2007）在详细阐述动态能力时，对感知能力的性质及其微观基础进行了具体的描述。他指出，在快节奏、全球竞争环境下，顾客需求、技术机会和竞争者的行为的不断变化为新进企业和在位企业打开了新的机会窗口。但是,并非所有的企业或企业家都能识别和把握这些机会,它需要不断地采取跨技术边界和跨市场边界的扫描、搜索和探索活动,包括在研发方面进行投资、探索和再探索顾客需求以及各种技术可能性、理解潜在的顾客需求、产业和市场结构的演化以及供应商和竞争对手的响应等。

O'Reilly Ⅲ 和 Tushman(2008)在利用组织双元性解决创新者窘境的问题时,认同 Teece(2007)对动态能力的三分法,并进一步对机会和威胁的感知能力进行了阐述。他们认为,对外部机会和威胁的感知需要组织开展扫描、搜索和探索性的活动,包括一系列的资源投入和新组织惯例的制定,如企业为了加强竞争情报的收集,需要制定特定的规则、成立专门部门并投入大量的资源,以跟踪新技术的变革和发展趋势。并且他们进一步强调,即使在技术发展趋势难以识别,以及由于路径依赖和高管团队认知限制使企业锁定在现有市场和技术轨道的情况下,企业也必须开展这些活动。

(2)资源整合能力

在动态能力的构成维度中,资源整合/协调能力得到了学者的普遍认同(Teece,Pisano,1994;Teece et al. ,1997;Eisenhardt,Martin,2000;Wu,2006,2007,2010;Liao et al. ,2009),是指企业评估组织内外已有资源的价值,并对其进行组合以形成新资源、产生新价值的能力。不同的学者所提出的"组合"(combination)、"整合"(integration)、"协调"(coordination)、"合作"(collaboration)等词语,由于都是"面向共同利益的联合行为",因此都可以视为企业整合的同义词(Pinto,1990)。通过整合能力,企业才能够有效地识别现有资源的内在价值并整合资源以创造新的价值(Amit,Schoemaker,1993),它对企业战略优势的实现具有越来越重要的作用(Teece,Pisano,1994;Teece et al. ,1997)。

Garvin 对 18 家室内空调机生产企业的研究证实,影响企业质量绩效的既不是资本投资,也不是设备自动化程度,而是一些具体的组织惯例,这些惯例包括收集和处理信息的惯例、将消费者的经验和工程设计方案进行联结的惯例以及协调厂商和零部件供应商的惯例等(Teece,Pisano,1994;Teece et al. ,1997)。Clark 等(1991)对汽车产业项目开发的研究也证实了协调惯例的重要作用,从创意产生到推向市场的整个新型车的开发过程中,企业在协调不同活动中存在显著差异性,这些差异性不仅对于开发成本、开发周期和质量等绩效指标有着重要的影响,而且它们能够长期存在(Teece,Pisano,1994;Teece et al.,1997)。Iansiti 和 Clark(1994)以汽车产业和计算机产业为例,发现产品开发中的整合能力与企业绩效以及绩效的提升存在显著的正相关关系。

类似的,Dougherty(1992)注意到许多企业在产品创新中经常不能很好地整合技术要素和市场要素以及在不同部门之间建立紧密的合作关系。Miyazaki(1994)研究了日本企业如何整合光学和电子学知识,以在光电子这一新兴技术领域建立竞争力的过程。Hargadon 和 Sutton(1997)研究了美国的产品设计企业如何整合和重构不同产业的知识来实现不断创新。

(3)组织重构能力

在 Teece 等(1994,1997)最初提出动态能力理论时,组织重构能力也是构成动态能力的核心能力之一。随着理论研究的深入发展,组织重构能力作为动态能力最为关键的构成维度已经得到了学术界的广泛认同(Eisenhardt,Martin,2000;Teece,2007;O'Reilly Ⅲ,Tushman,2008;Prieto et al.,2009;Wu,2010)。与资源、技能的整合能力不同,组织重构能力强调根据环境的变化,改变和重组企业现有资源结构、技术结构和知识结构的过程,并克服组织已有的结构惯性,从而实现各种知识要素之间的匹配(Teece,2007)。在快速变化的环境中,组织重构能力对企业具有越来越重要的价值(Teece,Pisano,1994;Teece et al.,1997)。

对于组织重构能力的性质,Teece(2007)认为,企业已有的成功将导致组织惯例和路径依赖性的形成,在相对静态的环境下,这有利于提高企业的经营效率;然而,在环境动态变化的情境下,企业持续赢利的关键则是根据市场和技术的动态变化重组和重构已有的资产和组织结构,即打破已有的组织惯例和路径依赖的制约。需要注意的是,在大多数情况下,对企业已有组织惯例和路径依赖的变革不仅成本高昂,而且还将导致组织内部成员的焦虑,除非企业已经形成了一种接受内部高水平变革的文化。研究表明,为了增强和提升企业对隐性资产和显性资产的重构能力,管理者需要克服认知限制和框架偏见,并对组织结构和惯例进行重新设计等。

O'Reilly Ⅲ 和 Tushman(2008)同样强调了组织重构能力对企业竞争优势的重要作用。他们认为,经营能力将使企业在特定的时间获取竞争优势,但是企业的长期成功需要对资源进行重新分配,以从那些成熟的和衰退的业务领域转向新兴的和正在成长的业务领域。在环境渐进变化的情况下，资源的重新分配过程是缓慢的，并通过结构、流程、人员和文化的渐进转变或顺序转变来进行；而面对环境的快速变化，资源的重新配置可能是并行发生的。为了增强和提升企业隐性资产和显性资产的重构能力，管理者需要具有对长期工程的资源承诺的意愿(Danneels，2002)、设计组织系统的能力、激励并对组织结构进行重新设计以对不同单元的优势资产进行整合(Helfat，Peteraf，2003)、配置适当的人员(Lubatkin et al.，2006)等。

2.3.5　动态能力的驱动因素及其对创新的影响机制

尽管动态能力的概念一经提出就已经引起了国内外学者的大量关注，但是到目前为止，由于动态能力这一构念的核心问题仍未得到很好的解决，如概念与内涵不清、构成维度划分与测量方式不一致和不统一等，严重制约了动态能力理论的发展和完善。本书将抽象的组织与管理能力视角和具体的战略与组织过程视角的实证文献均包括进来，以尽可能全面地梳理动态能力的前因与后果的研究状况，并在此基础上具体探讨动态能力对企业创新的影响机制。总体来看，动态能力在实证研究中所处的角色大致有三种情况(见表2.11)：第一，将动态能力作为因变量，探讨其构建和提升机制问题；第二，将动态能力作为自变量，探讨其对组织绩效的影响作用；第三，将动态能力作为中介变量，将其视为企业资源基础影响组织绩效或创新绩效的中间机制。

表 2.11　动态能力的实证研究成果

文献出处	自变量	因变量	中介变量	主要观点
Helfat(1997)		◆		知识积累和物质资产对企业研发具有正向影响效应
King 和 Tucci(2002)		◆		变革经验促进动态能力的提升，即增强进入新市场的可能性
Zott(2003)	◆			动态能力的资源配置时机、成本和学习显著影响产业内企业之间的绩效差异
Marsh 和 Stock(2006)	◆			知识保留、知识编译和知识整合对新产品开发绩效有正向影响效应

文献出处	自变量	因变量	中介变量	主要观点
Arthurs 和 Busenitz (2006)		◆		有风投支持的企业在识别产品和管理威胁时展示出较强的动态能力,而在识别法律和政府管制风险时则没有。风险资本家是动态能力的催化剂
Menguc 和 Auh(2006)		◆		市场导向对绩效具有正向影响,且与创新性交互对绩效产生正向影响
Wu(2006)			◆	在不稳定的环境下,企业资源不直接影响绩效,而是通过动态能力产生作用
Rothaermel 和 Hess (2007)		◆		个人和网络层次因素对动态能力有正向影响效应;企业层次因素对动态能力有负向影响效应;个人与企业层次因素对动态能力具有替代效应;企业与网络层次因素对动态能力具有增强效应
Hung 等(2007)			◆	组织流程联结是动态能力和组织绩效的重要前置因素,且动态能力在流程联结和组织绩效之间具有中介效应
曹红军和赵剑波 (2008)	◆			动态能力通过战略过程对企业绩效有显著的促进作用
蒋勤峰和田晓明 (2008)	◆			动态能力对企业创业绩效具有显著正向影响效应
焦豪(2008)	◆			动态能力对绩效有正向影响效应,但这种效应受环境动态性的调节
焦豪等(2008)			◆	组织学习对动态能力有显著的正向影响效应,而创业导向则通过组织学习中介对动态能力有间接影响效应
Døving 和 Gooderham (2008)	◆			动态能力对小型会计服务企业服务范围有显著正向影响效应

续表

文献出处	自变量	因变量	中介变量	主要观点
Danneels(2008)		◆		投资剥离意愿、建设性冲突、容忍失败、环境扫描和冗余资源对动态能力有显著的正向影响效应
李大元等(2009)	◆	◆		动态能力对持续优势有显著正向影响，环境不确定性是动态能力的驱动因素而非调节变量
胡望斌等(2009)			◆	创业导向对企业成长有显著促进作用，动态能力在其中扮演中介角色
Prieto 等(2009)	◆	◆		自治性、管理者支持是动态能力的重要驱动力，而严格的绩效管理则制约动态能力。另外，动态能力将促进流程能力和产品能力的提高
Liao 等(2009)			◆	动态能力在资源储备和创新之间起到中介作用
Malik 和 Kotabe(2009)		◆		组织学习、反向工程和制造柔性是动态能力开发的三种重要机制，组织学习和支持性政府政策也能够增强动态能力
McKelvie 和 Davidsson (2009)		◆		企业内部不同类型资源对动态能力有不同的影响，关键的是资源基础的变化比资源储存对动态能力具有更强的影响效应
Wu(2010)	◆			动态能力能够有效增强企业竞争优势，尤其在高变动环境中；而资源基础则只在环境相对稳定的情况下才对竞争优势有显著的增强效应
Zhou 和 Li(2010)		◆		战略定位是动态能力的重要驱动力，这种影响的有效性受市场动态性的制约
Drnevich 和 Kriauciunas (2011)	◆			动态能力对项目层绩效有显著正向影响，而对企业层绩效有显著负向影响；环境动态性正向调节动态能力与企业层绩效之间的关系

1.动态能力的驱动因素研究

通过对上述一系列实证研究文献的分析发现,在动态能力驱动因素的研究中,主要可以分为四个方面(见图 2.13):①企业战略因素(Rothaermel,Hess,2007;Zhou,Li,2010);②组织学习等行为因素(Rothaermel,Hess,2007;Danneels,2008);③组织情境因素(Danneels,2008;Prieto et al.,2009);④企业/企业家资源积累因素(Rothaermel,Hess,2007;Danneels,2008)。以下将以国外实证研究文献为主,对其驱动因素进行评述。

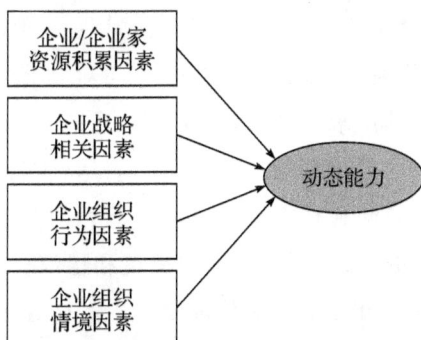

图 2.13　动态能力的驱动因素

Rothaermel 和 Hess(2007)研究了企业人力资本积累、研发能力以及组建战略联盟和并购等不同层次因素对动态能力构建的影响作用。他们在全球制药产业情境下利用生物技术专利的申请数量来测量动态能力,通过对全球制药产业 22 年(1980—2001 年)时间的纵向数据研究,发现制药企业人力资本(科学家数量、明星科学家数量和非明星科学家数量)对动态能力的构建具有显著促进作用,研发能力则对动态能力的构建具有抑制作用;企业与大学、研究机构和其他生物技术企业之间建立联盟的数量对动态能力构建没有影响,而并购其他生物技术企业的数量则对动态能力构建具有显著正向影响。另外,他们还发现,制药产业企业人力资本与研发能力以及人力资本与组建战略联盟的数量对动态能力的构建具有替代效应,而研发能力与组建战略联盟的数量对动态能力构建则具有互补效应。

Zhou 和 Li(2010)将组织适应能力视为动态能力的一个核心构成要素,在研究战略导向对动态能力构建的影响以及环境动态性对上述关系的调节作用时认为,顾客导向促使企业识别顾客需求的变化,并对企业的资源投资提供指导以开发适当的产品或服务、改进生产流程和开发灵活的产品线从而满足顾客偏好的变化；竞争导向能使企业对竞争对手和竞争环境有更好的了解，并对其市场位置进行评估，制定适当的战略和对竞争对手的行为快速响应，进而有利于企业在收集竞争相关信息、开发相关能力的同时配置或重新配置其资源；而技术导向则不仅促进企业在改进其技术和差异化的产品中开发现有能力，而且促进企业识别新兴或潜在的技术趋势，迅速重构资源以抓住这些机会。因此顾客导向、竞争导向和技术导向均正向影响动态能力。最终，他们以中国新兴经济中的 380 家企业为样本进行研究，发现顾客导向和技术导向对动态能力的构建具有显著促进作用，并且战略导向对动态能力构建的影响效应受市场动态性的调节，具体来说：需求不确定性升高，顾客导向对动态能力的影响效应将减弱，而技术导向对动态能力的影响效应将得到增强；在市场竞争激烈的情况下，竞争导向和技术导向对动态能力的影响效应均得到增强。

Danneels(2008)研究了组织行为、组织情境和组织资源积累等因素对动态能力的影响。他主要聚焦于动态能力构成维度中的构建新能力的能力（二阶研发能力——识别和获取新技术的能力，二阶营销能力——识别和进入新市场的能力），并提出对已有投资的剥离意愿、组织建设性冲突、容忍失败、环境扫描和冗余资源是动态能力构建的五个重要前置因素，最终利用美国制造业企业的数据发现，投资剥离意愿、组织建设性冲突和容忍失败对动态能力具有正向影响效应，环境扫描对动态能力构建的影响效应具有滞后性，而冗余资源对动态能力的构建影响效应呈现 U 形曲线效应。

Malik 和 Kotabe(2009)将高水平的组织绩效视为动态能力的外在体现，并识别出了三种组织行为层次的动态能力构建机制，即组织学习、反向工程和制造柔性，并提出政府支持政策对动态能力的构建具有重要的影响作用。他们以93 家（印度 54 家，巴基斯坦 39 家）制造业企业为样本进行研究，发现组织学习、反向工程和制造柔性是企业动态能力构建的重要驱动力；另外，政府在技术识别、可用技术选择和实施等方面的支持作用越大，则组织学习对动态能力构建的影响作用就越强。

McKelvie 和 Davidsson(2009)将概念产生能力、市场破坏能力、新产品开发能力和新流程开发能力视为动态能力，聚焦于企业/企业家资源积累因素对动态能力构建的影响。他们以瑞典新创企业为样本研究后发现，企业家教育水平、商业教育经验、管理经验和产业经验有利于动态能力的构建；人力资本、技术知识有利于动态能力的构建，而财务资本则抑制动态能力的构建；另外，研究还发现企业资源基础的改进（包括声誉资源、经营资源的改进和技术资源的改进）同样能够促进企业动态能力的构建。

Prieto 等（2009）则从知识观的视角研究了组织情境因素对动态能力构建的影响。他们将动态能力定义为知识创造能力、知识整合能力和知识重构能力，重点研究了组织自治性、严格的绩效管理、管理者支持和信任等组织情境因素对动态能力构建的影响，他们利用西班牙 80 个产品开发工程的数据进行研究证实：自治性和管理者支持对动态能力具有显著的正向影响效应，严格的绩效管理则对动态能力具有显著的负向影响效应；另外，动态能力对产品能力和流程能力具有显著的正向影响效应。

2. 动态能力的结果及其对创新的影响机制研究

在动态能力的结果方面，现有研究主要探讨了动态能力与企业组织绩效（Drnevich，Kriauciunas，2011）、企业竞争优势（Wu，2006，2010）、企业多元化（Døving，Gooderham，2008）以及新产品开发（Marsh，Stock，2006）之间的关系（见图 2.14）。

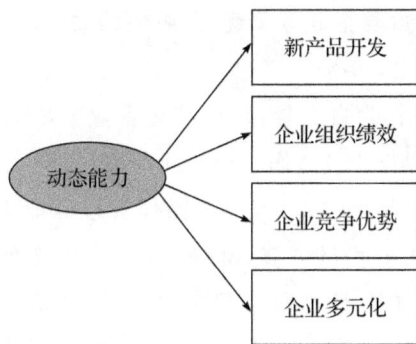

图 2.14　动态能力的后果

Wu（2010）在研究动态能力对企业竞争优势的影响作用时指出，动态能力是管理者用来改变其资源基础和开发新的价值创造战略的组织和战略惯例，特别是在非线性和不可预测的竞争环境下，动态能力是持续竞争优势的来源。他以台湾 253 家企业为样本进行实证研究，发现动态能力中的不同维度（整合能力、学习能力和重构能力）均显著正向影响企业竞争优势（市场反应速度、生产效率、产品质量和创新速度），并且无论在低环境动荡性还是在高环境动荡性的情境中，动态能力对竞争优势均具有很强的解释能力。

Drnevich 和 Kriauciunas（2011）重点研究了动态能力对企业层次绩效和项目层次绩效的影响，他们在研究中认为：动态能力通过开发新的流程、产品或服务能够使企业对机会进行识别和响应；动态能力能够提高企业对环境变化的响应速度、效率和有效性，进而使其把握机会和降低经营成本；动态能力有利于企业实施更多的战略选择，因此，动态能力对企业组织绩效具有正向影响作用，并且环境动态性扮演着关键调节作用。但是，他们对智利 48 家企业 192 个独立业务流程变革事件进行实证研究，发现企业动态能力对项目层次绩效有显著的正向影响效应，对企业层次绩效却体现出显著的负向影响效应，其原因可能是动态能力的管理是困难的并需要大量的投资。另外，研究还证实环境动态性对动态能力与企业层次绩效之间的关系具有正向调节作用。

Døving 和 Gooderham（2008）将人力资本的异质性、内部开发惯例以及与互补性服务提供商之间的联盟视为动态能力，研究其对企业多元化的影响作用。他们以挪威 254 家小型会计服务企业为样本进行研究，证实：动态能力是企业多元化的重要驱动因素。

总体来说，动态能力与企业竞争优势/组织绩效之间的关系研究主要存在以下三种情况。

第一，将动态能力作为自变量，研究其对企业竞争优势/组织绩效的直接（见图 2.15）或间接（见图 2.16）影响效应。例如，基于知识观，Zott（2003）认为，动态能力通过改变企业的资源集合、操作管理和能力而间接影响产业内企业的组织绩效；曹红军和赵剑波（2008）利用中国企业的样本数据进行研究，表明动态能力通过战略过程管理对组织绩效具有显著的促进作用。Prieto 等（2009）则通过实证研究，发现动态能力对产品和流程开发能力具有显著的直接正向影响效应。

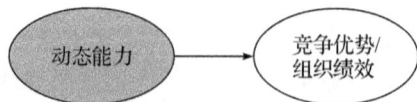

图 2.15　动态能力的直接作用研究模型

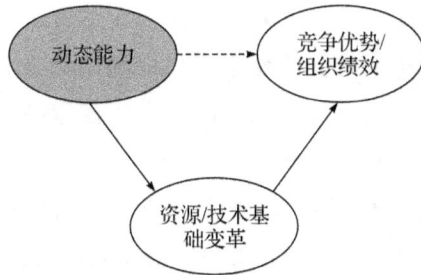

图 2.16　动态能力的间接作用研究模型

第二,将动态能力作为中介变量,将其视为资源积累等因素影响竞争优势/组织绩效提升的内在机制(见图 2.17)。例如,Wu(2006)研究表明,在不稳定的环境下,企业资源不对绩效产生直接影响,而是通过动态能力对绩效产生影响效应。Marsh 和 Stock(2006)则发现,动态能力(跨期知识整合)在知识保留、知识诠释与新产品开发绩效之间具有部分中介作用。Hung 等(2007)将动态能力界定为研发创新能力和组织战略能力,通过对台湾高技术产业企业进行研究表明,组织流程与战略之间的整合对组织绩效有显著的促进作用,组织动态能力在上述关系中起到了显著的中介作用。另外,Liao 等(2009)在检验资源储备在创新过程中的角色时证实,动态能力在资源储备和创新之间发挥中介作用,表明在变化的环境中,仅仅有资源储备对创新仍然是不够的。胡望斌等(2009)在创业导向对组织绩效影响作用的研究中也发现,动态能力具有重要的中介作用。

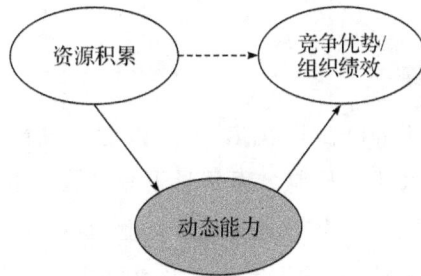

图 2.17　动态能力作为中介变量的研究模型

第三,近年来的一些文献也在动态能力对创新的影响作用方面进行了探索。例如,Marsh 和 Stock(2006)认为,企业在面向未来市场开发产品和将技术知识转化为满足市场需求的产品过程中普遍存在组织能力的不确定性、互补性技术的缺乏、针对特定技术特征的发达市场的缺乏以及其他类型的不确定性等,使组织开发动态能力成为竞争优势的有力来源以及在环境变化中自我更新、成长和适应的重要来源(Brown,Eisenhardt,1995；Danneels,2002)。另外,他们还认为在单个产品生命周期缩短的情况下,企业长期竞争优势需要成功的产品开发流,而这需要通过开发动态能力才能实现,因此动态能力是企业持续创新以获取或维持竞争优势的必要途径。

Liao等(2009)在互联网产业情境中研究认为,资源基础观在解决企业资源和能力如何组合、配置以利用变化机会的动态过程时存在缺陷,因此资源和能力对创新的影响作用仍然是一个黑箱,而动态能力为打开这个黑箱提供了非常适合的工具和有用的机制。他们重点关注动态能力中的资源整合能力这个维度,以120家互联网企业为样本进行研究,发现企业资源储备和动态能力均正向影响创新,而且动态能力还在资源储备与创新之间扮演重要的中介角色,表明在超竞争和快速变化的因特网产业环境中,需要强调动态能力的作用。

因此,本研究认为,动态能力在企业创新过程中发挥着至关重要的作用,是企业创新非常重要的工具和有用的机制。具体对不连续创新来说,Salomo等(2007)、O'Connor(2008)以及O'Connor等(2008)研究认为,动态能力能够使企业有效应对高度复杂和模糊性的任务,为培育、实施和维持不连续创新提供了一个非常适合的路径。然而,这些文献在动态能力对不连续创新影响效应以及具体机制方面仍未得到深入和系统的探讨。

2.3.6　研究小结

文献综述表明,学术界已在动态能力基本概念与内涵等基本理论问题上面取得了一些共识,并在其构建机制方面积累了相对较多的研究文献,包括企业战略因素、组织行为因素、组织情境因素和企业/企业家资源积累因素等。但是,已有研究在动态能力结果、发生情境以及具体影响机制方面的研究比较不足,仅通过案例等定性研究简单分析了动态能力对竞争优势/组织绩效的影响作用,而在具体影响机制和影响效应大小等方面研究还比较不足,未来研究需要在以下四个方面加以突破。

第一,完善动态能力构念的构成维度。当前基于行为的构成维度已经得到学者的普遍认同,未来研究应该坚持动态能力倾向一的研究路径,进一步从认知维度和态度维度来丰富和完善动态能力构念的概念内涵与构成维度。同时,还应该把动态能力作为合并型多维构念来研究(Barreto,2010),即不但关注动态能力构念本身,还要关注其构成维度层面的构念甚至子构念。

第二,统一动态能力的多维测量方法。已有研究大多把动态能力作为单维构念来对待,从整合能力、重构能力、适应能力和学习能力等方面来测量,或者通过设计不同的测量题项并进行简单加总或平均来测量动态能力。未来关于动态能力测量的研究应采用更加复杂的测量方法,如估计每个构成维度权重的差异性。

第三,扩展动态能力的前因以及深化对组织竞争优势/组织绩效结果的研究。后续研究应该致力于探讨动态能力的形成机制、动态能力对企业绩效和竞争优势的影响及其内在机理,特别要深入研究动态能力与竞争优势之间关系,以验证两者之间究竟是直接作用关系(Teece,Pisano,1994;Teece et al.,1997;Eisenhardt,Martin,2000)还是间接作用关系(Zott,2003;Zahra et al.,2006;Ambrosini,Bowman,2009)。另外,还要积极探索动态能力对企业创新的影响效应。因为企业在创新过程中面临的是高风险性、高不确定性、高复杂性和高模糊性的任务,而动态能力为企业处理这种特征的任务提供了一个非常适合的工具、路径或机制(Marsh,Stock,2006;Salomo et al.,2007;O'Connor,2008;O'Connor et al.,2008;Liao et al.,2009),但是这些理论观点仍未得到实证研究的强有力支持。

第四,丰富动态能力理论的研究情境。动态能力是在发达国家半导体、信息服务和软件等高技术产业情境下提出的(Teece,Pisano,1994),那么这种理论是否适用于像中国、俄罗斯、印度这样的转型经济体或新兴经济体,适用于这些经济体中的低技术产业,仍有待后续研究加以验证,为理论的丰富和深化发展提供机会。

需要指出的是,目前国外动态能力研究大多仍然停留在动态能力概念界定、维度划分和微观基础等理论研究层面,实证研究特别是大样本的实证研究非常缺乏。国内虽然近几年实证研究的文献数量增长迅猛,但往往采用不同的动态能力维度划分和测量方法,导致研究结论不一甚至相互矛盾,从而严重影响了研究结论的普适性。因此,我国学者今后应该结合我国制度转型的发展背景,除了在动态能力的概念界定、维度划分和测量等基本理论问题上做出贡献外,还应开展本土化的实证研究,为完善动态能力理论、提高该理论的普适性做出应有的贡献。

最后,根据本章文献综述,本书研究模型可以进一步具体化,如图 2.18所示。

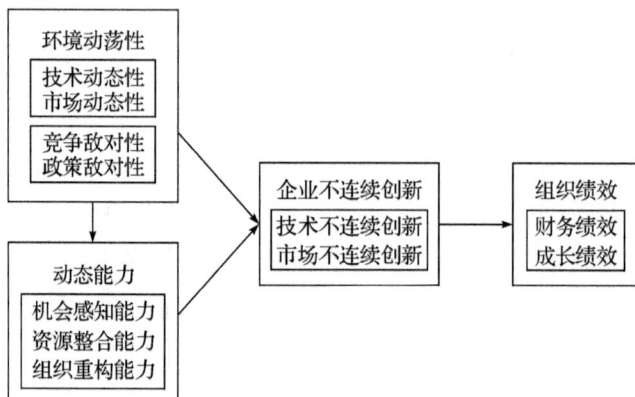

图 2.18　本书具体的研究模型

3

探索性案例研究

3.1 问题提出

在第 1 章绪论和第 2 章文献综述分析的基础上,本书初步形成了环境动荡性和动态能力对不连续创新影响作用的基本理论认识。基于已有文献研究和理论推演,我们认为,在中国制度转型情境下,环境动荡性是对企业不连续创新具有决定意义的关键触发因素(Bessant et al.,2005,2006a;Phillips et al.,2006b);同时,动态能力有利于处理高度不确定性和模糊性的组织任务,为不连续创新提供了一个非常适合的工具、路径或机制(Marsh,Stock,2006;Salomo et al.,2007;O'Connor,2008;O'Connor et al.,2008;Liao et al.,2009)。然而,当前的理论研究,无论是动态能力和不连续创新构念本身,还是环境动荡性、动态能力对不连续创新影响关系的研究,都还停留在内涵描述、现象分类、理论关系开始建立等初级阶段。

因此,有必要通过探索性案例研究的方法,一方面探讨动态能力和不连续创新这两个关键构念的内涵及其构成维度,另一方面试图建立环境动荡性、动态能力对不连续创新的影响作用及其内在机制。因为根据已有学者的观点,在没有明确变量之间的因果关系之前,是无法使用大样本统计研究对变量之间的假设关系进行检验的。故在第四章理论模型构建和相关假设提出之前,本部分将利用探索性案例研究的方法明确环境动荡性、动态能力对不连续创新的影响作用,为后续理论模型的建立和实证检验奠定基础。

3.2 研究方法

3.2.1 研究方法选择

之所以采用探索性案例研究的方法对不连续创新这类复杂的现象进行"厚实的描述",主要原因包括以下三个方面。

第一,目前关于不连续创新的研究仍处于早期描述性和标准化两个阶段(Christensen,2006),已有的理论还不足以对该复杂的现象进行解释,无法依赖先前的文献或实证结果推导出命题,因此案例研究对不连续创新来说是更为合适的研究方法,以提供一些新的和关键的见解,并指出需要深入研究的问题(Veryzer Jr,1998;Phillips et al.,2006a)。从这个意义上说,当前不连续创新的研究状况满足:对一个现象所知甚少,没有人探索过它;现有理论不足以解释它,仍存在未解决的问题;该研究处于早期阶段,或需要提供新鲜的观点;无法依赖先前的文献或实证研究结果在进入田野前推导出命题(Eisenhardt,1989)。

第二,尽管已有研究表明新市场、新技术、新规则和各种突发事件的涌现是不连续创新的直接触发因素(Bessant et al.,2005;Phillips et al.,2006a,2006b),但是这些研究仍然将不连续创新作为组织外生变量,研究其对企业适应性行为的影响,如战略联盟(Lamber,Spekman,1997;Rothaermel,2002;Phillips et al.,2006a)、合作创新(Rothaermel,2000;Sadowski et al.,2003;Spedale,2003)以及创建新的组织实体、并购或合资(Christensen,1997;Macher,Richman,2004)。对这类关于"Why"和"How"的研究问题,特别是需要深入探讨内在机制的问题,探索性案例研究是最为适合的研究方法(Yin,2003)。

第三,对于不连续创新的理论研究,至今还没有开发专门的方法,现在展示其因果关系的现有文献还很少,案例研究则提供了一个非常有价值的研究方法(Phillips et al.,2006a)。例如,大量关于不连续创新的研究都聚焦于产业层次的案例研究,包括微型计算机、水泥制造、玻璃制造和航空产业(Tushman,

Anderson,1986；Anderson,Tushman,1990)、制药产业（Lynn et al.,1996；McKelvey,1996；Rothaermel,2000；Rothaermel,Hill,2005)、先进制造系统（Ehrnberg,Sjöberg,1995；Rothaermel,2002；Kaplan et al.,2003)、通信产业（Ehrnberg,Sjöberg,1995；Lynn et al.,1996；Sadowski et al.,2003；Rothaermel,Hill,2005；Benner,2007)、半导体产业和 IT 产业（Funk,2008)、数码产业（Benner,2007)、石油和天然气产业（Noke et al.,2008)、汽车产业（McGrath,1998)、光学产业（Lynn et al.,1996；Spedale,2003)、钢铁产业（Rothaermel,Hill,2005)和磁盘驱动器产业（Rosenbloom,Christensen,1994)等。

3.2.2　行业选择

本研究选择蓄电池行业（二次电池①）及该行业典型的企业——浙江南都电源动力股份有限公司（以下简称南都电源）作为目标行业和典型案例进行研究，因为该行业在技术发展和技术变革过程中存在明显的不连续创新（McGrath,1998；Funk,2008)，为本研究提供了适合的情境。

从 1859 年法国物理学家普兰特发明了"二次电池"，即现代铅酸蓄电池的原型开始，二次电池行业已经经历了 150 多年的发展历史，依次出现了"铅酸电池""镍镉/镍氢电池""锂电池"等三个典型的发展阶段，典型事件包括 1859 年法国人普兰特发明铅酸电池、1899 年瑞典人 Waldemar Jungner 发明镍镉电池以及 1991 年日本索尼公司研制成功锂离子电池等（见图 3.1)。

---

① 二次电池：又被称为充电电池，是指在电池放电后可通过充电的方式使活性物质激活而继续使用的电池。

1799年意大利人伏特发明世界首个电池"伏特电堆"　　　1859年法国人普兰特发明铅酸蓄电池　　1899年瑞典人Waldemar Jungner发明开口型镍镉电池　　1947年法国人纽曼成功研制密封镍镉电池　　1960—1970年美国、苏联研制航天用镍氢电池　　1976年荷兰飞利浦公司发明实用镍氢电池　　1991年日本索尼公司研制成功锂离子电池

19世纪　　20世纪

1901年爱迪生发明镍铁蓄电池　　20世纪60年代美国开始论证和试制造燃料电池　　1975年美国Gates公司推出商业化阀控铅酸电池　　1990年日本开始规模化生产商品型镍氢电池　　1994年美国Bellcore公司研制成功锂聚合物电池

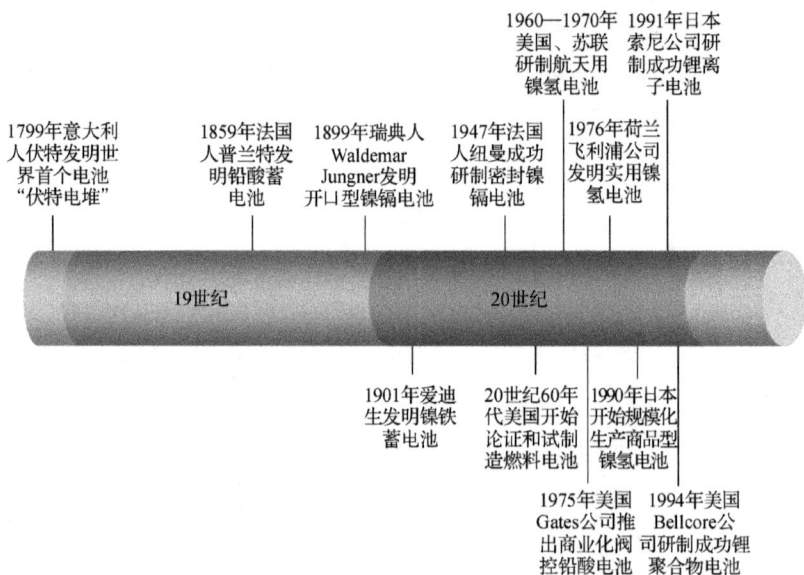

图 3.1　蓄电池行业主要发展阶段及关键事件①

　　由表 3.1 可以看出,铅酸电池、镍镉/镍氢电池和锂电池在电池的主要原材料、关键制造技术、电池能量密度、循环寿命、自放电率、应用领域等方面都有显著的差异性,代表着三种截然不同的技术范式。具体而言,与铅酸电池和镍镉/镍氢电池相比,锂电池不仅在能量密度等主要技术性能指标上具有极大的优越性,市场应用领域更加广泛(在灯具、小型电动车和动力汽车等领域体现出对传统电池的替代性,还开拓了新市场空间,如笔记本电脑市场),更为关键的是锂电池在主要原材料和关键制造技术方面实现了突破(摆脱了对金属和稀土等资源的依赖,并建立在新兴纳米制备技术的基础之上)。锂电池作为一种新兴的技术范式,近年来由于世界各国纷纷加强对电动汽车产业和新能源产业的支持,市场规模呈现出稳步增长的态势(见图 3.2)。

────────────

　　①　此处仅列出本书三种主要技术范式初次研发和商业化的关键事件,镍锌电池、燃料电池的开发未涉及。文中资料来源于国泰君安证券新能源行业研究报告(2009-02-26);《量变与质变——电池行业专题报告之技术篇》。

表 3.1 铅酸电池、镍镉/镍氢电池和锂电池主要性能的比较

比较项目	铅酸电池	镍镉/镍氢电池	锂电池
主要原材料	粗冶金属	稀土资源	多元化合物
关键制造技术	大机械制造	航天电子技术	纳米制备技术
能量密度/(Wh/kg)	<30	50～80	100～150
循环寿命/次	300	500～1000	1000
自放电率/%	4～5	20～35	<5
应用领域	汽车启动、灯具、UPS电源、小型电动车、动力汽车	玩具、电动工具、灯具、便携电器、移动电话、数码设备、小型电动车、动力汽车	汽车启动、玩具、移动电话、笔记本电脑、灯具、电动工具、数码设备、便携电器、小型电动车、动力汽车

资料来源:国泰君安证券研究所和华泰联合证券研究所研究报告、新宙邦招股说明书。

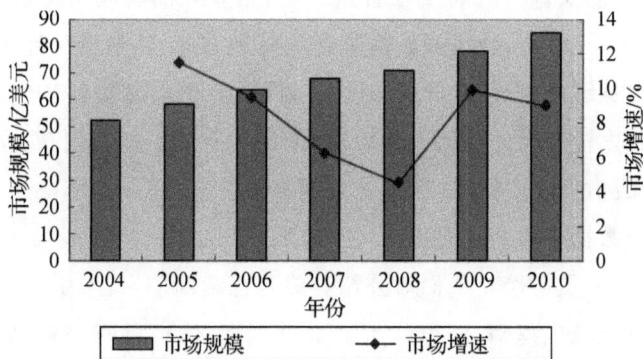

图 3.2 2004—2010 年全球锂电池市场规模的发展趋势

数据来源:中国电子元件协会、华泰联合证券研究所①。

当企业的主导技术在不同的技术范式之间进行转变或跳跃时,本研究认为该企业就出现了不连续创新(Ehrnberg,1995;Ehrnberg,Sjöberg,1995;Christensen,Bower,1996),可以将其区分为范式转变型不连续创新(不连续创新类型Ⅰ)和范式跳跃型不连续创新(不连续创新类型Ⅱ)(见图 3.3)。本部分

---

① 资料来源于华泰联合证券研究报告(2010-06-23):《有"锂"走遍天下——锂电池材料深度研究报告》。

所选择的案例企业是范式跳跃型不连续创新(南都电源由铅酸电池领域跳跃到锂电池领域)。

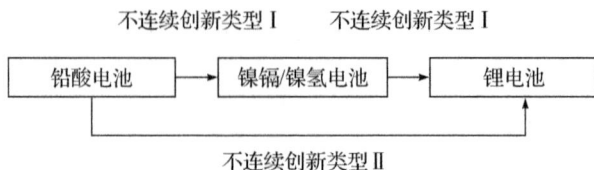

不连续创新类型Ⅰ　　　　不连续创新类型Ⅰ

```
┌─────────┐    ┌──────────────┐    ┌─────────┐
│ 铅酸电池 │──→│ 镍镉/镍氢电池 │──→│ 锂电池  │
└─────────┘    └──────────────┘    └─────────┘
     │                                   ↑
     └───────────────────────────────────┘
```

不连续创新类型Ⅱ

图 3.3　蓄电池行业不连续创新的类型

3.2.3　案例企业选择与数据收集

南都电源成立于 1994 年,最初主要从事铅酸电池的研发、生产和销售,其中阀控密封蓄电池在国内通信用后备电池市场占有率达到 20% 以上,行业排名第二。2000 年,公司意识到铅酸电池产品技术含量不高、技术进步的空间有限、企业市场开发严重依赖于原有客户,更为重要的是,铅酸电池对环境污染严重,与国际、国内节能减排的战略要求背道而驰,给企业的健康可持续发展带来了致命性的影响。[①] 因此,公司开始探索新的发展方向,逐渐涉足锂电池、燃料电池等新兴技术领域的研发、生产和销售。目前,南都电源正处于由铅酸电池向锂电池或燃料电池领域转型的关键阶段,因此为研究不连续创新这种高度复杂的决策及其实施过程提供了一个非常好的情境。

本研究的数据来源主要有以下三个方面。

第一,内部人员访谈。我们对公司总裁与总裁助理,技术中心主任,铅酸电池事业部经理及总工程师,锂电池事业部总经理、营销总监和副总工程师以及应用基础研究所所长等人员分别进行 1～2 小时的访谈。访谈问题主要涉及企业技术转型的动机、铅酸电池和锂电池事业部的项目管理方式、资源配置方式、组织学习方式、研发网络、市场范围和创新行为特征等多个方面(见表 3.2)。

第二,企业内部档案。主要包括三类:一是铅酸电池事业部和锂电池事业

---

① 根据南都电源公告,2011 年 5 月 17 日,南都电源全资子公司临安南都和杭州南都电池有限公司按照浙江省铅酸蓄电池行业专项整治的要求,予以停产。2011 年 6 月 24 日,临安南都通过了浙江省临安市政府组织相关政府部门的现场验收复试生产,但是另一全资子公司杭州南都电池有限公司因无法满足 500 米的卫生防护距离要求,已停止铅酸蓄电池的生产。此次停产直接或间接使公司的销售收入降低 4 亿～5 亿元,净利润降低 2500 万元左右。

部发展历程中的主要产品系列、产品型号及其主要技术性能指标;二是企业技术中心多年来主要研发项目的项目名称、所属技术领域;三是企业成立至今所发表的研究论文、申请以及授权专利的数量和不同专利所属技术领域。

第三,二手数据。主要是与蓄电池行业以及南都电源相关的研究文献,企业网站主页所公布的关于产品研发与销售、市场领域、产品技术性能等方面的信息,以及研究机构公开发布的行业研究报告等。

表 3.2　主要访谈人员及问题

访谈人员	访谈时间	主要访谈问题
公司总裁 总裁助理	2010 年 11 月— 2011 年 5 月	行业技术发展趋势和市场竞争状况如何? 企业开展锂电池经营的动机是什么? 企业从哪里获取转变所需的资源? 资源在两个截然不同的事业部之间如何分配?
技术中心主任 基础研究所所长 应用基础研究所所长 技术中心办公室主任	2010 年 11 月— 2011 年 5 月	铅酸电池和锂电池主要技术性能上是否不同? 铅酸电池和锂电池技术开发模式上有何差异? 企业如何对两种不同的技术进行管理?
铅酸电池事业部经理 总工程师	2010 年 11 月	铅酸电池的市场应用领域和技术发展趋势如何? 当前的研发项目如何开展? 外部研发合作网络有哪些,如何合作? 当前市场领域及其所面临的挑战是什么?
锂电池事业部总经理 营销总监 副总工程师	2010 年 11 月	锂电池的市场应用领域和技术发展趋势如何? 当前的研发项目如何开展? 外部研发合作网络有哪些,如何合作? 当前的市场应用领域及新市场的开拓情况如何?

3.2.4　数据分析过程

本书将铅酸电池技术视为已有技术,将锂电池技术视为新兴技术,将已有技术领域向新兴技术的转变视为不连续创新。本部分从已有技术机会和新兴技术所面临的挑战两个方面探讨南都电源不连续创新战略决策及其实施过程,并深入分析环境动荡性和动态能力对不连续创新的影响作用。[①] 根据第一章所设定的研究问题以及案例企业成长背景，我们确定了两个基本数据分析单元（一般分析过程见图 3.4）。

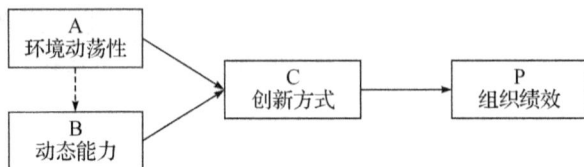

图 3.4　案例分析的一般过程

单元一，在技术转型发展阶段，南都电源铅酸电池事业部（已有技术领域）所面临的外部环境动荡性及其对新兴技术采纳的影响、创新方式和组织绩效的变化特征。

单元二，南都电源锂电池事业部（新兴技术领域）所面临的外部环境动荡性、企业动态能力及其对新兴技术采纳与实施的影响，主要探讨环境动荡性、动态能力驱动企业不连续创新的内在机制问题。

最终，通过对已有技术领域和新兴技术领域创新决策和实施过程的对比分析，我们可以观察在同一时间内或者不同地理空间内，南都电源如何对这两种截然不同的技术范式进行平衡，以及环境动荡性和动态能力是如何驱动企业不连续创新。因此，南都电源为研究不连续创新决策及其实施过程提供了一个丰富的情境，而严谨和规范的数据分析过程保证了本书研究的内部效度，并有助于提出更加可靠的理论框架。

3.3　研究发现

3.3.1　南都电源由铅酸电池向锂电池领域转型的背景

铅酸电池是南都电源自 1994 年 9 月成立以来一直专注的技术领域，目前

[①] 源于 Adner 和 Kapoor(2010)所提出的观点，即从创新生态系统的视角分析新技术对旧技术的替代速度。

已经形成了 6 大产品系列 59 种型号产品的研发、生产和销售。经过近 20 年的发展,南都电源基于对国际先进阀控密封蓄电池技术的消化、吸收、扬弃和再创新,当前已经进入第四代产品的开发阶段,南都电源在该领域逐步积累起了较强的技术能力。

然而,从蓄电池整个行业技术发展与技术变革的角度来看,铅酸电池技术领域已经有了 150 多年的发展历史,技术发展相对成熟,技术体系相对完善,技术性能的提高面临着自然增长的极限,已经很难取得突破性的进展,发展空间也越来越小。近年来新兴的锂电池和燃料电池等不连续性技术已经对铅酸电池技术领域的发展形成了强劲的冲击,这些新兴的技术不仅市场应用领域广泛,而且对传统的铅酸电池具有全面替代作用。为了回应新兴锂电池技术范式的强劲冲击,南都电源于 2001 年实施了重大战略调整:一方面,在铅酸电池已有领域内实施原材料创新和产品架构创新之间的平衡,同时保持已有市场维持和新市场开拓之间的平衡,即采取"双元平衡"①的创新发展模式;另一方面,在维持铅酸电池日常经营的前提下,不断加强对锂电池这种新兴技术的研发投入,积极进军锂电池市场,逐渐对铅酸电池实现全面替代。

2001 年,南都电源开始涉足锂电池技术领域的经营活动,目前已经形成了 5 大产品系列 32 种型号产品的研发、生产和销售。作为一种新兴的技术范式,与铅酸电池相比,锂电池不仅性能更加优越,而且市场应用领域更加广泛。然而,锂电池技术在生产设备、工艺流程和市场应用领域等方面与铅酸电池技术领域截然不同,这决定了南都电源对锂电池的开发必须采取完全不同的技术研发模式甚至建立两种不兼容的价值系统。虽然锂电池技术领域的研发投入高、风险大,但是由于其良好的发展前景,南都电源当前的资源和管理者的注意力仍然毫无顾忌地由铅酸电池转向锂电池领域。

3.3.2 环境动荡性对不连续创新的影响作用分析

在中国制度转型期,面对技术、市场、竞争和政策等方面不连续性变化所带来的挑战,南都电源这种双元平衡和逐步全面替代战略模式很具代表性,并对

---

① 组织"双元战略"源于 Tushman 和 O'Reilly 等所提出的"双元组织"(ambidextrous organization)的概念。

我国企业适应性成长路径的选择具有很强的借鉴价值。根据本章数据一般分析过程和所确定的两个数据分析单元，这里主要关注两个问题：第一，面临锂电池新兴技术冲击的过程中，企业高管感知环境动荡性的状况及其对企业新兴技术采纳的影响；第二，分析在双元平衡战略指导下，铅酸电池领域内企业创新方式的选择及其对组织绩效的影响作用。

针对环境动荡性及其对不连续创新的影响，具体分析如下。

(1)技术动态性及其对新兴技术采纳的影响

一方面，南都电源认为与新兴锂电池技术相比，铅酸电池领域新技术的开发具有诸多优势，如成本更低、更加安全可靠，"铅酸电池是一个比较古老的领域，已有100多年的发展历史，现在比较成熟、比较完善……成本很低，废品处理简单，回收率高"。而锂电池作为一种新兴的技术范式，当前还"发展不成熟""生产工艺不完善（产品不良率较高），产业链还不完整"。

另一方面，随着行业技术发展和技术变革趋势的增强，南都电源，特别是锂电池事业部，均已强烈认识到已有的铅酸电池技术领域已经没有太大的技术进步空间，要使企业取得大的技术突破非常困难。与此同时，锂电池领域的技术发展和技术进步速度更快，技术性能更加优越，如重量比能量、体积比能量更高，温度适应范围更大，市场应用领域更广，其所带来的利润率更高，未来有非常广阔的发展前景。基于此，"为了适应产业的业务发展趋势，提升产品技术含量，南都电源急需开辟新的业务领域，促进企业快速发展"。

基于对产业技术环境动态性的此种判断，南都电源在已有技术开发和新兴技术探索方面实施渐进性转变的战略，对企业不连续创新产生不同的影响作用：在铅酸电池已有技术领域内，低技术动态性抑制对新兴技术的采纳；在锂电池新兴技术领域内，高技术动态性将促进对新兴技术的采纳。

(2)市场动态性及其对新兴技术采纳的影响

1994年9月公司成立至今，南都电源在铅酸电池技术领域已经进行了近30年的经营和管理，在该领域形成了强大的技术基础（"硬件配置水平是比较高的"），树立了良好的品牌形象["NARADA"（南部）已成为中国驰名商标和全球知名品牌]。在长期的发展过程中，通过与顾客频繁的交互，南都电源对市场非常了解、市场反应速度更快。例如，南都电源认为"我们对通信市场的需求了解更多，速度比比亚迪更快"。另外，南都电源还认为，在通信领域，"顾客需求变化不是很大,更注重安全,这方面是有国家要求的,不希望有国家没有认可的产品"。

因此,基于强大的技术基础以及"铅酸电池的品牌知名度已经很高,市场占有率已经很大"的判断,目前南都电源在创新方面的主要战略目标是"保持已有的状况",这将抑制企业对新兴锂电池技术的采纳。

(3)竞争敌对性及其对新兴技术采纳的影响

与风帆股份(成立于1958年)、湖北骆驼(成立于1980年)、浙江天能(成立于1986年)、江苏双登(成立于1986年)等铅酸电池企业以及哈尔滨光宇(成立于1994年)、深圳雄韬(成立于1994年)和广东鹏辉(成立于1994年)等锂电池企业相比,南都电源的发展时间相对较短(成立于1997年),但是近年来通过"建立新的厂区、公司上市等"一系列有力措施,南都电源实现了飞速发展,并在销售收入方面实现了超越。例如,2008年南都电源的销售收入为15.6亿元,超过了同期湖北骆驼(12.8亿元)、深圳雄韬(10.7亿元)和广东鹏辉(6.1亿元)的销售收入。重要的是,南都电源认为其自主开发的电池(如低温电池)技术水平国内领先,"我们可以做到零下40摄氏度放电容量在80%～90%(对外宣称70%),行业平均零下20摄氏度放电容量在90%,我们则在95%以上",处于被竞争对手模仿的地位。

因此,尽管蓄电池行业市场竞争非常激烈,但是南都电源凭借自身强大的技术能力和技术创新水平,实现了销售额和市场份额的快速提升,逐渐占据行业领头羊的位置,其中阀控密封蓄电池在国内通信用后备电池市场占有率达到20%以上,行业排名第二。我们认为,这将制约企业对锂电池新兴技术的采纳。

(4)政策敌对性及其对新兴技术采纳的影响

一方面,南都电源认为最近出台的与新能源相关的政策,如大力发展电动汽车和战略性新兴产业的提出等,为铅酸电池技术领域的发展打开了新的机会窗口、提供了新的契机。例如,2010年9月8日国务院常务会议审议并原则通过了《国务院关于加快培育和发展战略性新兴产业的决定》,将新能源产业提升到了国家发展战略的高度,其中在提出的节能环保、新一代信息技术、生物、高端装备制造、新能源、新材料和新能源汽车七个产业中,有四个(节能环保、新能源、新材料和新能源汽车)产业都与能源产业相关。另外,美国奥巴马政府对新能源产业的关注以及将新能源产业作为美国乃至全球经济快速增长的"火车头",也为铅酸电池新技术的开发提供了新的动力。

　　另一方面,在全世界日益重视环境保护、防止环境污染的氛围下,铅酸电池的劣势非常明显。典型例子是:2011年浙江省加强了对铅酸蓄电池行业的专项整治,直接导致南都电源全资子公司临安南都和杭州南都电池有限公司的停产整顿(前者通过验收复产),铅酸电池的生产、销售陷入僵局,直接或间接损失达到4亿～5亿元,净利润损失2500万元左右。因此,政策变动对南都电源新兴技术的采纳需要具体分析,可能具有强大的促进作用,但也可能产生抑制作用甚至给企业的生存带来致命性的打击或威胁。

　　针对环境动荡性不同维度对新兴技术采纳的影响作用关系,总结为表3.3。

表 3.3　环境动荡性及其对新兴技术采纳的影响

变量名称	相关论述	对新兴技术采纳的影响
技术动态性（低/高）	"铅酸电池是一个比较古老的领域,已有100多年的发展历史,现在比较成熟、比较完善,发展的空间比较小。然而,铅酸电池成本很低,废品处理简单,回收率高"（南都技术顾问）。 "为了适应产业的业务发展趋势,提升产品技术含量,南都电源急需开辟新的业务领域,促进企业快速发展"（南都总裁助理）。	抑制/促进
市场动态性（低）	"基于客户关系的积累（跟通信公司和华为等客户有长期的合作关系）,我们对通信市场的需求了解更多,速度比比亚迪更快"（锂电池事业部营销总监）。 "铅酸电池的品牌知名度已经很高,市场占有率已经很大,目前主要是保持已有的状况","在通信领域……顾客需求变化不是很大,更注重安全,这方面是有国家要求的,不希望有国家没有认可的产品"（铅酸电池事业部经理）。	抑制
竞争敌对性（低）	"对手20世纪80年代就上去了（如黑龙江光宇、江苏双登等）,我们搞速度,通过建立新的厂区、公司上市等使企业发展速度提升"（南都技术顾问）。 "我们自主开发的电池,如低温电池国内领先,我们可以做到零下40摄氏度放电容量在80%～90%（对外宣称70%）,行业平均零下20摄氏度放电容量在90%,我们则在95%以上,得到其他企业的竞相模仿"（南都生产总工）。	抑制

续表

变量名称	相关论述	对新兴技术采纳的影响
政策敌对性（低/高）	"美国总统奥巴马对新能源产业非常关注,他将新能源产业作为美国乃至全球经济快速增长的'火车头',这里面包括铅酸电池和锂电池,不包括燃料电池"(南都总裁助理)。 2011 年 5 月 17 日,南都电源全资子公司临安南都和杭州南都电池有限公司按照浙江省铅酸蓄电池行业专项整治的要求,予以停产。2011 年 6 月 24 日,杭州南都电池有限公司仍因无法满足 500 米的卫生防护距离要求,停止铅酸蓄电池的生产。此次停产直接或间接使公司的销售收入降低 4 亿~5 亿元,净利润降低 2500 万元左右(南都电源公告)。	抑制/促进

在这种环境动荡性认知的前提下,渐进性创新(主要表现为原材料创新和产品与集成创新)成为南都电源铅酸电池事业部成长和发展的最优选择,如:"加点胶,放点阻燃剂,纳米材料的应用什么的"或者在电池外观方面进行创新,使其"由一个系列扩展为几个系列,将产品外观由方形变换为长条形电池";"开发核心逻辑管理的系统软件、进行系统集成"。尽管组织绩效也能够得到稳步的提升,如产品技术性能不断提高、设计成本逐步下降、专利申请数量和质量的增加(其中发明专利所占的比例由业务领域转型前的 13.04% 上升到转型后的31.03%)、市场应用领域也逐步扩张,然而其提升幅度相对较小(见表 3.4)。

表 3.4　铅酸电池技术领域创新方式及其对组织绩效的影响

项目名称	相关论述
渐进性创新	"加点胶,放点阻燃剂,纳米材料的应用什么的,大的突破没有,没有质的变化"(信息中心副主任)。 "现在仍然在使用最初引进西班牙某一公司的技术体系,并由一个系列扩展为几个系列,将产品外观由方形变换为长条形电池"(应用基础研究所所长)。 "铅酸电池未来的技术发展方向是开发核心逻辑管理的系统软件、进行系统集成,并由单一市场领域(如通信后备电源)向新的市场领域拓展(如动力电池),为公司寻找新的发展方向"(应用基础研究所所长)。

续表

项目名称	相关论述
技术绩效	第一代技术到第四代技术主要技术性能的变化[1]: 重量比能量(Wh/kg)[2]:33.68、26.67、27.59、33.06。 体积比能量(Wh/L):82.82、66.19、75.03、88.91。 循环寿命(次):30~50、60~100、60~100、100~200。 设计成本(A):1.08、1.05、1.02、0.90。
发明绩效	1994—2001年间专利申请量为23项(其中发明专利3项,实用新型专利13项)。 2002—2010年间专利申请量为29项(其中发明专利9项,实用新型专利14项)。
新市场开发	已有铅酸市场领域:通信系统、储能系统、铁路内燃机车。 新开发的市场应用领域:电力系统、不间断电源系统、铁路电力机车、大电流启动系统。

3.3.3 动态能力对不连续创新的影响作用分析

在分析动态能力对不连续创新的影响作用时,我们通过将铅酸电池和锂电池这两个数据单元进行对比分析以期得到更有说服力的结果。由于锂电池是一个新兴技术范式,在开发过程中没有现成的经验可以学习,没有现有的技术或知识可以利用,这决定了南都电源在锂电池开发的过程中,其新知识来源、对外部机会与威胁的感知、资源整合范围、组织运行机制等方面与铅酸电池有根本的不同。

(1)机会感知能力及其对不连续创新的影响

一方面,南都电源对新范式重要性认识不足制约了对新兴锂电池技术的应用。南都电源认为,"南都是靠这个(铅酸电池)吃饭的,我们不能不搞",并且铅酸电池"现在比较成熟、比较完善",很难在技术上取得"大的突破"和"质的变化",但是通过对已有知识的深化利用,能够促进企业产品上的"局部的改进",进而使企业同样有利可图。相反,在对锂电池技术开发的认识上,南都电源认

---

① 重量比能量和体积比能量的数据选择每代中所有型号产品相应性能的最大值。
② 铅酸电池产品技术性能的数据主要来源于公司档案,其中第四代产品技术性能的重量比能量和体积比能量数据来源于公司网站公布的所有型号产品技术性能的最大值。

为锂电池并不是非常理想的技术机会,因为"锂电池技术生产工艺不完善(产品不良率较高),产业链还不完整。目前,电动汽车很热门、非常火,也初具规模,但是有很长的路要走"。因此,在这种判断下,南都电源没有动力在新技术、新需求等方面进行搜索、扫描和探索,导致对外部机会感知的能力较弱。

另一方面,由于内部知识积累不足,南都电源通过建立广泛的外部知识渠道来获取新知识,促进了对新兴锂电池技术的应用。因为"锂电池是一个全新的技术、全新的市场",从企业高层领导和管理者到基层员工,"对锂电池技术不熟悉",为了快速获取与锂电池开发相关的新技术和新知识,需要建立广泛的知识来源渠道:南都电源积极引进了大量外部技术人员和设备,如招聘了一些"专业背景的跨度也大一些"的高水平人员(技术专家、硕士毕业生等);企业鼓励从各种知识来源渠道中获取新知识,如"技术交流会、小批量定点、通信订单、上海动力展、杭州纵横(通信)和万向(集团)的技术开发信息"以及"极端顾客"等。

(2)资源整合能力及其对不连续创新的影响

在铅酸电池事业部,知识整合范围和整合程度上的局限性,抑制了对新兴技术的应用。主要表现在:第一,仅仅对当前产品进行简单的外观创新,南都电源"现在仍然在使用最初引进西班牙某一公司的技术体系,并由一个系列扩展为几个系列,将产品外观由方形变换为长条形电池";第二,在产品架构方面进行创新,南都电源认为"铅酸电池未来技术的发展方向是开发系统管理软件、进行系统集成",通过将电池模块、制冷模块和控制系统模块进行集成,为客户提供综合解决方案,从而为铅酸电池业务领域的发展探索新的出路;第三,在市场知识的开发上"保持已有的状况",因为在通信后备电源市场企业"品牌知名度已经很高,市场占有率已经很大",并且"顾客需求变化不是很大"。

在锂电池事业部,资源整合则展现出了另外一种截然不同的景象,加速了新兴技术在部门内部的应用:第一,要求"技术人员还需要与市场人员一起到市场去",从与客户的接触中寻找解决问题的办法或者产生新创意;第二,善于将"不同领域的所有研发人员集合",通过相互间的知识交流和共享,促进新方案的产生;第三,在项目开发的过程中,通过频繁的里程碑控制,如"不断将不同技术的性能和成本进行比较,将优缺点进行比较,及时修改或调整",一方面给予研发人员一种控制感和成就感,从而产生紧迫感,防止创新惰性或"焦虑性",另一方面促进不同部门不同人员之间充分而广泛的知识交流和共享,防止项目进程因为误解而产生停滞或终止；第四，通过在项目开发和经营中鼓励管理者和员工进行"试错"和"摸索"，不断探索新的前进方向。

（3）组织重构能力及其对不连续创新的影响

在铅酸电池事业部，南都电源在部门设置、人员管理以及绩效考核等方面具有严格的要求和参考标准，这使得部门和员工根本性创新的思想被扼杀了。更为重要的是部门的组织"运行机制和创新氛围也不行"，不仅"研发的人不行，管理的人也不行"，而且"管理体制不行"，使组织缺乏一种鼓励变革的创新型文化，使南都电源难以对新兴技术进行及时和快速的响应。

在锂电池事业部，南都电源非常重视创新型文化的建设，并注重对研究人员实施"正面激励"，制定了"按技能晋级"和"阶段性的考核"等管理方法，大大激发了其对新技术和新知识的探索、学习和创造。为了更好地促进锂电池事业部的快速发展并避免已有业务领域对锂电池新兴业务领域的影响，南都电源将该事业部建立在距离公司总部70多公里的临平进行独立的经营。此外，南都电源还优化了组织结构，如先后建立了锂电池应用工程研究所、博士后科研工作站并整合了企业技术中心等，对锂电池新兴技术采纳的决策和实施起到了关键驱动作用。

因此，将铅酸电池事业部和锂电池事业部这两个数据单元进行对比分析后发现，广泛的知识来源渠道、高强度的资源投入、深入的资源整合和彻底的组织重构有利于对锂电池新兴技术的应用，总结见表3.5。

表3.5　动态能力及其对新兴技术应用的影响

变量名称	相关论述	对新兴技术应用的影响
机会感知能力（低/高）	"公司的首席科学家Giess坚持全新产品的开发，特别反对模仿别人的产品……为公司提供世界前沿的最新行业信息与技术"（南都总裁助理及内部文件）（南都副总工程师）。"招聘的人员一般都是研究生，专业背景的跨度也大一些（如材料领域、化学领域）"，"我们通过产品推广方式、技术交流会、小批量定点、通信订单、上海动力展、杭州纵横（通信）和万向（集团）的技术开发信息等为锂电技术的迅速发展提供了支撑条件……我们非常看重展会（深圳展会），到了市场运作的前期，几家厂商都展示了自身的专业电动车，不是想象的概念，可以试驾，可以对其技术进行解剖，会看出很多问题"（锂电池事业部营销总监）。	抑制/促进

变量名称	相关论述	对新兴技术应用的影响
资源整合能力（低/高）	"现在仍然在使用最初引进西班牙某一公司的技术体系"（应用基础研究所所长）。 "在通信领域，技术向小型化、平民化的方向发展，顾客需求变化不是很大，更注重安全，这方面是有国家要求的，不希望有国家没有认可的产品……铅酸电池未来技术的发展方向是开发系统管理软件、进行系统集成"（锂电池事业部营销总监）。 "锂电池是一个全新的技术、全新的市场，不同领域的所有研发人员集合在一起做的话，知识面更广，人的利用效率更高一些，一周做一次深入的交流，深度还是不够，要每天都有总结会，使项目人员之间的交流合作更紧密……全新技术的开发方式与渐进技术的开发方式有很大的差异……出成果的时间也比较晚"（南都副总工程师）。 "在项目开发过程中，研发部门定期和市场部门举行讨论会，项目需要经过好几道评审，将性能和成本进行比较，将优缺点进行比较，及时修改或调整。这样可以做到三个分支，衍生出 3～4 个结果，适应不同市场的需求"（锂电池事业部总经理）。 "2001 年开始组建锂电池事业部时，开始对锂电池技术不熟悉，所有东西都在摸索，最初的技术开发只能做成样品，很难商业化，3000 万元打了水漂"（锂电池事业部总经理）。 "在项目管理过程中，试错多少次也是一种成果，也算是一种结论，预测不准也没太大关系的，里程碑时间做相应调整，没有功劳也有苦劳"（信息中心副主任）。 "为什么我们能够做出突破性的产品，共有三点：第一，关注市场信息、快速捕捉市场需求（各种行业杂志都要订阅）；第二，极端顾客的发掘和潜在市场的搜索；第三，有机的团队，研发部门与市场部门定期地举行沟通会，技术人员还需要与市场人员一起到市场去"（锂电池事业部总经理）。	抑制/促进

续表

变量名称	相关论述	对新兴技术应用的影响
组织重构能力（低/高）	"我们的魄力不够，激励不够，钱花得小心翼翼，运行机制和创新氛围也不行……没有实质性地推动员工激励，前要有激励，后要有'皮鞭'。氛围，人不行，研发的人不行，管理的人也不行，管理体制不行"（应用基础研究所所长）。 "现在安排一个项目经理，跟他汇报，但项目经理事情比较多，效果不太好"（技术中心主任）。 "激励方式也不同，最好实行按技能晋级（如文献检索能力、综述能力、项目监控能力、分析能力和设备操作能力）和阶段性的考核"（南都副总工程师）。 "我们对技术人员的激励以正面激励为主，负面激励为辅，点子是需要开发的，而不是拿'鞭子'抽出来的"（锂电池事业部总经理）。 "我们近年来优化了组织结构，使技术中心的人员能够自由流动，给予基础研究和应用基础研究机构以较大的自主权，还要建立博士后科研工作站"（技术中心办公室主任）。	抑制/促进

最终，南都电源逐渐实现了由铅酸电池领域渐进性创新向锂电池领域不连续创新的战略转变，对企业经营管理的影响作用可以从以下三个方面来体现（见表 3.6）。

第一，在锂电池领域形成了新的技术能力，这种技术能力是基于新的研发人员、全新的机器设备、工艺流程以及新市场或新兴市场顾客基础之上的，并且新的技术能力对已有铅酸电池领域的技术能力不断渗透和破坏，最终对其具有替代作用。

第二，电池主要技术性能得到了大大的提升。主要表现在蓄电池的重量比能量和体积比能量等方面。例如，与已有铅酸电池技术性能相比，锂电池的技术性能得到了 2 倍甚至 3 倍以上的提升（铅酸电池的最大重量比能量和体积比能量分别为 37.69、103.44，锂电池的最大重量比能量和体积比能量为 214.21、444.11）。

第三，为了获取新技术和新知识以及销售新产品，建立了新价值网络。与铅酸电池相比，锂电池事业部目前已经形成了自己独特的原料供应商、技术合作网络、产品线和产品系列，建立了新的销售渠道，进入了新的细分市场，获取了新的顾客。最终，南都电源铅酸电池向锂电池领域的成功转变促进了组织绩效的极大提升。

表 3.6　锂电池技术领域不连续创新及其对组织绩效的影响

变量名称	相关论述
技术能力与市场范围替代	"锂电池和燃料电池已经逐步替代了铅酸电池,企业大部分是新来的人员,高层次人员主要集中在锂电池和燃料电池领域"(南都技术顾问)。 "最初锂电池的应用是数码产品(如手机),运用在电动自行车上的比例有2%~5%,在通信储能领域也开始进行尝试,锂电池对铅酸电池是逐步全面替代的"(工程师)。 "在通信后备电池领域,如通信基站等以铅酸电池为主,锂电池为辅;在动力电池领域,如汽车、电动叉车等以铅酸电池为主,逐步开发锂电池动力车"(南都总裁助理)。
新价值网络的形成	"以前的产学研合作的目的是'弄点钱',但是公司上市后,核心技术需要提升,而自身技术是不行的,人还是这些人,自己做不出来,需要跟外部合作,现在的产学研合作是主动构建状态"(南都总裁助理)。 "锂电池事业部有自己的产品线、销售渠道和稳定的顾客群,与铅酸电池相比,锂电池原材料主要是国外进口"(锂电池事业部营销总监)。
组织绩效	产品重量比能量(Wh/kg)①:214.21。 产品体积比能量(Wh/L):444.11。 2001—2010年间锂电池事业部专利申请量为10项(其中发明专利2项,实用新型专利8项)。 已有市场领域:数码移动终端。 新开发的市场领域:通信应用、储能系统、动力系统、不间断电源。

3.4　南都电源已有技术领域和新兴技术领域创新模式

通过对南都电源铅酸电池事业部和锂电池事业部经营状况和创新特征的分析发现,南都电源高管对已有技术(铅酸电池)机会和新兴技术(锂电池)所面临挑战的感知较强,由此我们分别提出已有技术领域"双元平衡"创新模式(见图 3.5)和新兴技术领域"逐步全面替代"创新模式(见图 3.6)。

已有技术领域"双元平衡"创新模式包括两方面的含义:(1)产品价值链上

---

①　锂电池产品技术性能的数据来源于公司网站公布的所有型号产品技术性能的最大值。

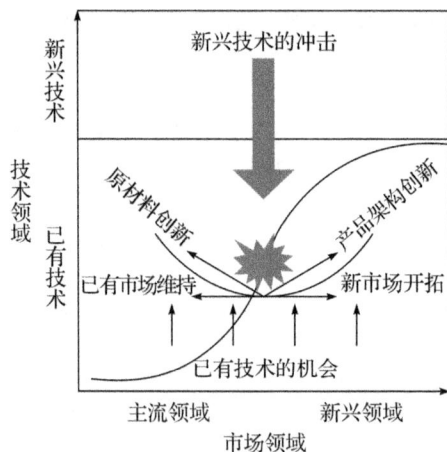

图 3.5　铅酸电池已有技术领域"双元平衡"创新模式

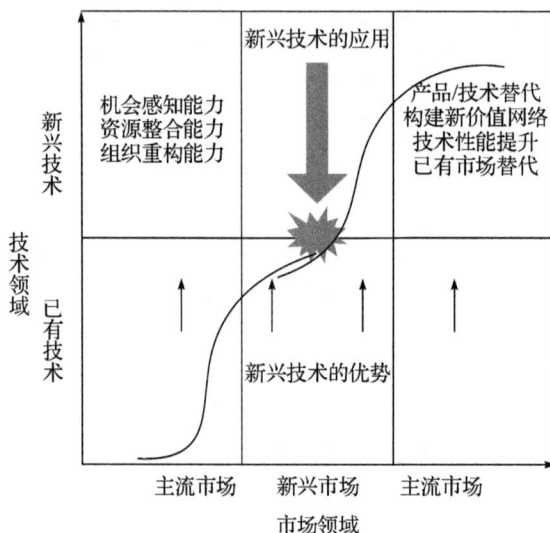

图 3.6　锂电池新兴技术领域"逐步全面替代"创新模式

的原材料创新和产品本身的架构创新;(2)已有市场的维持性创新和新市场的
开拓性创新。在铅酸电池已有技术领域内,技术发展相对成熟和完善,技术进
步的空间有限,企业主要基于已有知识进行利用性学习,以沿着原有的技术范
式进行渐进性创新,目标是努力维持已有市场份额和稳步开发新市场。当面临
锂电池新兴技术的有力冲击时,企业首先对已有技术机会和新兴技术所面临的

挑战进行深入分析,当已有技术机会和新兴技术所面临的挑战感知越强,并且企业已有技术能力和市场基础越强、外部政策推动作用越明显时,新兴技术范式越不容易被采纳,已有技术将沿着既有的技术轨迹发展,通过原材料创新、产品架构创新同时开拓新市场或新兴市场,提高已有技术的价值。

新兴技术领域"逐步全面替代"创新模式是指企业技术发展轨迹和市场范围逐步由铅酸电池转变到锂电池,并最终对已有技术轨迹和市场范围形成替代效应。具体原因是已有技术没有进一步提升的空间而新兴技术不断成熟和完善,已有技术的技术机会和新兴技术的挑战都相对变小,加上外部政策有力推动(浙江省铅酸蓄电池行业专项整治)以及企业具有迫切成长的愿望(提升产品技术含量和利润率),企业很容易采纳新兴技术范式,进而开辟新的业务领域和新的市场空间。此时,动态能力是企业快速应用新技术的关键驱动力,具体包括:(1)机会感知能力能够增强高管对新兴技术的感知性、促进企业加强在新兴技术领域的投资;(2)资源整合能力有利于新技术和新知识在企业内部的广泛传播和共享;(3)组织重构能力则有利于打破部门障碍、创造新的组织惯例和创新型企业文化,进而促进新知识的快速应用。

最终,新兴技术的采纳与成功实施不仅使电池的关键技术性能大幅度提升,而且随着新兴技术范式的不断成熟和完善,技术开发成本不断下降、市场应用范围大大扩展。更为重要的是通过向已有技术和市场领域渗透,对企业已有技术基础和市场基础形成替代效应。

3.5 案例讨论及结论

本章将南都电源由铅酸电池向锂电池技术领域的转变过程视为典型的不连续创新决策并成功实施的过程。通过探索性嵌入式单案例研究,基于两个数据分析单元,探讨了环境动荡性、动态能力对不连续创新的影响作用及其机制问题。研究结果表明,在案例企业不连续创新的决策与实施过程中,环境动荡性(技术动态性、市场动态性、竞争敌对性和政策敌对性)、动态能力(机会感知能力、资源整合能力、组织重构能力)是影响新兴技术采纳与应用的两个至关重要的驱动力,是不连续创新的关键前置影响因素。

在铅酸电池已有技术领域内，管理者对外部环境的技术动态性、市场动态性、竞争敌对性和政策敌对性的感知程度均比较低，对新机会的感知能力、对内外资源的整合能力以及组织重构能力也都处于较低的水平，因此抑制了新兴锂电池技术的采纳。相反，在新兴锂电池技术领域内，管理者对外部环境中的技术动态性、市场动态性、竞争敌对性和政策敌对性的感知程度较高，同时企业通过机会感知能力、资源整合能力和组织重构能力的构建以及创新型文化的培育，有力促进了新兴技术的应用。最终，南都电源通过不连续创新战略决策的制定和成功实施，不仅使电池的关键技术性能大幅度提升、市场应用范围大大扩展，同时对企业的核心能力进行了更新、对竞争优势进行了重构，促进了组织绩效的持续提升。

综合南都电源探索性案例研究的发现，尽管单案例研究结论的外部效度和普适性可能有所损失，但是这种研究方法有助于发现变量之间不确定的因果关系及其内在影响机制。本章研究有效地为第四章环境动荡性、动态能力与不连续创新三者之间理论模型和相关假设的提出奠定了基础。

4

模型构建与假设

▼

在第 2 章文献综述和第 3 章探索性案例研究的基础上,本章将围绕环境动荡性、动态能力、不连续创新和组织绩效,进一步探讨它们之间的逻辑关系,构建理论模型并提出相应假设,为第 6 章大样本实证研究奠定基础。

4.1 环境动荡性与不连续创新

Snyder 和 Glueck(1982)认为环境动荡性(volatility)是管理和组织理论中的一个重要概念,并且企业对环境动荡性的响应对其绩效具有显著的影响效应。类似的,May 等(2000)也指出,在组织科学研究领域,无论是战略选择观还是环境决定主义,一个共同的研究主题是环境复杂性和动荡性显著地影响组织的运转(maintenance)、结构和决策制定。Meyer 等(1990)强调,组织环境正在时不时地经历突发而广泛的剧烈变革(jolts),这种变革能够改变整个产业的发展轨迹、摧毁组织的适应能力、超越经验丰富管理者的理解,例如通信、金融服务、航空和健康保护等情境中的不连续性变革导致了整个产业的重构、资源的重新分配并改变了产业的竞争基础。

基于此,本研究响应 Hoskisson 等(2000)、Peng(2005b)、Zhou 和 Li(2007)、Chen 等(2010)等学者的建议,进一步将环境动荡性作为自变量而非背景条件,研究其对企业不连续创新的直接影响作用,深化和拓展环境特征在企业战略决策制定与组织行为中的作用。近年来,战略管理研究领域中制度观以及超竞争、竞争动态性研究流派,都逐渐强调系统研究外部广泛的环境条件对企业层次战略决策、行为与发展的直接影响作用(Chen et al.,2010)。在这些研究中，奥地利经济学和战略决策理论是两大理论基石（Chen et al.，2010；Robert Mitchell et al.，2011）。本节将在此理论基础上，深入探讨环境动荡性与不连续创新之间的关系。

奥地利经济学是一种强调企业家机会发现和临时竞争优势而非在稳定市场中追求均衡和有利市场位置的逻辑（Jacobson，1992）。该学派认为，机会是涌现并且转瞬即逝的，只能通过管理者的积极创新与竞争活动才能发现（Kirzner，1997）。由于战略决策是建立在信息不完备的基础上的，企业家没有同等的机会去感知和把握所有的经济机会，企业家对机会的发现来自其所拥有的出众信息搜索能力及整合别人的知识的能力（Jacobson，1992）。Kirzner（2000）强调，在现实经济中，总会发现有的企业比其他企业拥有更多的信息，正是这种信息获取和占有上的差异赋予了它们竞争优势，企业家利润的创造依赖于其优越的信息占有，而收集、评估和利用信息就是企业家的优势，结果是资源流向那些最擅长收集和使用信息的企业（姜黎辉，2007）。信息处理理论则认为环境是信息的来源（Dutton，1993），而企业的战略选择由管理者通过感知过滤后的外部环境中信息的变化来解释（Koberg et al.，2003）。高管团队的认知结构决定了特定环境下企业应采取的行为，而这种认知结构又是由其所获得的知识决定的（Anderson，1999）。

从企业战略决策制定过程的视角来看，环境动态性（技术动态性和市场动态性）扩展了企业的视野（Hambrick，1987），改变了企业决策制定的偏好及其内在一致性（Cho，Hambrick，2006；Robert Mitchell et al.，2011），扩展了敌对性环境中不能实现的适应性战略选择的空间和范围（Hough，White，2003；Robert Baum，Wally，2003），降低组织惯性（能力惯性、结构惯性和竞争惯性等）（Miller，Chen，1994；De Tienne，Koberg，2002），增强竞争过程中的进攻性（Brouthers et al.，2000），需要管理者付出更多的努力（Yasai-Ardekani，Nystrom，1996；Elenkov，1997）或者对自身战略进行重新定位（Lant et al.，1992）。基于此，这里提出一个总体性的假设：因为环境动态性激发了企业积极主动和前瞻性地应对不连续创新这种不确定、复杂和模糊的战略行为，所以对不连续创新具有正向影响。下面具体分析技术动态性和市场动态性对不连续创新的影响作用。

4.1.1　技术动态性与不连续创新

技术动态性是指感知产业技术变革/技术发展的速度（Jaworski，Kohli，

1993；Atuahene-Gima et al.，2006；Lichtenthaler，Ernst，2007；Paladino，2008；Lichtenthaler，2009）。当前，在中国制度转型情境下，世界范围内科学技术的飞速发展，技术进步、技术变革、不同技术领域的交叉与融合，拥有大量先进技术和前沿技术的跨国公司的广泛进入及其技术本地化改造，中国本土企业为应对上述技术竞争纷纷加大研发和新产品开发投入强度等，使得外部环境的技术动态性在不断增强，为企业在新的技术领域内创造和利用机会提供了条件，使其成为企业当前生存和发展必须考虑的关键因素之一。同时，我国巨大的市场容量及快速成长，不同区域市场发展的不平衡性，消费者需求的多样性和多层次性，为企业引入新的技术范式提供了强劲动力和资源基础。

高技术动态性通常意味着新的或前沿科学知识、工程知识和技术知识的不断涌现，新知识和新技术的供给量大大增加，为企业不连续创新的决策与实施提供了绝佳的历史机遇。例如，一系列基础科学（物理学、化学）、新技术或新兴技术（纳米技术、新材料技术）为企业探索和研发新技术、新产品打开了新的视角，最终为企业创造和利用机会并实现自身的快速成长和赢利打开了新的机会窗口。例如，Rosenbusch等（2007）提出，技术动态性为企业在新的技术轨迹内创造和利用机会提供了条件，为其打开了一片新的成长和赢利空间。Garg等（2003）认为高技术动态性将使企业现有的技术、知识和经验快速过时，企业长期的成功必须建立在不断识别、获取、利用甚至创造新技术和新知识的基础之上，否则将在频繁的技术变革与产品创新中落后并逐渐失去其销售额（Duncan，1972；Miller，1988）。Utterback（1996）直接指出，高技术动态性能够激励企业对突破性产品技术的开发，以提高自身的利润、吸引顾客和获取市场份额。Koberg等（2002，2003）基于复杂性理论和信息处理理论，认为高环境动态性能降低组织能力惯性和管理惯性，使企业的成长和发展在更为广泛的创新空间中选择，他们通过对美国航空、电子元器件和通信三大产业192位企业CEO的问卷调查进行分析，证实环境动态性对不连续创新具有正向影响。

基于以上分析，本书提出假设1。

假设1：技术动态性对企业技术不连续创新具有正向影响。

4.1.2　市场动态性与不连续创新

（1）市场动态性与技术不连续创新

市场动态性是指企业市场需求变化的不稳定和不确定性程度（Helfat et al.，2007；Lichtenthaler，2009），包括顾客构成、顾客偏好变化的异质性和不稳定性（Jaworski，Kohli，1993；Slater，Narver，1994；Gatignon，Xuereb，1997），以及新顾客涌现的速度（Atuahene-Gima et al.，2006）。市场动态性往往导致企业已有产品基础和市场竞争基础的迅速过时，例如在电子和通信等技术领域，不断快速变化的市场需求使企业只有不断开发新的技术和新的产品才能在竞争中生存和繁荣。

1978年实行改革开放后，我国实现了计划经济向市场经济的根本性转变，短缺经济时代终结了，取而代之的是买方市场时代的来临。在此背景下，消费者的消费偏好和消费行为发生急剧转变，以前那种一成不变的消费模式一去不复返，消费偏好和消费行为的多样化、异质性和不确定性逐渐增强，市场更具动态性，为企业突破性创新和破坏性创新提供了强大的压力和动力。一般情况下，当企业与不同的竞争对手进行竞争或者其顾客类型更加多样化时，企业往往能够对现有的市场需求领悟更多，并深化对已有市场需求的理解，进而激励自身采取顾客体验设计、领先用户分析等措施，并探索新技术、新知识以满足或超越当前顾客对技术性能的追求。

高市场动态性能够为企业不连续创新提供全新的思想、创意和知识，有利于企业在技术研发、产品开发和市场开发中探索新的方向、试验新的方式。例如，非干道休闲摩托车市场（off-the-road-recreational motorbike market）的发现使本田公司开发全新的车型，并保证其进入美国市场后大获成功，而这种新车型的成功需要企业建立和开发新的价值网络，因此相对于公司以前的产品来说是一种不连续创新（Christensen，1997）。Miller和Chen（1994）指出，市场动态性能够使企业获取新的创意和想法，促使企业进行更多的技术探索和技术变革。另外，高市场动态性还能使企业从不同的信息来源中获取多种类型信息，启发试验以及采取多种市场竞争行为，降低企业竞争惯性（Miller，Chen，1994）。相反，当企业在相对狭窄的市场与相似的竞争对手进行竞争，或者面对同一类型的顾客需求时，那么企业将处于一种贫瘠的和同质性的学习环境之中，最终导致竞争惯性的产生(Levitt,March,1988；Levinthal,1991)，从而不利于探索和利用新的技术。

据此,本书提出假设2。

假设2:市场动态性对企业技术不连续创新具有正向影响。

(2)市场动态性与市场不连续创新

本书认为,市场动态性除了能够加深企业对已有顾客需求的领悟和理解,进而促进突破性创新之外,还能够催生更多新的利基市场。Dean 和 Meyer (1996)指出,顾客口味和需求偏好的变化改变了需求的性质,并因此改变了顾客对产品需求的类型与数量,从本质上看,市场动态性越高,全新的利基市场(组织经营和生存的资源空间)越容易出现,或者使特定的产业需求分拆为两个或更多。这样,利基市场的不断出现大大鼓励了企业家精神和新创企业的形成(Dean,Meyer,1996),并能够为企业市场不连续创新的实施提供资源支持。在这种情况下,新兴市场或者与之同时产生的新兴顾客往往愿意为企业破坏性创新的资源投入买单,为破坏性创新的成功奠定必要的资源基础(Christensen, 1997)。Govindarajan(2011)对顾客导向与破坏性创新之间关系的研究为上述观点提供了直接支持,他认为企业新兴顾客导向,包括开发新兴市场或新兴顾客所需的知识、为超本地搜索分配财务和人力资源、识别潜在的顾客并与之建立联结和沟通渠道等,将使企业超越当前顾客能力的约束进行破坏性创新,其观点最终得到了实证结果的证实。

Miller 和 Chen(1994)发现,市场动态性能够使企业获取新的创意和想法,促进企业的探索和变革(Khandwalla,1973),最终有利于降低企业竞争惯性。他们指出,当企业与不同的竞争对手进行竞争或者当其顾客类型多样化时,企业能够在市场需求和各种可能性方面领悟到更多(Hambrick,1982),这使其能够从不同的信息来源中获取多种类型信息,并启发试验进而采取多种竞争行为;相反,企业在相对狭窄的市场与相似的竞争对手进行竞争或者面对同一类型的顾客,将使企业处于一种贫瘠的和同质性的学习环境中,最终导致竞争惯性的产生(Levitt,March,1988；Levinthal,1991)。

据此,本书提出假设3。

假设3:市场动态性对企业市场不连续创新具有正向影响。

4.1.3　竞争敌对性与不连续创新

（1）竞争敌对性与技术不连续创新

本书对竞争敌对性的界定主要聚焦于价格相关的敌对性，表明了产业中基于成本缩减和价格降低的竞争强度（Grant，1995；Zahra，Bogner，2000）。高竞争敌对性通常意味着企业的外部竞争环境对企业创新和发展来说是一种不利条件或威胁（Child，1972；Khandwalla，1973；Miller，Friesen，1978；Miller，Friesen，1982b，1983；Covin，Slevin，1989；Dean Jr，Sharfman，1993；Zahra，1993；Miller，1994；Slevin，Covin，1997），例如，人力资源、财务资源、原材料等物质资源和市场机会的缺乏（Aldrich，1979；Miller，Friesen，1982a；Covin，Slevin，1989；Zahra，Covin，1995；Zahra，1996b；Lumpkin，Dess，2001），企业之间边际利润很低（Miller，Friesen，1983；Potter，1994），市场容量的不足（Dess，Beard，1984）等，从而不能支持大量企业的成长（Dess，Beard，1984）。

在环境敌对性与创新战略之间关系的问题上，已有研究表现出两种截然不同的结论。例如，Miller 和 Friesen（1983）通过对美国 48 个高绩效企业样本数据进行研究，发现环境敌对性与创新正相关。但是，他们利用加拿大 40 个高绩效和低绩效企业样本数据进行的研究却得出了相反的结论，最终他们指出："环境敌对性与创新之间没有简单的关系……在这个问题上需要进行更多的研究。"

对于竞争敌对性与技术不连续创新之间的关系，一种观点认为，在高竞争敌对性甚至市场竞争异常残酷的情况下，企业将定位于"紧密控制分权"的防守型战略，如保留有限的财务资源（Lumpkin，Dess，2001）。正如 Miller 和 Friesen（1983）所说，"当竞争条件变得非常残酷的时候，企业开展风险采纳、前瞻性和新颖性的组织活动是非常冒险的"。然而，也正因为如此，由于企业战略决策制定和战略选择的有限性，企业试验全新战略的组织冗余或可用资源成为可能（Lumpkin，Dess，2001）。因此，高竞争敌对性在约束外部资源可用性的情况下，将激发企业将其有限的财务资源和人力资源用于试验、探索、学习和掌握截然不同的新知识和新技术方面，以促进企业能够在激烈的市场竞争中占据有利位置，努力提升自身的利润率和维持市场份额。Stopford 和 Baden-Fuller（1994）通过对欧洲 4 个成熟产业 10 个公司的研究发现，为了响应外部环境敌对性,公司将加强与自身生存密切相关的创业活动,尽管这种活动对企业绩效没有明显的影响。

另一种观点认为,竞争敌对性将约束企业的战略选择,有赢利前景的创新战略将会被扼杀,而只有在竞争敌对性很低的情况下,企业才更倾向于追求成本较高的创新战略,因为那些高风险创新工程的潜在损失将能够被更好地消化吸收(Miller,Friesen,1983;Rosenbusch et al.,2007)。Zahra(1996)认为,竞争敌对性将会降低公司的利润水平和研发支出强度,重新修订研发项目的优先权,并降低突破性的产品创新和流程创新,驱动企业开发渐进性的产品技术与流程技术以弥补利润的降低和保护企业市场份额。Zahra 和 Bogner(2000)进一步强调,随着竞争敌对性的上升,外部可用资源水平的降低、企业内部紧张的利润和有限的现金,加上突破性产品与企业当前主流产品在基本技术属性上的背离,决定了突破性创新的高风险性和高成本性,企业将以技术跟随的方式参与竞争,而非开发和引入突破性的产品。

基于以上分析,本书提出一对竞争性的假设,即假设4。

假设4a:竞争敌对性对企业技术不连续创新具有正向影响。

假设4b:竞争敌对性对企业技术不连续创新具有负向影响。

(2)竞争敌对性与市场不连续创新

对于竞争敌对性与企业不连续创新之间的关系,从企业对市场竞争的响应方面来看,已有研究指出,激烈的市场竞争挑战了在位企业的产业位置,并促进新创企业或中小型企业的产生,这在客观上促进企业创新的同时使其加强对顾客需求的响应(Luo,2003)。从顾客市场需求特征方面来看,当竞争敌对性很高的时候,顾客将对新的产品功能和配送效率具有更高的要求,企业的战略选择将以降低成本或者索取较低的价格为典型特征,因为此时企业的成功需要有效的成本控制战略(Zahra,Bogner,2000)。另外,当顾客的基本需求被现有产品满足后,他们在制订产品购买方案时更加倾向于强调价格而非更加优越的技术性能(Zahra,Bogner,2000)。这与 Christensen(1997)的研究结论相一致,即破坏性创新正是起源于对当前主流市场中毫不起眼的产品属性的重大改进,相对于已有主流产品,这些产品通常功能更为简单、价格更为便宜、质量更加可靠或者购买更为便捷,而新市场或新兴市场中的少量顾客也能够为破坏性创新产品提供资源上的支持。Zahra(1993)指出,"当市场竞争非常激烈的时候,公司必须在产品和流程方面进行创新，并努力探索新的市场，发现新颖的竞争方式，以及区别如何与竞争对手有所差异化"，他通过对 6 个产业 102 家企业的观察发现，竞争敌对性与企业业务的"重新定义"正相关。

据此，本书提出假设 5。

假设 5：竞争敌对性对企业市场不连续创新具有正向影响。

4.1.4　政策敌对性与不连续创新

（1）政策敌对性与技术不连续创新

本研究将政策敌对性界定为由于政策设计或重新设计所导致的稀缺资源配置和市场机会分布方面的变化，并由此形成对企业持续成长的一种资源、法律约束。从资源供给的战略选择视角来看，制度变革释放了资源（如财务资源）（Dean，Meyer，1996；潘越等，2009；罗党论，唐清泉，2009），为中国企业对外投资（罗党论，唐清泉，2009；陈运森，朱松，2009）、并购（潘红波等，2008）、多元化经营（蔡地，万迪，2009）等提供了机会。另外，在中国制度转型情境下，以产权为基础的法律框架的不完善、政治结构不稳定、战略要素市场不成熟等，制约了企业从市场获取成长所需的管理资源、财务资源（Peng，Heath，1996）。政府等机构通过制度设计和管制规范，掌握着多种战略资源的控制权和分配权，如资金和项目审批权，能够为企业提供资金、信息、技术和政策等方面的支持（Walder，1995；Peng，Luo，2000；Li，Atuahene-Gima，2001）。因此，政策变化也是中国企业生存和顺利发展必须考虑的关键因素之一。

在中国新兴经济情境下，政府严格的产业管制、对战略性资源的控制、政治和行政管理中的模糊性与不确定性等，严重制约了企业稀缺资源的可获得性以及市场机会的可利用性，甚至成为企业生存与发展中的强制性障碍和关键威胁。尽管如此，我们认为政策敌对性与企业突破性创新之间也存在竞争性的观点。

一种观点认为，随着我国政府放松产业管制和私有化进程的推进，特别是近年来关于"大力引进外资"、"国家技术创新工程"、"自主创新"、建设"创新型国家"/"创新型企业"战略的陆续提出和全面深化，加上政府通过创新项目的审批、税收减免、财政补贴、贷款优惠等一系列配套措施释放了其所掌握的关键性资源，为企业获取、利用和开发突破性的前沿技术和新兴技术提供了强劲的动力。例如,政府通过在高技术项目上的经费支持和高技术水平设备进口财政补贴等措施,鼓励企业从事高技术水平的新产品与新技术的研发活动。政府还通过企业技术信息和产品信息的发布和宣传为企业突破性创新的快速商业化提供了有力支持,进而加速企业突破性创新。

相反,另一种观点认为,以产权为基础的法律框架的不完善、政治结构不稳定、战略要素市场不成熟等,制约了企业从市场获取成长和发展所需的管理资源、财务资源(Peng,Heath,1996),对企业识别和利用机会产生一系列不利条件(Miller, Friesen,1983;Covin, Slevin,1989),最终约束了企业创新战略选择的空间;同时,经济的不稳定性和行政管理的不稳定性(Guthrie, 1997;罗党论,唐清泉, 2009),导致了外部市场机制缺乏效率以及政府监管和规制的模糊而粗放(张建君,张志学,2005),严重降低了外部信息的真实性、可靠性以及扩散的及时性,往往使企业不能获取足够有效的创新资源。

另外,政策敌对性使企业管理者将其注意力和企业有限的资源更加聚焦于构建和维持与政府机构或有关官员之间的网络或连带关系等非市场行为,而非用于增强自身的技术能力、管理水平和组织能力,从而抑制企业突破性创新的决策,并限制突破性创新过程中的资源分配。Davies 和 Walters(2004)指出,在我国新兴制度情境下,理性的高级管理者需要花很多时间和精力来识别关键的政府官员,并通过送礼等与之建立和维持良好的关系,而这是企业高级管理者的一项密集型活动,尽管高级管理者的时间是一种稀缺资源,但是这种稀缺资源的花费是有价值的。Peng 和 Luo(2000)研究发现,我国企业的产品质量和高管—政府官员之间的连带关系呈现负相关性。

基于以上分析,本书提出一对竞争性的假设,即假设 6。

假设 6a:政策敌对性对企业技术不连续创新具有正向影响。

假设 6b:政策敌对性对企业技术不连续创新具有负向影响。

(2)政策敌对性与市场不连续创新

近年来,我国提出并大力实施的"走出去"战略以及《国务院关于加快培育和发展战略性新兴产业的决定》的出台,培育了更具多元和异质性的商业环境(Davies,Walters, 2004;Tan et al. , 2007),为我国企业新市场或新兴市场的开拓提供了战略性机遇。但同时,在中国制度转型情境下,仍然存在的一些障碍给企业的生存与发展带来了压力,如区域保护、有限的资本、过时的技术、不发

达的知识产权保护体系、激烈的国内市场竞争、严格的政府管制等,迫使企业不
得不寻求外部新市场或新兴市场。因此,政策敌对性将导致企业超越当前顾客
需求的限制,将自身财务资源和人力资源用于跨组织边界、跨地理边界的扫描、
搜索、探索和再探索,促进企业识别潜在的顾客并与之建立良好的顾客关系、构
建密切的信息沟通渠道以及开发满足其需求的相关技术与产品。

因此,政策敌对性将使企业摆脱当前高管认知、资源分配模式和顾客能力
的约束,增强企业新兴顾客导向,使其从"组织愿景边缘的模糊区域"捕捉微弱
的信号,有利于企业破坏性创新(Govindarajan et al.,2011)。

据此,本书提出假设7。

假设7:政策敌对性对企业市场不连续创新具有正向影响。

总结来看,环境动荡性的不同维度对不连续创新的影响作用如图 4.1
所示。

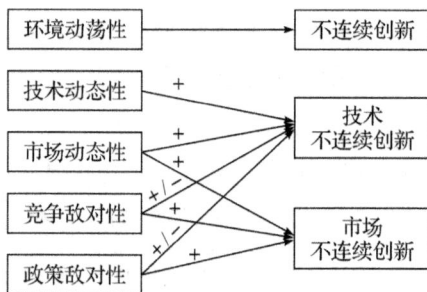

图 4.1　环境动荡性不同维度对不连续创新的影响作用

4.2　动态能力与不连续创新

为了应对技术环境和市场环境的快速变化,一些学者提出,企业必须开发
动态能力,以对内外资源、技能和能力进行整合和重构(Teece,Pisano,1994;
Teece et al.,1997)。随着世界经济与贸易全球化的快速发展,中国 1978 年提
出并全面深入实施的改革开放政策从根本上改变了我国的经济与社会制度基
础,技术变革与技术进步、全球市场竞争,经济体制改革、政府治理结构转变,吸
引外资、鼓励企业"走出去",政府产业管制政策的放松和私有化等,都创造了一

个更加多元、异质和不平衡的商业环境（Davies，Walters，2004；Tan et al.，2007）。为此，一些学者指出企业必须及时转变传统的管理假设、管理标准和决策制定方式，并对其业务进行真正的转变（Tan，Litschert，1994；Peng，Heath，1996；Zhou et al.，2006），不连续创新能够使企业及时把握住由环境变化所产生的大量机会（Bessant et al.，2005；Phillips et al.，2006a，2006b），为企业克服衰退和恢复成长能力，并生成新的核心能力和重构竞争优势，进而实现赶超提供了机会。

本研究认为，动态能力理论向微观认知机制的深入发展（Gavetti，2005；Teece，2007；Hodgkinson，Healey，2009；高若阳，2010；邓少军，芮明杰，2010），作为一种高阶的组织能力（Collis，1994；Zollo，Winter，2002；Winter，2003），学术界一致认为动态能力是组织对外部环境的一种"主动加工"过程（高若阳，2010），有利于企业开展创造性搜索和战略性意义建构（Pandza，Thorpe，2009）。这为增强不连续创新的感知重要性、打破企业已有路径依赖和组织惯例，为不连续创新这种高度不确定性和模糊性的活动提供了非常合适的路径（Salomo et al.，2007；O'Connor，2008；O'Connor et al.，2008）。因此，本部分的总体假设是：动态能力对企业不连续创新具有正向影响。

4.2.1 理论基础与研究视角

在战略管理研究领域，大量的文献聚焦于组织如何有效适应快速变化的环境，其中一种观点基于路径依赖性、组织惯性和核心刚性（Nelson，Winter，1982；Hannan，Freeman，1984；Henderson，Clark，1990）等主导逻辑，认为组织难以有效适应环境的快速变化；而另一种观点则基于组织"双元性"（ambidexterity）（Benner，Tushman，2003）或"间断均衡"（punctuated equilibrium）（Gersick，1991；Romanelli，Tushman，1994；Burgelman，2002）、跨边界技术搜索（Rosenkopf，Nerkar，2001；Phene et al.，2006；Jiang et al.，2010）等主导逻辑，认为组织能够采取主动措施有效应对环境的剧烈变化。

本书认为，导致这两种截然不同观点的主要原因是缺乏对企业认知、组织行为等方面深入而具体的研究，仅简单地从企业基本特征如规模、成长年限、是否在位等方面进行研究，必然导致研究结果的片面性和肤浅性。从微观层次来看，创新对企业或顾客来说是新思想和新流程的产生或引入（Garcia，

Calantone,2002)，创新活动受现有顾客偏好以及组织流程和组织惯例的约束。基于奥地利经济学这一理论基石，将组织认知和创新搜索等不同的视角进行组合来理解动态能力如何驱动不连续创新是非常必要的。

（1）组织认知理论视角的创新

从组织认知理论的视角分析，不连续创新所需技术或知识的技术特征/属性与企业已有的技术或知识的技术特征/属性或知识特征/属性存在较大的距离，属于认知远距型知识（姜黎辉，2007）。Noteboom（1999）在"弱连带"（Granovetter，1982）和"吸收能力"（Cohen，Levinthal，1990）概念的基础上提出了"认知距离"的概念，认知远距型知识具备产生更新颖创新的优势，并具有非冗余性和新颖性的特征，能够使企业摆脱"熟悉陷阱""成熟陷阱"和"临近陷阱"，成为企业不连续创新的基础（Ahuja，Morris Lampert，2001），但搜索和掌握此类知识由于涉及缺乏共同的知识基础、经验以及相似的情境等因素而变得复杂和困难（Phene et al. ,2006；姜黎辉，2007）。因此，由于不连续创新是基于认知远距型技术或知识的创新（Ehrnberg，1995），企业内部缺乏开展这类创新的技术知识、市场知识、经验和文化，对不连续创新的决策以及实施是困难的。

（2）创新搜索理论视角的创新

在创新研究领域，大量的文献强调了搜索的重要性（Gavetti，Levinthal，2000；Fleming，2001；Rosenkopf，Nerkar，2001；Katila，2002；Katila，Ahuja，2002；Fiet et al. ,2005,2007；Grimpe，Sofka，2008；Zhang，Li，2010）。例如，Nelson 和 Winter（1982）认为搜索是一项问题解决活动，是组织学习过程的一个重要组成部分，以在这个不确定的世界中解决问题（Huber，1991）。通过搜索，组织提高了当前技术，学习和开发了新的技能，适应了环境的变革（Huber，1991；Katila，Ahuja，2002）。研究表明，搜索赋予了企业一系列可选择优势，有利于企业发现多样化的资源，寻找最优制造方法、更好的组织设计、实施新的创新的最好方法，发现机会，获得技术先行者优势等（Cantner，Pyka，1998；Katila，Ahuja，2002；Fiet et al. ,2007；Smith，Cao，2007）。而 Zhang 和 Li（2010）在研究集群中服务中介对企业新产品创新绩效的影响时，将创新搜索促进新产品开发的影响机制概括为两个方面：扩大搜索范围、降低搜索成本。

针对不连续创新，由于这种创新类型的特征以及对技术或知识性质要求的不同，学者们一致强调了超本地搜索的重要作用。例如，Rosenkopf 和 Nerkar（2001）

从组织边界和技术边界两个维度将知识探索划分为四种类型,他们对光盘技术领域中3598件专利数据的研究结果表明,对于光盘技术的演化来说,在相同技术领域的跨组织边界探索将产生最大的影响效应;对于光盘技术领域外的技术开发来说,跨组织边界和跨技术边界的探索将产生最大的影响效应。Phene等(2006)则从技术边界和地理边界两个维度更为深入地探讨了创新搜索对不连续创新的影响。他们基于吸收能力理论的视角,以美国生物技术产业中的专利数据为样本进行研究,最终的结果证实:同一国家情境下技术远距型知识对不连续创新具有倒U形影响效应,跨国情境下的技术临近型知识对不连续创新具有正向影响效应,而同时在技术和地理两个维度进行探索对不连续创新是不利的,跨国情境下的技术远距型知识对不连续创新则没有显著的影响效应。

以下将从这两个视角具体分析动态能力的构成维度,即从机会感知能力、资源整合能力和组织重构能力对不连续创新的影响作用角度分析并提出相应的假设。

4.2.2　机会感知能力与不连续创新

在动态环境下,感知能力能够促进企业有效地配置和部署资源以对变化的环境进行响应(Eisenhardt,Martin,2000),进而有利于构建和维持竞争优势(Day,1994;Teece et al.,1997)。Teece(2007)对机会感知能力的性质及其微观基础进行了具体的描述。他认为,在快节奏、全球竞争环境下,顾客需求、技术机会和竞争者行为的不断变化,为新进入企业和在位企业打开了新的机会窗口。但是,并非所有的企业都能识别和把握这些机会,它需要不断地跨技术边界和市场边界的扫描、搜索和探索,包括加强研发投资、探索和再探索顾客需求,理解潜在的顾客需求、产业和市场结构的演化以及供应商和竞争对手的响应,甚至制订新的组织惯例(O'Reilly Ⅲ,Tushman,2008)。

因此,企业机会感知能力越强,就越能够更好地理解技术突破性创新或市场突破性创新的潜在价值,也就越能前瞻性和主动性地实施突破性创新。其原因包括:首先,通过跨技术边界和市场边界的扫描、搜索和探索,企业能够精确地把握技术发展和技术变革的趋势,深入了解市场需求和潜在市场需求的特点,以超越竞争对手和顾客的认知创造和利用新技术、识别和开拓新市场或新兴市场;其次,机会感知能力有利于企业增强突破性创新在更新其核心能力和重构竞争优势方面的感知重要性，加深管理者对突破性创新的思想认识，提升自身战略导向的前瞻性、创新性和风险承担性，并加强对高模糊性和不确定性创新工程的资源承诺和管理承诺；最后，企业跨技术边界和市场边界的扫描、搜索和探索活动的开展，有利于企业超越组织当前的经验与认知的局限，获取"认知远距型"的新技术和新知识，使其在当前主导产品或主导技术领域之外进行创新。

据此，本书提出假设 8。

假设 8：机会感知能力对企业不连续创新具有正向影响。

假设 8a：机会感知能力对技术不连续创新具有正向影响。

假设 8b：机会感知能力对市场不连续创新具有正向影响。

4.2.3 资源整合能力与不连续创新

Teece(2007)提出，整合能力是组织对独立的子系统进行联结的能力。通过资源整合，企业才能够有效地识别现有资源的内在价值并整合资源以创造新的价值(Amit,Schoemaker,1993)，它对企业战略优势的实现具有越来越重要的作用，甚至成为企业持续竞争优势的来源(Teece,Pisano,1994；Teece et al.，1997)。随着经济全球化和技术资源全球性配置趋势的不断深化，大量的发明、创新和制造资源比以往更加分散(Teece,2000)，必须将外部资源和技术快速而有效地整合起来才能取得战略优势。类似的，O'Reilly Ⅲ 和 Tushman(2008)进一步强调，经营能力使企业在特定的时间获取竞争优势，但是企业的长期成功则需要对资源进行重新分配，以从那些成熟和衰退的业务领域转向新兴和正在成长的业务领域。

具体来看，资源整合能力增强了企业协调柔性(Gilbert,2005；Zhou,Wu,2010)，即加强企业成员之间或者组织不同职能部门之间的沟通与协调，一方面促进对外部新技术和新知识的吸收能力(Van den Bosch et al.，1999)，另一方面促进了新技术和新知识在企业内的广泛传播和扩散。这不仅有利于组织降低不连续创新的"新颖性障碍"或"非此地发明综合征"，并且有利于降低不连续创新的高度模糊性和不确定性，使组织增强不连续创新决策和实施的动力，克服由不连续创新所导致的组织对变革的焦虑心理。另外，企业通过对外部新技术和新知识与企业内部已有技术和知识的整合，极大地提高已有产品的效率、改善其性能甚至创造满足顾客需求的全新产品,能够促进企业效益的大幅提高,增强了组织对不连续创新的感知激励性。

据此,本书提出假设9。

假设9:资源整合能力对企业不连续创新具有正向影响。

假设9a:资源整合能力对技术不连续创新具有正向影响。

假设9b:资源整合能力对市场不连续创新具有正向影响。

4.2.4　组织重构能力与不连续创新

组织重构能力强调根据环境的变化,克服组织原有的路径依赖和组织惯性,从而实现各种知识要素之间的匹配(Teece,2007)。Teece(2007)认为,在环境动态变化的情境下,企业持续赢利的关键是根据技术和市场变化重组和重构已有的资产和组织结构,如克服认知限制和偏见、对组织结构和组织惯例进行重新设计等,而已有的组织惯例将使企业对根本性变革产生强烈的内部抵制,妨碍其在更为重要的新领域或新兴领域进行投资,最终导致企业衰退甚至失败。O'Reilly Ⅲ和Tushman(2008)指出,为了增强和提升企业重构能力,管理者首先需要具有设计组织系统的能力、激励并对组织结构进行重新设计的能力、对不同单元的优势资产进行整合的能力(Helfat,Peteraf,2003)以及配置适当的人员的能力(Lubatkin et al.,2006)等。

本书认为,组织重构能力能够使企业打破已有路径依赖和组织惯例的约束,对不连续创新提供必要的支撑。可从四个方面进行分析,第一,组织重构通过对已有企业经营哲学、经营思想和组织文化的破坏,使组织形成一种接受变革的新的文化。第二,组织重构能力有利于企业实施大规模的结构性变革,如对组织结构、部门职责以及组织制度与规则等的重新设计、对组织目标进行重新界定、对部门人员重新分配等,促使在组织范围内形成一致的愿景、共同的目标和语言,有利于打破部门障碍,促进新知识、新技术的快速传播和广泛扩散。第三,组织重构能力有利于在组织内部激发建设性的冲突,并从多个视角进行综合分析,使企业做出对其长期发展来说更优的战略选择(Danneels,2008)。第四,组织重构增强了企业的资源柔性和协调柔性(Gilbert,2005;Zhou,Wu,2010),前者包括改变资源存在的物理位置、资源分配方式(Christensen,1997)以及资源分配意愿(Chandy,Tellis,1998),后者改变资源投资中的组织流程、增强不同职能单元之间的协调等,有利于加速企业不连续创新决策的实施过程。

据此,本书提出假设 10。

假设 10:组织重构能力对企业不连续创新具有正向影响。

假设 10a:组织重构能力对技术不连续创新具有正向影响。

假设 10b:组织重构能力对市场不连续创新具有正向影响。

总的来说,基于组织认知和创新搜索的视角,动态能力构念中的机会感知能力、资源整合能力和组织重构能力等不同维度对不连续创新的作用机制可以表示为图 4.2。

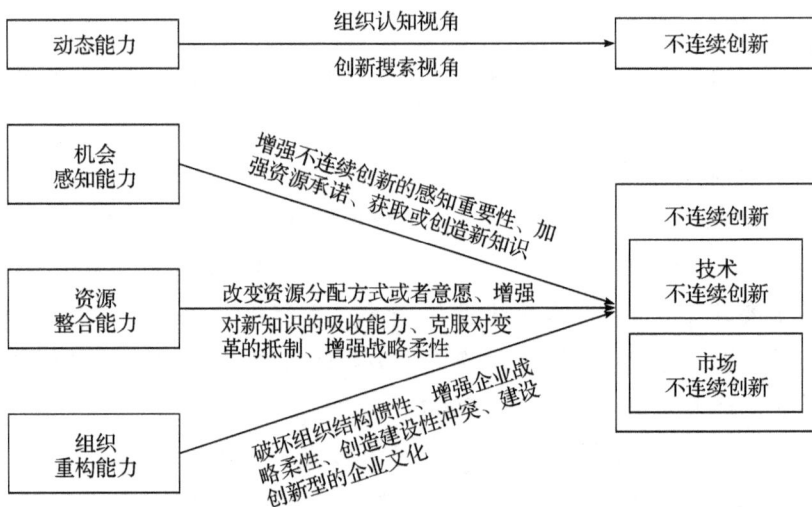

图 4.2　动态能力不同维度影响不连续创新的内在机制

4.3　环境动荡性与不连续创新:动态能力的中介作用

环境动荡性对企业不连续创新具有明显的影响作用,其中环境动态性对不连续创新的影响效应已经得到了证实(De Tienne,Koberg,2002;Koberg et al.,2003;Zhou et al.,2005),然而,本研究认为环境特征对不连续创新的影响作用取决于企业组织能力的强弱。因为企业仅仅感知到环境动态性和敌对性变化对不连续创新的战略决策与实施来说是远远不够的,企业还必须具有及时调整研发方向、重新进行资源配置以及组织优化重组的能力,才能确保不连续创新的成功。令人遗憾的是,这方面的理论探索和现实认识还非常缺乏。

上述论证表明,环境动荡性能够直接影响企业不连续创新,动态能力也能影响企业不连续创新,那么是否可以推断动态能力在环境动荡性与企业不连续创新之间扮演着重要的中介角色?根据已有研究,动态能力能够使企业有效应对高度复杂和模糊性的任务,为培育、实施和维持不连续创新提供了一个非常适合的工具、路径或机制(Salomo et al.,2007;O'Connor,2008;O'Connor et al.,2008)。因而,可以初步论断,动态能力在环境动荡性与不连续创新之间扮演着重要的中介角色。具体分析如下。

机会感知能力能够促进个体或组织根据环境变化有效地配置和部署资源(Eisenhardt,Martin,2000)。感知能力的培育和增强意味着企业不断地采取跨技术边界和跨市场边界的扫描、搜索和探索活动,例如:在研发方面进行投资以挖掘各种技术可能性,探索和再探索顾客需求,加强竞争情报的收集,制定新的组织惯例,跟踪新技术的变革和发展趋势,理解潜在的顾客需求、产业和市场结构的演化以及加强对供应商和竞争对手的响应等(Teece,2007;O'Reilly Ⅲ,Tushman,2008)。环境动荡性的变化为企业实施不连续创新带来了重大的机会,但对这种机会的把握需要企业实施上述一系列活动才能将其转变为现实。因此,机会感知能力在环境动荡性与不连续创新之间具有中介作用。

通过资源整合能力,企业才能够有效地识别现有资源的内在价值并整合资源以创造新的价值(Amit,Schoemaker,1993)。它为企业将其所感知到的外部机会或威胁转化为实际的行动方案或活动(如资源分配、投资剥离等)提供了有利的通道,因此在环境动荡性与不连续创新之间扮演着积极的中介角色。这种中介角色具体体现在三个方面:第一,增强资源分配与产品设计中的柔性,有利于企业采纳外部新的技术和试验不同的产品方案(Worren et al.,2002);第二,增强企业资源利用中的协调柔性(Gilbert,2005;Zhou,Wu,2010),使组织打破制度化的对外部环境解释、诠释和分析的流程,产生新的观点;第三,通过高效而灵活地利用资源,组织克服对变革的焦虑心理(Zahra et al.,2006)。

重构能力强调根据环境的变化,改变和重组企业现有知识的过程,并克服原有组织结构所具有的惯性，从而实现各种知识要素之间的匹配（Teece，2007）。组织重构能力则强调设计组织系统的能力、激励并对组织结构进行重新设计的能力（O'Reilly Ⅲ，Tushman，2008）、克服管理者认知限制和框架偏见甚至对商业模式进行重新设计的能力（Teece，2007）等。组织重构能力有利于企业克服组织惯性和增强战略柔性（Gilbert，2005；Zhou，Wu，2010），以打破已有结构、流程、人员与文化之间的一致性，并通过结构重塑、流程变革、人员职责以及制度的重新设计等，在组织范围内形成一致性的目标和共同的语言，最终产生快速而有效的响应，为企业认识到不连续创新的潜在价值提供了一种途径。

基于以上分析，本书提出以下假设。

假设 11：机会感知能力在环境动荡性与不连续创新之间扮演中介角色。

假设 11a：机会感知能力在环境动荡性与技术不连续创新中扮演中介角色。

假设 11b：机会感知能力在环境动荡性与市场不连续创新中扮演中介角色。

假设 12：资源整合能力在环境动荡性与不连续创新之间扮演中介角色。

假设 12a：资源整合能力在环境动荡性与技术不连续创新中扮演中介角色。

假设 12b：资源整合能力在环境动荡性与市场不连续创新中扮演中介角色。

假设 13：组织重构能力在环境动荡性与不连续创新之间扮演中介角色。

假设 13a：组织重构能力在环境动荡性与技术不连续创新中扮演中介角色。

假设 13b：组织重构能力在环境动荡性与市场不连续创新中扮演中介角色。

4.4 不连续创新与组织绩效

不连续创新是导致企业技术基础、市场基础或这两个方面都发生重大变化的创新（魏江，冯军政，2010），尽管渐进式创新对企业的发展非常重要，但企业的长期、快速发展需要不连续创新（Kaplan，1999；Hang et al.，2006）。在制度转型背景下，面临经济技术全球化、制度框架不完善、企业内部资源与能力等的多重约束，中国企业的适应性成长具有典型的不连续性成长特征（吴晓波等，2009a），展现出"探索—学习—探索"的独特发展路径（Lynn et al.，1996；熊军，章凯，2009）。在中国改革开放的头 30 年，一些企业根据环境的动态变化，通过一系列的不连续创新，在短时间内迅速扩大企业的规模和提升企业实力，如海尔、华为、联想、格兰仕等本土企业不仅发展成为行业"全国冠军",而且还在海外进行大量的直接投资,在短时间内迅速发展成为具有一定世界影响力的大型跨国公司(Child,Rodrigues,2005)。

这些企业的成功不仅对中国其他企业如何快速适应环境的动荡变化具有重要战略借鉴意义,同时也对那些在市场竞争中已经取得巨大成功的在位企业如何摆脱"成功综合征"(Tushman,1998)、创新惰性和管理者的认知惯性具有一定的借鉴意义。另外,与西方相对成熟、稳定的制度环境和产业环境相比,中国企业所面临的技术环境、市场环境和政策环境具有更高的动态性和不确定性,使得中国企业在成长和发展的过程中不得不时刻警惕各种不可预知的变化,如果一味囿于其固有的技术轨迹、业务领域或市场范围进行渐进式创新,那么将使企业的长期发展面临致命的威胁和巨大的机会成本(魏江等,2011)。

尽管一系列研究指出,不连续创新能够极大地提升已有产品的技术性能、显著地降低成本、开发新的功能(Tushman,Anderson,1986;Anderson,Tushman,1990;Rice et al.,1998,2002;Leifer et al.,2000)、开发新的产品线、开辟新的业务领域、转变与顾客和供应商之间的关系(Lynn et al.,1996;Leifer et al.,2001)以及开发新的市场或新兴市场等(Christensen,1997),被认为是动荡环境下企业适应性形成的主要途径(Romanelli,Tushman,1994;Eisenhardt,Tabrizi,1995;魏江 et al.,2011),但是,已有学者主要将研究建立在理论分析或者案例研究的基础上,更为关键的是,这些研究的理论分析视角不清晰、不明确,研究结论的可信性和普适性受到了很大的挑战。

本研究基于知识吸收能力的视角认为,不连续创新对组织绩效的影响效应将在达到一个较高的水平后开始下降,即不连续创新对组织绩效的影响效应呈倒 U 形曲线关系。

4.4.1 理论基础与研究视角

(1)组织绩效构成维度的界定

在企业战略研究领域,竞争优势和组织绩效的概念常常被互换使用(Porter,1985),但是目前为止这两个构念已经被公认为是有区别的(Powell,2001)。Newbert(2008)将竞争优势概念化为有利于企业成本降低、市场机会开发和防御竞争威胁的战略实施(Barney,1991),而该战略没有被当前的其他企业所实施;将组织绩效概念化为企业实施战略后所获得的经济租金(Rumelt et al.，1994)。他认为尽管竞争优势和组织绩效这两个构念是相关的,但是在理论上却是不同的,其中竞争优势是由企业资源—能力的利用所创造的经济价值,而组织绩效则是资源—能力的商业化所实现的经济价值,一系列实证研究也证实了两者之间的差异性。

已有研究指出,早期关于竞争优势及其对组织绩效影响效应的理论和实证研究中,大多将其限定在有限的时间框架之内来开展,而缺乏对长时间框架内竞争优势维持问题的关注(Wiggins,Ruefli,2002)。然而事实上,短期绩效和长期绩效对组织的生存和发展都非常重要,其中短期绩效只反映了组织第一阶段内的经营收益,而长期绩效则反映了组织第二甚至第 n 个阶段的经营收益。近年来在战略联盟(Lunnan,Haugland,2008)和多元化(Harrison et al.，1998;Richard et al.，2007)等领域的研究都强调了对组织长期绩效的关注。基于此,本研究将组织绩效区分为短期绩效和长期绩效两个维度进行研究。

对于组织绩效的测量问题,在战略管理研究中通常有三种测量方式:客观短期绩效测量方式、主观短期绩效测量方式和主观非短期绩效测量方式(Newbert,2008)。在实际操作过程中,由于数据收集的困难性以及企业出于保护商业秘密的考虑,一般情况下很难获取企业的客观短期绩效方面的数据。因此,主观短期绩效和主观非短期绩效测量方式是相对使用比较广泛的方法,前者包括销售额、利润率、收益率等测量指标,后者主要包括生产率、市场份额、满意度等测量指标。

本研究考虑到样本企业主要是中小企业以及民营企业或者私有企业,客观短期绩效数据的获取是非常困难的,因此主要采用主观绩效的测量方式。另外,根据已有的研究,并借鉴文献中对新创企业创业绩效的测量方式(蒋勤峰,2007),主要从主观短期绩效和主观长期绩效两个方面进行研究。

(2)知识吸收能力的视角

创新是动态环境下企业增强和提升组织适应性,实现持续竞争优势的关键。不同的理论都试图打开创新的驱动因素,其中吸收能力理论的视角是最有影响力的(Zahra,George,2002)。Cohen 和 Levinthal(1990)指出,企业的吸收能力,即"识别新信息的价值,消化新信息并在产品商业化过程中进行应用",是企业创新活动的关键。Zahra 和 George(2002)将吸收能力视为动态能力的一种,他们通过对已有吸收能力概念的总结和重新定义,指出"吸收能力"是"为了产生动态的组织能力,企业获取、消化、转变和利用知识的一套组织惯例和流程"。据此他们将吸收能力分为潜在吸收能力和现实吸收能力两种子能力,其中潜在吸收能力由知识获取能力和消化能力两个维度构成,现实吸收能力由转变能力和利用能力两个维度构成。企业为了进行创新,首先必须对外部来源的知识进行搜索、识别和评估;然后,将这些知识应用于具体的产品设计以进行产品创新(Carlile,2004;Smith et al.,2005)。

吸收能力具有历史依赖性和路径依赖性,是企业先前相关知识的函数,已有的知识基础决定了企业如何利用新知识以实现所期望的创新产出(Cohen,Levinthal,1990)。对于不连续创新,如果从创新程度的角度来看,每个企业都具有开展不连续创新的潜力,如企业每时每刻都在接触不同技术领域、知识领域的新技术、新知识,而只有那些能够识别和消化这些新技术、新知识,并将其在组织内部进行有效的整合利用的企业才能够实施不连续创新。例如,在创新搜索领域的研究中,尽管已有研究已经证实,超本地的跨边界搜索、组织边界和技术边界(Rosenkopf,Nerkar,2001)、技术边界和地理边界(Phene et al.,2006)具有非冗余性和新颖性的特征,能够使企业摆脱"能力陷阱"(Levitt,March,1988;Levinthal,March,1993)或"熟悉陷阱""成熟陷阱""临近陷阱",成为企业不连续创新的基础(Ahuja,Morris Lampert,2001)。但是,已有研究同时也指出由于信息超载、信息混淆和单项技术研发中的规模不经济性(Ahuja,Morris Lampert,2001),对新技术的过度探索也能产生有害的结果(Levinthal,March,1993),而企业吸收能力则为"获取、消化、转变和利用"(Zahra,George,2002)外部新技术和新知识提供了共同的知识基础、经验、实践以及解决问题的方法(Phene et al.,2006)。

基于此,本研究认为吸收能力为研究不连续创新如何影响企业竞争优势/组织绩效提供了极有力的视角,有助于进一步澄清不连续创新增强和提升组织绩效的内在机制问题。

4.4.2 不连续创新与组织绩效

已有研究表明,企业全新技术的引入和全新技能的开发,往往能够极大地提升已有产品的技术性能(5～10倍或者指数级提高)、显著地降低成本(30%～

50％）、创造新的产品功能（Tushman，Anderson，1986；Anderson，Tushman，1990；Rice et al.，1998，2002；Leifer et al.，2000）、开发新的产品线、开辟新的业务领域、转变与顾客和供应商之间的关系（Lynn et al.，1996；Leifer et al.，2001）以及开发新的市场或新兴市场等（Christensen，1997）。Miller 等（1982b，1984）认为，组织从根本上快速改变其正式结构、决策制定惯例和信息处理策略的企业比实施渐进性变革企业的绩效更好。类似的，Virany 等（1992）也指出，在响应基本环境变革的过程中，实施不连续转变的企业通常比没有转变或者过度转变的企业在绩效上表现更好。一系列对产业技术不连续性的纵向案例研究也证实不连续创新对组织绩效的显著推动作用。例如，在平板玻璃制造产业，Lubbers 机器的使用使整个玻璃制造产业的生产率由 150 英尺^2/时提升到 700 英尺^2/时，Colburn 机器的使用使产业生产率由 800 英尺^2/时提升到 1160 英尺^2/时，而浮法机器的使用则将产业生产率提升到 5700 英尺^2/时（Anderson，Tushman，1990）。Ehrnberg 和 Sjöberg（1995）通过对普通机床到数控机床的转变、独立的数控机床到柔性制造系统的转变以及非蜂窝到蜂窝移动通信的转变三个产业案例的研究表明，技术不连续中新技术的特征（互补性或替代性、对已有技术领域来说新技术的新颖性）能够通过改变企业愿景和技术进入障碍或流动性障碍而增加企业战略行为的多样性，进而增强和提升组织竞争优势（市场份额）。

市场不连续创新能够使企业进入新的市场或新兴市场、开发新的顾客、引进新的供应商和建立新的销售渠道、构建全新的价值网络或者改变已有顾客消费习惯和消费行为等（Abernathy，Clark，1985；Rosenbloom，Christensen，1994；Christensen，Bower，1996；Christensen，1997；Benner，Tushman，2003；Zhou et al.，2005；姜黎辉，2007），这种创新方式通常建立在更为简单的技术基础或知识基础之上，或者建立在全新的经营思想之上（Zhou et al.，2005）。例如，苹果 iPod、iPhone 和 iPad 手持设备的开发是市场不连续创新的典型案例，尽管它们在技术上并没有引入根本不同的新技术或前沿技术，但是对用户来说，却需要花很长的时间和很多的精力学习才能掌握全部的技术性能，更为关键的是，这些产品的开发将导致用户/顾客的感知价值极大提升。需要进一步指出的是，苹果 iPod、iPhone 和 iPad 等新产品开发突破了人们传统上对顾客价值的认识，使得产品本身的使用价值、品牌价值变得不再重要，而顾客体验和顾客参与,将为企业创造最大的竞争优势,进而持续提升企业的组织绩效。

然而,基于知识吸收能力理论的视角,本书认为不连续创新,特别是技术不连续创新,对企业组织绩效的影响作用呈现倒 U 形曲线关系,即技术不连续创新对组织绩效的正向影响效应在达到一个较高的水平后开始下降。具体可以从五个方面进行分析。

第一,从知识所属领域的角度看:技术不连续创新建立在完全不同的工程原理和科学原理的基础之上(Henderson,Clark,1990),与企业已有知识基础具有很大的隔阂甚至属于完全不同的技术领域(Ehrnberg,1995;Ehrnberg,Sjöberg,1995),是认知远距型知识(Nooteboom,1999),对已有技术具有破坏和替代作用。

第二,从知识属性的角度看:从价值链位置和知识距离两个维度(Lavie,Rosenkopf,2006;Li et al.,2008)来看,技术不连续创新所需的知识属于与企业当前时间、空间和认知距离较远的科学知识和技术知识,而这些知识与已有的产品—市场知识相比,其复杂程度和知识的隐性程度不可同日而语。

第三,从知识利用的角度看:技术不连续创新所需的知识特点决定了消化、吸收和利用这些新知识非常困难,它不仅需要具有完全不同的思维模式、价值观念,还需要企业建立新的组织制度、招聘新的技术人员和实施新的管理系统等。

第四,从技术不连续创新的决策和实施角度看:与渐进性创新产生利润和现金流不同,技术不连续创新往往消耗大量的利润和现金流,如对已有技术人员进行培训、对当前的机器设备进行改进或购买先进的机器设备、对已有投资进行剥离等(Ehrnberg,Sjöberg,1995;Tushman,O'Reilly,1997;Chandy,Tellis,2000;Vincent,2005)。

第五,从新技术商业化的角度看:新技术或前沿技术的商业化存在很大的不确定性,经济收益的获取具有严重滞后性。Christensen(1997)认为,一般情况下技术进步和技术变革所带来的技术性能高于顾客所需的技术性能,因此,技术性能越优越并非一定能取得越良好的经济回报。相反,在用户基本技术性能被满足后,他们将对价格、质量和便利性等要求更多。

基于以上五点分析,本书提出假设 14。

假设 14:技术不连续创新对组织绩效的影响效应呈倒 U 形曲线关系。

假设 14a:技术不连续创新对组织短期绩效的影响效应呈倒 U 形曲线

关系。

假设 14b:技术不连续创新对组织长期绩效的影响效应呈倒 U 形曲线关系。

对于市场不连续性技术的过度开发可能负向影响企业组织绩效。第一,从市场不连续创新管理的角度看:与技术不连续创新相比,对市场不连续创新的管理更加困难,因为它通常需要创立新的组织实体、战略联盟(如合资)以及并购其他新兴公司或小公司等进行跨边界管理。例如,Quntum 开发 5.25 英寸驱动器、IBM 开发 PC 机、惠普开发喷墨打印机、AB 公司并购 Inc.(Christensen, 1997)以及 Motorolar(摩托罗拉)创立新的风投公司等(Macher, Richman, 2004)。第二,从新技术商业化的角度看:市场不连续创新通常很难在已有的主流市场实施,而更倾向于在新市场或新兴市场找到其存在的价值(Christensen, Bower, 1996;Christensen, 1997),因此不连续创新的成功商业化,往往需要企业建立新的价值网络(Rosenbloom, Christensen, 1994;Christensen, Rosenbloom, 1995),这将导致管理成本的上升。

然而,本书认为从总体上来看,针对中国制度转型情境下的技术环境和市场环境(特别是市场需求环境),市场不连续性技术的过度开发并不会产生明显的组织绩效下降,因为:第一,与技术不连续创新所需的知识不同,市场不连续创新所需的知识属于产品—市场类知识,这类知识的编码化程度和显性化程度较高,企业易于消化、吸收和利用;第二,尽管市场不连续创新的成功需要较多的经济和管理资源投入,如在企业内部成立新的组织实体、并购其他小型或新兴企业、开展战略联盟、商业化过程中构建新的价值网络(引入新的供应商、建立新的销售渠道、开辟新的市场或新兴市场等),但是其所带来的经济收益远大于支出;第三,中国区域市场发展的不平衡性、竞争的激烈性、消费者市场需求的多样化和多层次性,使得截然不同的细分市场在中国同时存在,因此总能为企业市场创新提供资源支持。

基于以上三点分析,本书提出假设 15。

假设 15:市场不连续创新对组织绩效具有正向影响。

假设 15a:市场不连续创新对组织短期绩效具有正向影响。

假设 15b:市场不连续创新对组织长期绩效具有正向影响。

基于知识吸收能力理论的视角,本部分最终研究认为,企业技术不连续创新对组织绩效(短期绩效、长期绩效)的影响效应呈现倒 U 形曲线关系,市场不连续创新对组织绩效具有正向影响效应。不连续创新对组织绩效的具体内在影响机制如图 4.3 所示。

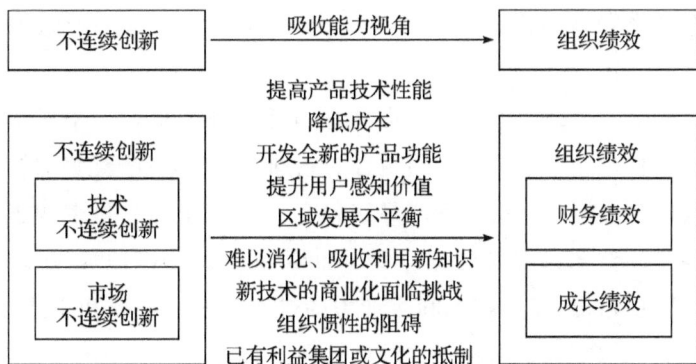

图 4.3　不连续创新影响企业组织绩效的内在机制

4.5　不连续创新的部分中介效应

4.5.1　环境动荡性与组织绩效:不连续创新的中介作用

一系列研究已然证实,外部环境特征显著地影响企业组织绩效(Hawawini et al.,2003;McNamara et al.,2005;Rosenbusch et al.,2007,2011;Short et al.,2007;Horváthová,2010)。然而,在环境与组织绩效等变量测量方面的差异性导致实证研究出现了争议性(Rosenbusch et al.,2007)或者缺乏说服力(Rosenbusch et al.,2011)的结果。因此,即使产业环境特征对组织绩效变异具有 10%～20% 的解释能力(Rosenbusch et al.,2007),二者之间的关系仍然是非常复杂的,环境增强组织绩效的内在机制仍然是不明确的(Short et al.,2007;Rosenbusch et al.,2011),需要进一步打开环境影响组织绩效内在机制的黑箱。Rosenbusch 等(2011)认为,环境不会直接影响组织绩效,而是通过激发企业特定的战略行为进而间接影响组织绩效(Porter,1980)。

基于此,针对外部环境影响组织绩效以及动态能力影响组织绩效理论观点的不一致性,本书认为非常有必要进一步探讨外部环境以及动态能力对组织绩效的内在影响机制，以协调不同的理论观点。不连续创新作为对企业技术基础、市场基础或两者都有较大变化的创新（魏江，冯军政，2010），是一种对企业整体经营活动具有决定性影响的战略行为，能够创造全新的资源配置方式，建立新的组织惯例等，因此在环境动荡性与组织绩效、动态能力与组织绩效关系之间起到中介作用。

　　另外，Lynn 等（1996）通过研究指出，美国和日本不同产业中成功的企业都是建立在渐进性创新和不连续创新组合的基础之上的，竞争优势的构建和更新依赖于不连续创新所创造的全新产品族和业务族，但其维持则依赖于不连续创新后渐进性产品线的延伸和改进。Tushman 和 O'Reilly（1997）在研究如何持续创新问题时也指出，整个技术和生产力的进步是渐进创新和不连续创新（重要创新）相结合的产物，这两种形式的创新同等重要，"在一个产业中，惊人的创新并不经常发生，积累型的改良似乎对技术进步有同样多的贡献"。

　　基于以上分析，本书提出以下不连续创新的部分中介假设。

　　假设 16：不连续创新在环境动荡性与组织绩效之间起部分中介作用。

　　假设 16a：不连续创新在环境动荡性与组织短期绩效之间起部分中介作用。

　　假设 16b：不连续创新在环境动荡性与组织长期绩效之间起部分中介作用。

4.5.2　动态能力与组织绩效：不连续创新的中介作用

　　本书除了要检验动态能力对企业组织绩效的直接影响效应之外，还试图响应 Barreto（2010）的建议，即未来的研究一方面需要检验动态能力对多元化（Ng，2007；Døving，Gooderham，2008）等中间变量的影响，另一方面还要检验中间变量对组织绩效的影响。更为重要的是，应该在同一研究中同时检验这两个研究目标（Barreto，2010）。

　　一直以来，企业的动态能力是否能够带来竞争优势和提升组织绩效都是学者讨论的热点（Barreto，2010；Peteraf，Di Stefano，Verona，2013）。一方面，Teece 等（1994，1997）最初关于动态能力的研究认为，动态能力对竞争优势/组织绩效具有直接影响效应（Barreto，2010）。另一方面，近年来的一些研究则提出了相左的观点，即动态能力对竞争优势的影响是间接的。例如，Eisenhardt 和 Martin（2000）认为，动态能力不一定会提升组织绩效，组织绩效的提升依赖于由动态能力所创造的资源配置（resource configurations）。类似的，Zott

（2003）认为，动态能力通过修改企业资源或惯例束对绩效产生间接影响。Helfat等（2007）更是认为，动态能力并不必然为企业带来竞争优势。他们解释道，动态能力可能改变企业的资源基础，但是这种改变可能并不是有价值的，因为它可能没有创造出 VRIN（价值性、稀缺性、难以模仿性、不可替代性）资源，那么也就不能带来竞争优势。在一些情况下，如果没有必要使用动态能力（Zahra，Sapienza，Davidsson，2006），或者开发动态能力包含巨大的机会成本时（Winter，2003），动态能力甚至还可能损害组织绩效的提升。

为此，为了进一步理清动态能力究竟能否提升组织绩效，以及如何提升组织绩效，需要深入地探讨动态能力影响组织绩效的内在机制。尽管在该问题上，早期学者初步探讨了动态能力提升组织绩效的一些机制，诸如促使企业将其资源基础与动态环境进行匹配（Teece，Pisano，Shuen，1997）、市场变革（Eisenhardt，Martin，2000）、组织经营能力（Protogerou，Caloghirou，Lioukas，2012）、资源获取与资源开发（Stadler，Helfat，Verona，2013）。但是，从大样本实证角度进行检验的研究仍非常缺乏，这导致学术界和企业管理实践界对动态能力作用的困惑和混淆（Danneels，2016）。鉴于创新已然成为企业动态环境下成长与发展的重要动力，也是中国"新常态"背景下推动经济发展的新引擎，与此同时，在前文动态能力与不连续创新、不连续创新与组织绩效论证的基础上，本书将不连续创新作为动态能力提升组织绩效的关键机制，提出并检验不连续创新在动态能力提升组织绩效中起部分中介作用。本书提出以下不连续创新的部分中介假设。

假设 17：不连续创新在动态能力与组织绩效之间起部分中介作用。

假设 17a：不连续创新在动态能力与组织短期绩效之间起部分中介作用。

假设 17b：不连续创新在动态能力与组织长期绩效之间起部分中介作用。

综上所述，在系统分析环境动荡性与不连续创新、动态能力与不连续创新以及不连续创新与企业组织绩效之间关系的基础上，本书总体理论假设汇总如下（见表 4.1）。

表 4.1　本研究理论假设汇总

研究问题	假设内容
技术动态性与不连续创新	H1：技术动态性对企业技术不连续创新具有正向影响

续表

研究问题	假设内容
市场动态性与 不连续创新	H2：市场动态性对企业技术不连续创新具有正向影响
	H3：市场动态性对企业市场不连续创新具有正向影响
竞争敌对性与 不连续创新	H4a：竞争敌对性对企业技术不连续创新具有正向影响
	H4b：竞争敌对性对企业技术不连续创新具有负向影响
	H5：竞争敌对性对企业市场不连续创新具有正向影响
政策敌对性与 不连续创新	H6a：政策敌对性对企业技术不连续创新具有正向影响
	H6b：政策敌对性对企业技术不连续创新具有负向影响
	H7：政策敌对性对企业市场不连续创新具有正向影响
机会感知能力 与不连续创新	H8a：机会感知能力对技术不连续创新具有正向影响
	H8b：机会感知能力对市场不连续创新具有正向影响
资源整合能力 与不连续创新	H9a：资源整合能力对技术不连续创新具有正向影响
	H9b：资源整合能力对市场不连续创新具有正向影响
组织重构能力 与不连续创新	H10a：组织重构能力对技术不连续创新具有正向影响
	H10b：组织重构能力对市场不连续创新具有正向影响
机会感知能力 的中介作用	H11a：机会感知能力在环境动荡性与技术不连续创新中扮演中介角色
	H11b：机会感知能力在环境动荡性与市场不连续创新中扮演中介角色
资源整合能力 的中介作用	H12a：资源整合能力在环境动荡性与技术不连续创新中扮演中介角色
	H12b：资源整合能力在环境动荡性与市场不连续创新中扮演中介角色
组织重构能力 的中介作用	H13a：组织重构能力在环境动荡性与技术不连续创新中扮演中介角色
	H13b：组织重构能力在环境动荡性与市场不连续创新中扮演中介角色
技术不连续创 新与组织绩效	H14a：技术不连续创新对组织短期绩效的影响效应呈倒 U 形曲线关系
	H14b：技术不连续创新对组织长期绩效的影响效应呈倒 U 形曲线关系
市场不连续创 新与组织绩效	H15a：市场不连续创新对组织短期绩效具有正向影响
	H15b：市场不连续创新对组织长期绩效具有正向影响
不连续创新的 部分中介作用	H16a：不连续创新在环境动荡性与组织短期绩效之间起部分中介作用
	H16b：不连续创新在环境动荡性与组织长期绩效之间起部分中介作用
	H17a：不连续创新在动态能力与组织短期绩效之间起部分中介作用
	H17b：不连续创新在动态能力与组织长期绩效之间起部分中介作用

5

研究方法

在第四章环境动荡性与不连续创新、动态能力与不连续创新、不连续创新与组织绩效之间理论模型构建和相关假设提出之后,为了检验所提出的一系列假设,本书主要采用大样本统计分析的方法进行验证。在对假设进行检验之前,需要对所使用的测量方法、主要变量测量量表的信度与效度等进行分析。本章针对这些问题进行研究,包括样本选择与数据收集、变量测量、研究方法以及变量测量量表信度与效度检验等。

5.1 样本选择与数据收集

中国制度转型过程中新技术、新市场、新政策、新规则以及各种突发事件的不断涌现,促进了技术不连续创新和市场不连续创新的大量涌现,为这种创新类型的研究提供了得天独厚的情境(Zhou et al.,2005)。本研究使用大样本统计分析的方法检验所提出的假设,样本企业的选择需要满足三个条件:第一,由于测量的是企业组织绩效最近三年的平均情况,因此样本企业的成长年限必须在三年或三年以上;第二,样本企业必须具有一定的决策自主权,而非总公司或者控股公司下面的分公司或子公司;第三,样本企业必须具有独立的产品或服务,因此我们主要针对制造业企业发放问卷。

在问卷发放过程中,由于 Roy 等(2001)指出,在新兴经济情境下企业数据的收集是一项极其困难和消耗时间的活动,适当的渠道和关系非常重要(Calantone et al.,1996),因此,为了提高问卷的回收率和确保问卷回答的有效性和可靠性,本研究主要通过以下途径收集数据:(1)利用政府相关机构(包括政府企业行政服务中心、市发展和改革委员会）发放和回收问卷；(2)利用老师、同学或朋友关系发放问卷；(3)针对杭州、天津两所著名高校的 MBA 或 EMBA 学员发放问卷。

在 2011 年 6 月至 8 月历时 3 个月的时间内，最终共回收问卷 231 份，其中有效问卷 204 份，占 88.31%。无效问卷主要存在两种情况：第一，问卷题项回答率低于 95%；第二，对某一构念所有题项的回答几乎完全一致，如全选 4 或者全选 7。在进行大样本统计分析的 204 份有效样本中，这些企业在地域分布上主要集中在浙江省、江苏省和河南省，三省问卷占样本总量的 78.43%（见图 5.1）。

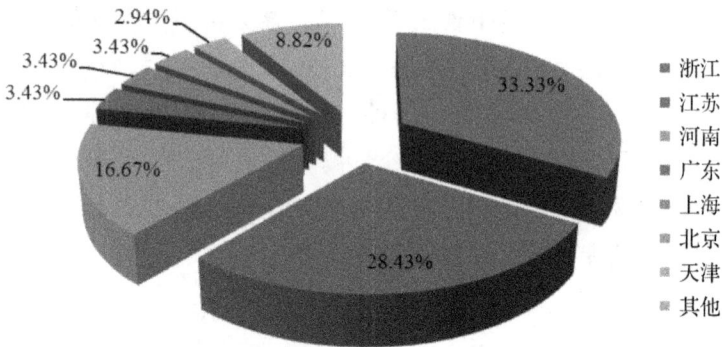

图 5.1 样本企业所在地分布

从企业所有制类型来看，民营企业占到了一半以上（见图 5.2），这可能与数据收集途径和数据方式有关；而从样本企业行业类型分布情况来看，204 家企业

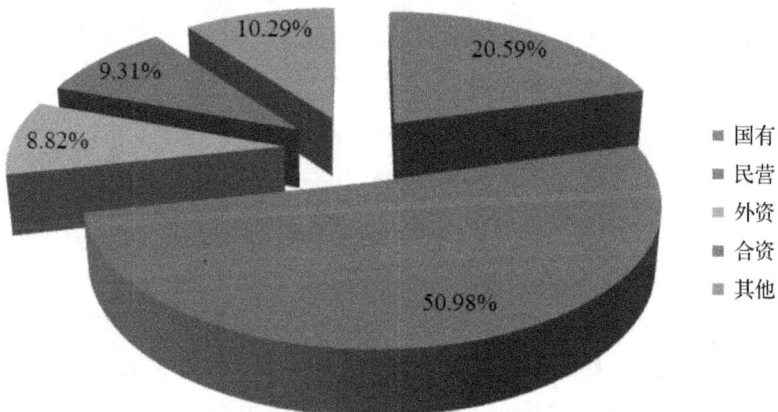

图 5.2 样本企业所有制类型分布

广泛分布于电子产品、计算机与办公设备、信息服务、制药、汽车及其零部件、化工、材料、纺织、建材等领域。

　　从企业规模来看（企业员工人数、总资产、总销售额），中小型企业所占比例偏高，其中最近三年员工平均人数在 500 人以下的企业占 67.16％，最近三年总资产在 1 亿元以内的企业占 60.29％；从企业经营年限来看，主要集中在 15 年以内，占总体样本比例的 72.06％；从企业行业类型分布来看，高技术及中高技术产业企业占 40.20％。具体的样本结构特征见表 5.1。

表 5.1　样本结构的描述性分析

样本特征		样本数量/个	所占比重	样本特征		样本数量/个	所占比重
员工人数（人）	<50	50	24.51％	所有制类型	国有	42	20.59％
	50～99	43	21.08％		民营	104	50.98％
	100～499	44	21.57％		外资	18	8.82％
	500～999	20	9.80％		合资	19	9.31％
	≥1000	47	23.04％		其他	21	10.29％
总资产（元）	<100	19	9.31％	产业类型	高技术[c]	82	40.20％
	100～1000[a]	52	25.49％		低技术	65	31.86％
	1000万～1亿[a]	52	25.49％		服务业	57	27.94％
	1亿～10亿[a]	45	22.06％	所在地区	浙江	68	33.33％
	≥10亿	36	17.65％		江苏	58	28.43％
总销售额（元）	<100万	22	10.78％		河南	34	16.67％
	100万～1000万[a]	44	21.57％		其他	44	21.57％
	1000万～1亿[a]	54	26.47％	经营年限（年）	≤6[b]	65	31.86％
	1亿～10亿[a]	53	25.98％		7～15	82	40.20％
	≥10亿	31	15.20％		≥16	57	27.94％

　　注：a 表示不包含。b 根据新创企业领域的研究，一般将其成长年限界定为不超过 6 年，如 Brush(1995)以及 Zahra 等(2000)的有关研究。c 这里包括高技术产业和中高技术产业，根据 OECD 在 2003 年对制造业产业的分类，高技术产业包括：飞机与航空器，制药，办公机器，通信设备，医学、光学和精密仪器。中高技术产业包括：电子机器与设备、汽车、化学、铁路与交通运输设备、机械装置与设备(machinery and equipment)。

5.2 变量测量

为了保证测量工具的信度和效度，本研究优先使用已有文献实证研究中的成熟量表以及相关论述，并根据中文语境以及企业的实际情况进行适当的提炼和修改。在对企业规模三个构念（员工数量、总资产、总销售额）进行测量时使用 5 分 Likert 量表，对环境动荡性、动态能力、不连续创新、组织绩效等变量的测量采用 7 分 Likert 量表。

（1）组织绩效

借鉴 Richard 等（2007）、Lunnan 和 Haugland（2008）对短期绩效和长期绩效的区分以及 Newbert（2008）将组织绩效的测量划分为客观财务绩效、主观财务绩效和主观非财务绩效的基本思想，同时基于本研究的样本企业大部分为民营企业和中小型企业，客观财务绩效测量数据的难以获得性，本研究对企业组织绩效构念的测量主要采取主观财务绩效和主观非财务绩效两种方式。测量指标主要基于蒋勤峰（2007）的研究（根据本研究需要适当调整），从主观财务绩效和主观成长绩效两个方面进行测量（见表 5.2）。

表 5.2　组织绩效测量量表

维度	测量题项（与主要竞争对手相比）	文献来源
财务绩效	企业的投资回报率较高 企业的资产收益率较高 企业的产品销售额的增长率较高 企业的市场份额增长率较高 企业的现金流量较多	Richard 等（2007） Lunnan 和 Haugland（2008） Newbert（2008）
成长绩效	企业更能提升顾客满意度 企业更能吸引新的顾客 企业得以贯彻实施的员工建议比去年多 企业高层管理团队对业绩相当满意 企业员工平均生产力高于竞争对手	蒋勤峰（2007）

（2）环境动荡性

在环境动荡性的测量方面，长期以来存在主观感知测量法和客观指标测量法两种争论。Snow 和 Darran(1975)认为,感知测量法适用于试图确定组织(及其管理者)如何看待环境的行为,因为后续的响应需要与这些感知相一致;然而,当试图描述环境性质的时候,感知测量法就不太适合了,将两者结合起来是更好的选择(Snyder,Glueck,1982)。基于此,本书使用感知测量法,以检验环境动荡性情境下组织的适应性行为及其对组织绩效的影响。

对于技术动态性、市场动态性和竞争敌对性三个构念,由于已有文献研究中已经具有非常成熟的量表可用,因此本书主要借鉴 Jaworski 和 Kohli(1993)、Atuahene-Gima et al.(2006)、Paladino(2008)、Lichtenthaler(2009)、Zhou 和 Wu(2010)的有关研究,分别用 4 个、4 个和 5 个题项进行测量。对于政策敌对性构念的测量,由于没有成熟的量表可用,本书借鉴敌对性和不确定性的概念,并在对管理者访谈的基础上,用 4 个题项进行测量(见表 5.3)。

表 5.3　环境动荡性测量量表

维度	测量题项(与主要竞争对手相比)	文献来源
技术动态性	企业所在产业内的技术变化非常快 产业技术变化为整个行业的发展提供了大量的机会 在未来几年内,企业很难预测行业技术在何处出现 行业技术的突破性发展,促进了大量新产品创意的产生	Jaworski 和 Kohli(1993)
市场动态性	在企业所在的市场中,顾客很乐于接受新的产品创意 在企业所在的市场中,顾客的产品偏好变化非常快 市场所出现的新顾客在产品需求方面不同于现有顾客 我们的顾客倾向于不停地寻找新产品	
竞争敌对性	产业失败率很高 产业风险很高,坏决策很容易威胁到企业的生存能力 产业竞争强度很大 激烈的价格战是产业的特征 低边际利润是本产业的特征	Covin 等(2000)

续表

维度	测量题项(与主要竞争对手相比)	文献来源
政策敌对性	政府出台的行业政策变化很快 政府出台的行业政策的目标是模糊的 在不同的时期或阶段,政府行业政策的目标差异很大 企业很难预测政府行业政策的变化趋势	企业访谈与专家访谈

(3)动态能力

根据 Teece 等(1994,1997,2000,2007)、O'Reilly Ⅲ 和 Tushman(2008)对动态能力构念的定义及其维度划分,然后参考了章威(2009)、Prieto et al.(2009)基于知识观的动态能力测量以及高若阳(2010)基于组织认知理论的动态能力测量,最后采用 5 个题项对机会感知能力构念进行测量,采用 3 个题项对资源整合能力构念进行测量,采用 6 个题项对组织重构能力构念进行测量(见表 5.4)。

表 5.4 动态能力测量量表

维度	测量题项(与主要竞争对手相比)	文献来源
机会感知能力	在研发方面进行了大量的投资以探索各种技术可能性 经常探索和再探索顾客需求或潜在的顾客需求 密切监控供应商、竞争对手的创新行为 密切跟踪科学或技术领域的最新研究成果 经常通过各种途径了解行业的发展现状和趋势	Teece 等(1994,1997,2000,2007)
资源整合能力	能够有效地利用属于不同技术或应用领域的知识 从外部获得的新知识能够在企业内部充分地共享 行业信息或市场信息能够在企业内部广泛地传播	O'Reilly Ⅲ 和 Tushman(2008)
组织重构能力	能够灵活地调整企业的组织结构 企业赋予了不同部门很大的自主决定权 能够适时地对已有的工作流程和程序进行再设计 能够适时地对部门的工作任务和职能进行再设计 能够适时地调整内外关系网络和网络沟通方式 能够及时地抛弃已经过时的资源或知识	章威(2009) Prieto 等(2009) 高若阳(2010)

(4)不连续创新

由于不连续创新作为一个新兴的现象,特别是在中国制度转型情境下,目前学术界对该问题的研究还处于描述性以及标准化的阶段（Christensen，2006），根本性创新和破坏性创新是两种典型的类型（Hang et al.，2006；Tellis，2006；Govindarajan et al.，2011），因此，本研究主要借鉴突破性创新（Zhou et al.，2005）、根本性创新（Subramaniam，Youndt，2005）的测量方式，用 5 个题项测量技术不连续创新，用 3 个题项测量市场不连续创新（见表 5.5）。

表 5.5　不连续创新测量量表

维度	测量题项	文献来源
技术 不连续创新	在创新过程中引用了根本不同的新知识或新技术 创新使已有产品或服务的生产工艺或机器设备过时 创新从根本上改变了当前的产品/服务 创新使已有产品或服务中的经验或知识过时 通过创新开发的新产品/服务替代了已有的产品或服务	Zhou 等（2005） Ehrnberg（1995） Subramaniam 和 Youndt（2005）
市场 不连续创新	原有顾客难以理解通过创新开发的新产品或新服务 原有顾客购买新产品或新服务时需要付出较大的成本 原有顾客需要通过较长时间的学习后才能完全使用创新所开发出来的新产品或新服务	Zhou 等（2005）

（5）控制变量

已有大量的研究表明，企业基本特征也是影响不连续创新的重要因素，如企业规模、企业成长年限等（Chandy，Tellis，1998，2000；De Tienne，Koberg，2002；Koberg et al.，2003；Subramaniam，Youndt，2005；Zhou et al.，2005），因此本研究将其作为控制变量。对于企业规模，从企业最近三年平均员工人数、企业总资产以及总销售额三个方面进行测量，探索性因子分析的 KMO 样本测度和 Bartlett 球体检验结果表明这三个方面符合因子分析的基本要求（见表 5.6）（马庆国，2002），且企业规模的三个测量指标能够聚合为一个因子，因子载荷均在 0.8 以上，方差解释累积百分比达到了 84.768%。

表 5.6　企业规模探索性因子分析样本 KMO 和 Bartlett 球体检验结果

KMO 取样适度性度量值		0.717
Bartlett 球体检验	近似卡方	449.856
	自由度	3
	显著性	0.000

另外，由于企业所有制类型、所属产业类型以及总部所在区域等也是影响企业的战略决策、组织与创新行为和组织绩效的重要因素，在本研究中也将其作为控制变量。企业成长年限用企业成立至今所经营的年份来计算（2011 减去企业成立时间）；企业所有制类型包括国有企业、民营企业和其他（外资企业、合资企业、其他）三种类型，因此采用两个虚拟变量分别来指示国有企业和民营企业；所属产业类型包括中高技术产业、低技术产业和服务业企业三种类型，因此也采用两个虚拟变量来表示，分别指示中高技术产业以及低技术产业；企业所在区域用一个虚拟变量来指示（东部发达地区企业将其赋值为 1，中西部欠发达地区企业赋值为 0。根据统计局等部门的划分标准，东部地区包括广东、福建、浙江、上海、江苏、山东、天津、北京等省市）。

（6）样本数据的同源偏差检验

由于在问卷调查时，所有题项均由同一个人填写，容易出现同源偏差的问题，本研究为了消除同源偏差同时提高问卷的信度和效度，采取了以下一些措施：第一，在问卷调查开始前首先承诺问卷调查是纯属学术研究之用，所获信息绝不用于任何商业目的；第二，在填写问卷时，要求问卷的前两部分（企业基本信息和组织绩效部分）由一个人填写，其余由另一个人填写；第三，在问卷调查过程中使用隐匿答卷者信息的方法。在检测同源方法偏差时，常见的方法是 Podsakoff 和 Organ(1986) 建议的 Harman 单因子检验法，即将问卷中的所有题项一起做因子分析，未旋转的第一个主成分的载荷量就反映了检测同源方法偏差的大小（焦豪等，2008）。在本研究中，问卷所有题项一起做因子分析未旋转时得到的第一个主成分的载荷量是 14.247%，并没有占到多数，因此同源偏差的问题并不是很严重。对于多题项构念，本研究取不同题项得分的均值来表征该构念的最终得分。

5.3 研究方法

适宜和科学的研究方法，有助于提高实证研究结果的可靠性和准确性。本研究的统计分析方法包括变量描述性统计分析法、探索性因子分析和验证性因子分析法、变量信度与效度分析法、多元线性回归分析法以及结构方程建模等。

描述性统计分析法可以初步对研究样本及其相关变量的总体情况进行整体描述与分析,从而得出整个样本中的最大值、最小值、均值、标准差甚至样本正态性分布状况(经检验,除企业成长年限、企业产业类型和企业所有制类型外,样本变量的偏度和峰度值均小于1,符合正态性分布的要求),以及整体样本中不同类别的样本量、所占比例以及累积百分比等。

信度分析法主要是检验主要构念的信度,根据已有的研究,其具体步骤为:首先按照权威性惯例设定信度系数的参考值,然后计算得出问卷题项所表征的各因子(变量)的信度系数值,最后将得出的信度系数统计值与信度系数参考值进行比较与评估,进而即可得出问卷不同题项所表征的各因子(变量)的信度水平。

因子分析法主要用于环境动荡性、动态能力、不连续创新等构念效度的检验,具体步骤为:根据已有的文献研究,首先按照权威惯例设定旋转后载荷系数的参考值,然后计算因子分析中问卷不同题项的载荷系数值,最后比较所得出的问卷题项的载荷系数值和载荷系数的参考值,若前者大于后者,则表明问卷题项具有较好的建构效度,从而满足了进行后续多元线性回归分析法和结构方程建模分析法的要求。利用SPSS18.0进行探索性因子分析发现,环境动荡性、动态能力、不连续创新构念测量量表的KMO值均满足大于0.7且统计值显著性异于0的要求,因而适合做因子分析(马庆国,2002)。而环境动荡性、动态能力和不连续创新三个关键构念的最小因子载荷均大于0.5,累积方差解释率接近或大于70%(见表5.7、表5.8、表5.9)。

表 5.7　环境动荡性构念 KMO 和 Bartlett 球体检验结果

KMO 值	Bartlett 球体检验			测量题项最小因子载荷				累积方差解释率
	近似卡方	df	Sig.	因子一	因子二	因子三	因子四	
0.892	2023.286	136	0.000	0.589	0.619	0.731	0.588	71.332%

表 5.8　动态能力构念 KMO 和 Bartlett 球体检验结果

KMO 值	Bartlett 球体检验			测量题项最小因子载荷			累积方差解释率
	近似卡方	df	Sig.	因子一	因子二	因子三	
0.929	1882.185	91	0.000	0.690	0.666	0.629	71.510%

表 5.9   不连续创新构念 KMO 和 Bartlett 球体检验结果

KMO 值	Bartlett 球体检验			测量题项最小因子载荷		累积方差解释率
	近似卡方	df	Sig.	因子一	因子二	
0.834	785.850	28	0.000	0.638	0.832	68.538%

多元线性回归分析法主要用于分析理论模型中多个解释变量(环境动荡性、动态能力、不连续创新)与单个被解释变量(不连续创新和组织绩效)之间的关系,可以分析得出影响效应的大小。具体包括环境动荡性对不连续创新的影响效应、动态能力对环境动荡性与不连续创新之间关系的调节效应、动态能力对不连续创新的直接影响效应以及不连续创新对企业组织绩效的影响效应。需要说明的是,为了降低多重共线性等问题,在开展多元线性回归分析之前,本书首先对数据进行了标准化处理,并在回归分析过程中删除了奇异值可能对结果带来的影响。

结构方程建模分析法除了具备多元线性回归分析的功能外,也对概念模型中预设的研究假设进行验证,还可以估计整个研究模型的拟合程度,估计因子结构和因子关系,以及分析多个解释变量与被解释变量之间的关系等。本研究对结构方程建模分析法的使用主要是利用 Amos18.0 进行验证性因子分析。

5.4   构念信度检验

为了避免样本偏差和保证问卷信度与效度,我们在问卷设计、正式调研之前的过程中相应采取了一些必要的措施。

第一,在调查问卷的设计与形成过程中,首先,对国外现有的实证文献进行阅读和梳理,将这些研究中所包含的经过验证的构念的构成维度及其测量题项提取出来,采用 7 分 Likert 量表法设计本研究的英文版调查问卷;其次,选择本研究领域内的两位研究人员将英文版调查问卷翻译成中文版调查问卷;再次,将中文版调查问卷再翻译成英文问卷,并协调研究者和翻译者在概念理解上的冲突,确保变量测量的内容效度(Li et al.,2008);最后,与企业管理系战略管理、创新管理研究领域专家学者、研究人员进行充分交流并讨论所设计的调查问卷中的题项,根据他们的意见对问卷进行科学的修改与完善,从而得到初步的调查问卷。

第二,在调查问卷初步制订出来之后,一方面,选择海尔集团中央研究院、南都电源、天正电气股份有限公司等企业的三位管理者进行访谈,根据访谈结果对调查问卷中部分题项内容及用语的表达方式进行再次修改与完善,基于此形成本书研究的最终调查问卷。

第三,在问卷调查过程中,我们选择具备丰富企业经营管理经验和管理知识的中高层管理者进行调查,同时为了提高问卷调查的回收率和降低社会期望偏差(social desirability bias),我们向被调查者承诺问卷调查仅供学术研究之用,并为其私有信息保密;在发放问卷之前,首先征求被调查者的同意,并承诺如果被调查者对本研究感兴趣,将对其提供相关的研究成果。

本研究利用SPSS18.0对多维构念测量量表的描述性统计分析、变量间相关系数、变量信度等进行初步分析。对于构念信度,本研究采用Cronbach's coefficient alpha值以及题项对变量所有题项的相关系数,来检验模型中各个变量的信度,结果如表5.10所示。Cronbach(1951)、Cuieford(1965)等在研究中指出,高信度必须满足克隆巴赫系数(Cronbach's coefficient alpha)大于0.7,勉强可接受的信度范围要求在0.35~0.7,低于0.35则不予考虑。其他一些学者,如Nunnally(1967)、Hair et al.(1998)、Iglesias(2004)也持类似的观点,基本认同高信度水平应该大于等于0.7,并将0.7作为高信度的参考标准。表5.10表明,各变量测量指标均满足信度分析的基本参考标准,因此通过了信度检验,变量测量的一致性良好。

表 5.10 变量测量量表信度检验

维度	测量题项	Item-Total 相关	删除后 α	α
财务绩效	企业的投资回报率较高	0.741	0.849	0.881
	企业的资产收益率较高	0.849	0.824	
	企业的产品销售额的增长率较高	0.689	0.861	
	企业的市场份额增长率较高	0.762	0.844	
	企业的现金流量较多	0.558	0.895	

续表

维度	测量题项	Item-Total 相关	删除后 α	α
成长绩效	企业更能提升顾客满意度	0.749	0.847	0.880
	企业更能吸引新的顾客	0.780	0.838	
	企业得以贯彻实施的员工建议比去年多	0.737	0.850	
	企业高层管理团队对业绩相当满意	0.719	0.853	
	企业员工平均生产力高于竞争对手	0.596	0.881	
技术动态性	企业所在产业内的技术变化非常快	0.702	0.800	0.848
	产业技术变化为整个行业的发展提供了大量的机会	0.762	0.776	
	在未来几年内,企业很难预测行业技术在何处出现	0.679	0.813	
	行业技术的突破性发展,促进大量新产品创意的产生	0.615	0.836	
市场动态性	在企业所在的市场中,顾客很乐于接受新的产品创意	0.697	0.862	0.879
	在企业所在的市场中,顾客的产品偏好变化非常快	0.773	0.832	
	市场所出现的新顾客在产品需求方面不同于现有顾客	0.776	0.831	
	我们的顾客倾向于不停地寻找新产品	0.717	0.856	
竞争敌对性	产业失败率很高	0.692	0.854	0.875
	产业风险很高,坏决策很容易威胁到企业的生存能力	0.758	0.836	
	产业竞争强度很大	0.682	0.855	
	激烈的价格战是产业的特征	0.748	0.838	
	低边际利润是本产业的特征	0.654	0.861	
政策敌对性	政府出台的行业政策变化很快	0.551	0.803	0.814
	政府出台的行业政策的目标是模糊的	0.669	0.749	
	在不同的时期或阶段,政府行业政策的目标差异很大	0.636	0.765	
	企业很难预测政府行业政策的变化趋势	0.680	0.743	

续表

维度	测量题项	Item-Total 相关	删除后 α	α
机会感知能力	在研发方面进行了大量的投资以探索各种技术可能性	0.667	0.863	0.846
	经常探索和再探索顾客需求或潜在的顾客需求	0.756	0.833	
	密切监控供应商、竞争对手的创新行为	0.713	0.846	
	密切跟踪科学或技术领域的最新研究成果	0.712	0.846	
	经常通过各种途径了解行业的发展现状和趋势	0.682	0.855	
资源整合能力	能够有效地利用属于不同技术或应用领域的知识	0.673	0.838	0.851
	从外部获得的新知识能够在企业内部充分地共享	0.749	0.766	
	行业信息或市场信息能够在企业内部广泛地传播	0.743	0.771	
组织重构能力	能够灵活地调整企业的组织结构	0.761	0.883	0.899
	企业赋予了不同部门很大的自主决定权	0.701	0.886	
	能够适时地对已有的工作流程和程序进行再设计	0.796	0.871	
	能够适时地对部门的工作任务和职能进行再设计	0.781	0.874	
	能够适时地调整内外关系网络和网络沟通方式	0.753	0.878	
	能够及时地抛弃已经过时的资源或知识	0.643	0.896	
技术不连续创新	在创新过程中引用了根本不同的新知识或新技术	0.509	0.846	0.842
	创新使已有产品或服务的生产工艺或机器设备过时	0.657	0.807	
	创新从根本上改变了当前的产品/服务	0.690	0.799	
	创新使已有产品或服务中的经验或知识过时	0.699	0.795	
	通过创新开发的新产品/服务替代了已有的产品或服务	0.688	0.799	
市场不连续创新	原有顾客难以理解通过创新开发的新产品或新服务	0.717	0.798	0.852
	原有顾客购买新产品或新服务时需要付出较大的成本	0.704	0.811	
	原有顾客需要通过较长时间的学习后才能完全使用创新所开发出来的新产品或新服务	0.748	0.769	

5.5　构念效度检验

　　构念效度主要分为效标关联效度、内容效度和建构效度三种。因为本研究各个测量题项都是进行直接测量,效标关联效度难以得到检验,但是该效度检验与否不影响后续实证结果的可靠性和准确性。内容效度检验主要对测量内容的适宜性进行检验,因为本研究所使用的测量题项均出于已有的实证研究文献,并在对专家和企业家进行反复访谈的基础上进行了相应的修改与完善,问卷具有较高水平的内容效度。

　　本研究借助 Amos18.0 进行验证性因子分析,以检验所构建模型的整体拟合度。在进行样本变量效度检验时,根据 Steiger(1990)与侯杰泰(2004)等学者的研究和现有学者所普遍采用的标准,主要从卡方值、卡方/自由度、RMSEA值(低于 0.05 可以视为模型拟合非常好,低于 0.1 可以视为可以接受)、NFI、TLI、CFI、GFI(均大于 0.90 认为可以接受,越接近 1 表示拟合越好)、路径系数 C.R. 值(大于 1.96 时,则认为路径系数在概率 0.05 水平下具有统计意义上的显著性)等指标对模型拟合的验证性分析结果进行判定,以确保所测变量的因子结构与预期相符合。

5.5.1　环境动荡性构念的信度与效度分析

　　由于环境动荡性这一构念包括 4 个维度,我们使用二阶验证性因子分析方法对测量量表的效度进行检验,测量模型见图 5.3。

　　表 5.11 对环境动荡性构念的 4 个构成维度的均值、标准差、相关系数、α 信度系数、组合信度(CR)、平均变异数抽取量(AVE)进行了估计。从表中可以看出,环境动荡性 4 个构成维度的 α 信度系数(介于 0.814 和 0.879 之间)和组合信度 CR(介于 0.817 和 0.876 之间)均大于 0.8,AVE 均大于 0.5(介于 0.528 和 0.634 之间),可见环境动荡性的测量量表具有较好的内部一致性。

　　利用 Amos18.0 进行二阶验证性因子分析的结果也证实,环境动荡性的测量模型整体具有较好的拟合效果,模型各项指标如 GIF、CFI、NFI、IFI、TLI 均大于等于 0.9,RMSEA 小于 0.08(见表 5.12)。一阶标准化因子载荷系数在

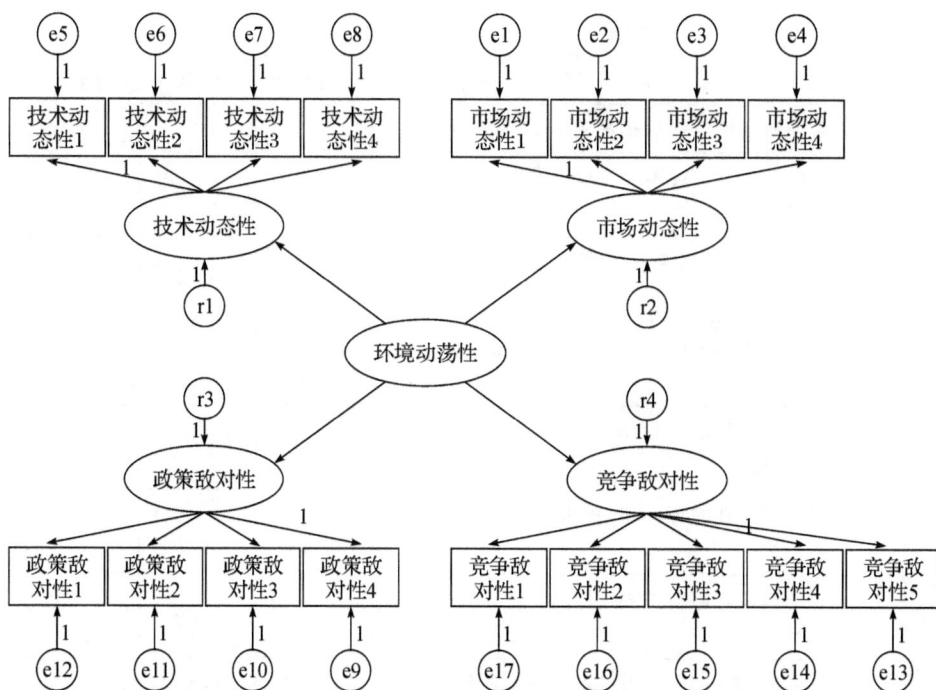

图 5.3　环境动荡性构念的测量模型

0.51 和 0.89 之间,二阶标准化因子载荷系数介于 0.51 和 0.94 之间,且均在 0.001 水平下显著(见表 5.12),表明环境动荡性测量量表具有较好的聚合效度。同时,技术动态性、市场动态性、竞争敌对性和政策敌对性 4 个维度 AVE 的平方根均大于其对应的横向和纵向的相关系数(见表 5.11),显示出环境动荡性构念的测量量表有明显的辨别效度。

表 5.11　环境动荡性构念测量量表的描述性分析、相关系数、信度及辨别效度

	Mean	S.D.	(1)	(2)	(3)	(4)	α 系数	CR	AVE
(1)技术动态性	4.536	1.319	0.734[a]				0.848	0.819	0.539
(2)市场动态性	4.321	1.354	0.547**	0.796[a]			0.879	0.872	0.634
(3)竞争敌对性	4.009	1.460	0.362**	0.486**	0.765[a]		0.875	0.876	0.585
(4)政策敌对性	4.074	1.286	0.287**	0.618**	0.523**	0.727[a]	0.814	0.817	0.528

注:[a] 表示 AVE 的平方根;矩阵下三角数据为变量间 Pearson 相关系数值;** $p<0.01$。

表 5.12　环境动荡性构念测量量表二阶验证性因子分析结果

维度	测量题项(与主要竞争对手相比)	二阶载荷	一阶载荷	显著性
技术动态性	企业所在产业内的技术变化非常快	0.51	0.79	—
	产业技术变化为整个行业的发展提供了大量的机会		0.86	＊＊＊
	在未来几年内,企业很难预测行业技术在何处出现		0.73	＊＊＊
	行业技术的突破性发展,促进大量新产品创意的产生		0.51	＊＊＊
市场动态性	在企业所在的市场中,顾客很乐于接受新的产品创意	0.94	0.68	—
	在企业所在的市场中,顾客的产品偏好变化非常快		0.78	＊＊＊
	市场所出现的新顾客在产品需求方面不同于现有顾客		0.89	＊＊＊
	我们的顾客倾向于不停地寻找新产品		0.82	＊＊＊
竞争敌对性	产业失败率很高	0.64	0.81	＊＊＊
	产业风险很高,坏决策很容易威胁到企业的生存能力		0.75	＊＊＊
	产业竞争强度很大		0.80	＊＊＊
	激烈的价格战是产业的特征		0.71	＊＊＊
	低边际利润是本产业的特征		0.75	—
政策敌对性	政府出台的行业政策变化很快	0.83	0.75	＊＊＊
	政府出台的行业政策的目标是模糊的		0.70	＊＊＊
	在不同的时期或阶段,政府行业政策的目标差异很大		0.78	＊＊＊
	企业很难预测政府行业政策的变化趋势		0.67	—

$\chi^2 = 182.647$, $\chi^2/df = 105$, GIF $= 0.900$, CFI $= 0.960$, NFI $= 0.913$, IFI $= 0.961$, TLI $= 0.949$, RMSEA $= 0.060$

注：＊＊＊ $p < 0.001$。

5.5.2 动态能力构念的信度与效度分析

动态能力构念包括 3 个构成维度,同样使用二阶验证性因子分析方法对其测量量表的效度进行检验,测量模型见图 5.4。

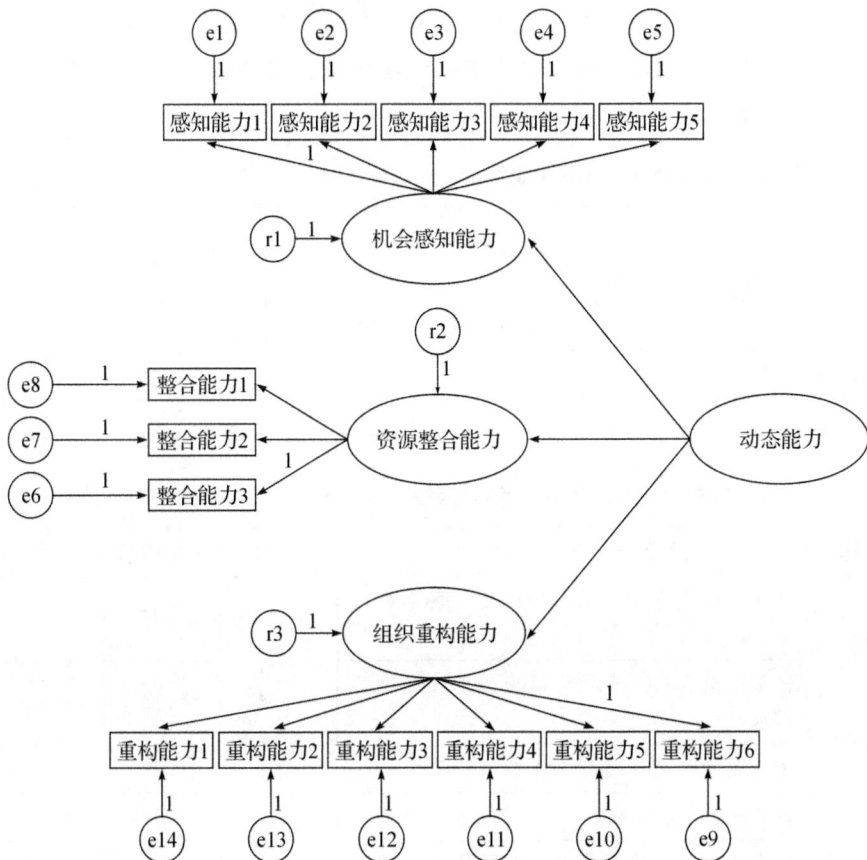

图 5.4 动态能力构念的测量模型

表 5.13 对动态能力构念的 3 个构成维度的均值、标准差、相关系数、α 信度系数、组合信度(CR)、平均变异数抽取量(AVE)进行了估计。从表中可以看出,动态能力 3 个构成维度的 α 信度系数(介于 0.846 和 0.899 之间)和 CR(介于 0.852 和 0.904 之间)均大于 0.8,AVE 接近于 0.6 或大于 0.6(介于 0.595 和 0.657 之间),可见动态能力测量量表也具有较好的内部一致性。

利用 Amos18.0 进行二阶验证性因子分析结果也证实,动态能力测量模型整体具有较好的拟合效果,模型各项指标如 GIF、CFI、NFI、IFI、TLI 均大于 0.9,RMSEA 为 0.077,小于 0.08(见表 5.14)。一阶标准化因子载荷系数在 0.67 和 0.87 之间,二阶标准化因子载荷系数介于 0.75 和 0.92 之间,且均在 0.001 水平下显著(见表 5.14),表明动态能力测量量表具有较好的聚合效度。同时,机会感知能力、资源整合能力和组织重构能力 3 个构成维度的 AVE 的平方根均大于其对应的横向和纵向的相关系数值(见表 5.13),显示出动态能力构念的测量量表有明显的辨别效度。

表 5.13 动态能力构念测量量表的描述性分析、相关系数、信度及辨别效度

	Mean	S. D.	(1)	(2)	(3)	α 系数	CR	AVE
(1)感知能力	5.089	1.230	0.771ᵃ			0.846	0.880	0.595
(2)整合能力	4.948	1.222	0.697**	0.811ᵃ		0.851	0.852	0.657
(3)重构能力	4.961	1.205	0.515**	0.723**	0.783ᵃ	0.899	0.904	0.613

注:ᵃ 表示 AVE 的平方根;矩阵下三角数据为变量间 Pearson 相关系数值;** $p<0.01$。

表 5.14 动态能力构念测量量表二阶验证性因子分析结果

维度	测量题项(与主要竞争对手相比)	二阶载荷	一阶载荷	显著性
机会感知能力	在研发方面进行了大量的投资以探索各种技术可能性	0.75	0.72	—
	经常探索和再探索顾客需求或潜在的顾客需求		0.85	***
	密切监控供应商、竞争对手的创新行为		0.75	***
	密切跟踪科学或技术领域的最新研究成果		0.78	***
	经常通过各种途径了解行业的发展现状和趋势		0.75	***
资源整合能力	能够有效地利用属于不同技术或应用领域的知识	0.92	0.76	***
	从外部获得的新知识能够在企业内部充分地共享		0.83	***
	行业信息或市场信息能够在企业内部广泛地传播		0.85	—

续表

维度	测量题项(与主要竞争对手相比)	二阶载荷	一阶载荷	显著性
组织重构能力	能够灵活地调整企业的组织结构	0.80	0.77	* * *
	企业赋予了不同部门很大的自主决定权		0.72	* * *
	能够适时地对已有的工作流程和程序进行再设计		0.87	* * *
	能够适时地对部门的工作任务和职能进行再设计		0.85	* * *
	能够适时地调整内外关系网络和网络沟通方式		0.80	* * *
	能够及时地抛弃已经过时的资源或知识		0.67	—

$\chi^2 = 160.600$, $\chi^2/df = 73$, GIF $= 0.905$, CFI $= 0.952$, NFI $= 0.917$, IFI $= 0.953$, TLI $= 0.941$, RMSEA $= 0.077$

注: * * * $p < 0.001$。

5.5.3　不连续创新与组织绩效构念的信度与效度分析

不连续创新和组织绩效构念均由 2 个维度构成,本研究使用一阶验证性因子分析来验证其测量量表的效度,测量模型如图 5.5 所示。

表 5.15 对不连续创新和组织绩效构念不同构成维度的均值、标准差、相关系数、α 信度系数、组合信度(CR)、平均变异数抽取量(AVE)进行了估计。从表中可以看出,不连续创新与组织绩效构成维度的 α 信度系数(介于 0.842 和 0.880 之间)和 CR(介于 0.851 和 0.882 之间)均大于 0.8,AVE 均大于 0.5(介于 0.529 和 0.657),可见不连续创新和组织绩效测量量表具有较好的内部一致性。

利用 Amos18.0 进行一阶验证性因子分析的结果证实,不连续创新和组织绩效测量模型整体具有较好的拟合效果,模型各项指标如 CFI、NFI、RFI、IFI、TLI 均大于 0.9,RMSEA 小于 0.08(见表 5.16)。一阶标准化因子载荷系数在 0.56 和 0.86 之间,且均在 0.001 水平下显著(见表 5.16),表明不连续创新和组织绩效构念测量量表具有较好的聚合效度。同时,构念不同构成维度的 AVE 值的平方根均大于其对应的横向和纵向的相关系数值(见表 5.15),显示出不连续创新和组织绩效构念的测量量表有明显的辨别效度。

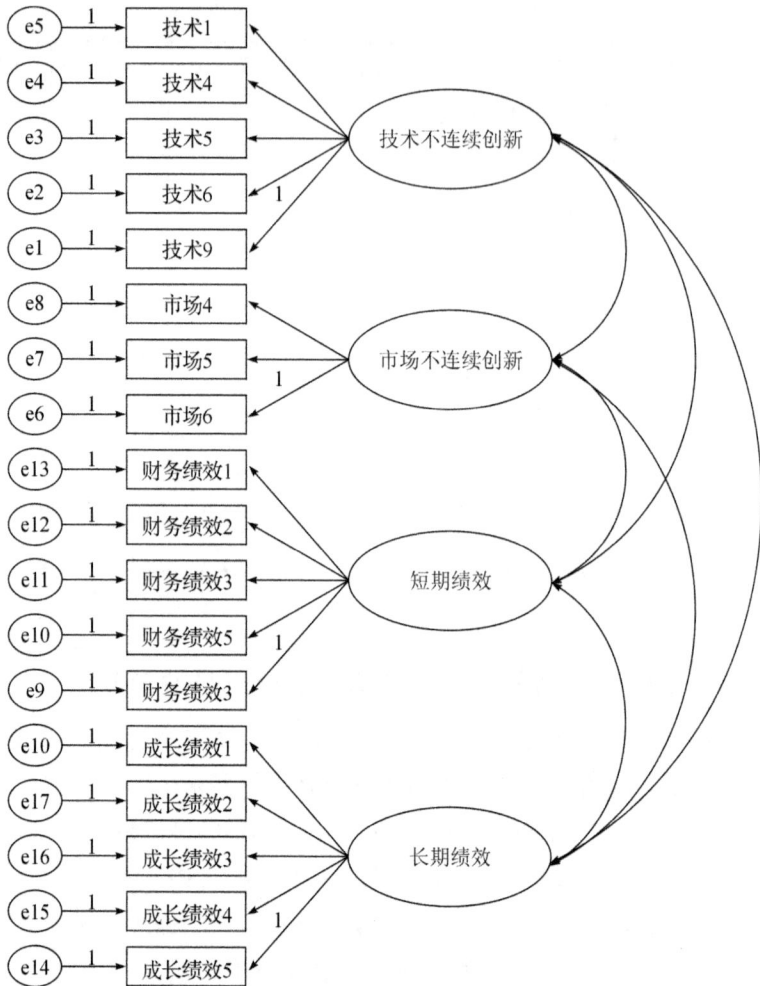

图 5.5 不连续创新和组织绩效构念的测量模型

表 5.15 不连续创新和组织绩效构念测量量表的描述性分析、相关系数、信度及辨别效度

	Mean	S. D.	(1)	(2)	(3)	(4)	α系数	CR	AVE
(1)技术不连续创新	4.46	1.28	0.727ᵃ				0.842	0.847	0.529
(2)市场不连续创新	3.80	1.50	0.560**	0.811ᵃ			0.852	0.851	0.657
(3)财务绩效	4.45	1.22	0.469**	0.438**	0.740ᵃ		0.867	0.857	0.547
(4)成长绩效	4.80	1.20	0.424**	0.284**	0.634**	0.775ᵃ	0.880	0.882	0.601
$\chi^2=274.963$，$\chi^2/\mathrm{df}=125$，GFI$=0.866$，CFI$=0.930$，IFI$=0.931$，TLI$=0.915$，RMSEA$=0.077$									

注：ᵃ 表示 AVE 的平方根；矩阵下三角数据为变量间 Pearson 相关系数值；** $p<0.01$。

表 5.16　不连续创新构念测量量表一阶验证性因子分析结果

维度	测量题项	一阶载荷	显著性
技术 不连续创新	在创新过程中引用了根本不同的新知识或新技术	0.56	＊＊＊
	创新使已有产品或服务的生产工艺或机器设备过时	0.76	＊＊＊
	创新从根本上改变了当前的产品/服务	0.72	＊＊＊
	创新使已有产品或服务中的经验或知识过时	0.83	＊＊＊
	通过创新开发的新产品/服务替代了已有的产品或服务	0.74	—
市场 不连续创新	原有顾客难以理解通过创新开发的新产品或新服务	0.79	＊＊＊
	原有顾客购买新产品或新服务时需要付出较大的成本	0.80	＊＊＊
	原有顾客需要通过较长时间的学习后才能完全使用创新所开发出来的新产品或新服务	0.84	—
财务绩效	企业的投资回报率较高	0.69	＊＊＊
	企业的资产收益率较高	0.75	＊＊＊
	企业的产品销售额的增长率较高	0.83	＊＊＊
	企业的产品销售利润率较高	0.79	＊＊＊
	企业的现金流量较多	0.62	—
成长绩效	企业更能提升顾客满意度	0.80	＊＊＊
	企业更能吸引新的顾客	0.86	＊＊＊
	企业得以贯彻实施的员工建议比去年多	0.79	＊＊＊
	企业高层管理团队对业绩相当满意	0.77	＊＊＊
	企业员工平均生产力高于竞争对手	0.64	—

$\chi^2 = 274.963$，$\chi^2/df = 125$，$GFI = 0.866$，$CFI = 0.930$，$IFI = 0.931$，$TLI = 0.915$，$RMSEA = 0.077$

注：＊＊＊ $p < 0.001$。

6

研究发现

6.1 变量描述性统计

表 6.1 是本研究变量的均值、标准差以及变量之间的相关系数矩阵。由表 6.1可以看出，环境动荡性的 4 个不同构成维度以及动态能力的 3 个不同构成维度与企业不连续创新（技术不连续创新、市场不连续创新）均显著正相关，不连续创新构念的 2 个构成维度与企业短期绩效和长期绩效也均显著正相关。另外，表 6.1 还表明，企业规模、企业所在地和所有制类型与不连续创新的 2 个构成维度也显著相关。

表 6.1 变量描述性统计及相关系数矩阵（N＝204）

	(1)	(2)	(3)	(4)	(5)	(6)	(7)	(8)	(9)
(1)短期绩效	1								
(2)长期绩效	0.596**	1							
(3)技术不连续创新	0.440**	0.431**	1						
(4)市场不连续创新	0.434**	0.301**	0.560**	1					
(5)技术动态性	0.453**	0.374**	0.404**	0.352**	1				
(6)市场动态性	0.503**	0.572**	0.398**	0.548**	0.547**	1			
(7)竞争敌对性	0.299**	0.315**	0.350**	0.395**	0.362**	0.486**	1		
(8)政策敌对性	0.324**	0.293**	0.249**	0.493**	0.287**	0.618**	0.523**	1	
(9)机会感知能力	0.418**	0.443**	0.438**	0.183**	0.457**	0.287**	0.157*	0.034	1
(10)资源整合能力	0.363**	0.512**	0.437**	0.171*	0.399**	0.325**	0.103	0.052	0.697**
(11)组织重构能力	0.300**	0.600**	0.540**	0.302**	0.359**	0.482**	0.123	0.141*	0.515**
(12)企业规模	0.094	-0.021	-0.108	-0.174*	-0.034	-0.301**	-0.131	-0.308**	0.186**
(13)所在地	0.081	0.040	0.179*	0.281**	0.132	0.225**	0.010	0.102	0.038
(14)成长年限	-0.075	-0.097	-0.099	-0.073	-0.063	-0.207**	-0.062	-0.103	0.060
(15)高技术产业	0.104	-0.002	0.004	-0.013	0.242**	-0.093	-0.078	-0.201**	0.144*
(16)低技术产业	-0.156*	-0.022	0.029	0.029	-0.281**	0.009	-0.045	0.063	-0.130
(17)国有企业	-0.049	-0.135	-0.172*	-0.209**	-0.027	-0.249**	-0.101	-0.114	-0.043
(18)民营企业	-0.073	0.020	0.051	-0.026	0.045	0.077	0.081	-0.118	0.100
Mean	4.484	4.799	3.804	4.463	4.536	4.321	4.009	4.074	5.089
S.D.	1.237	1.174	1.276	1.499	1.318	1.354	1.460	1.286	1.230

续表

	(10)	(11)	(12)	(13)	(14)	(15)	(16)	(17)	(18)
(1)短期绩效									
(2)长期绩效									
(3)技术不连续创新									
(4)市场不连续创新									
(5)技术动态性									
(6)市场动态性									
(7)竞争敌对性									
(8)政策敌对性									
(9)机会感知能力									
(10)资源整合能力	1								
(11)组织重构能力	0.723**	1							
(12)企业规模	-0.052	-0.134	1						
(13)所在地	0.072	0.108	-0.395**	1					
(14)成长年限	-0.111	-0.137	0.391**	-0.264**	1				
(15)高技术产业	0.013	-0.016	0.341**	-0.16*	0.155**	1			
(16)低技术产业	-0.020	0.133	-0.137	-0.001	-0.053	-0.561**	1		
(17)国有企业	-0.068	-0.199**	0.454**	-0.326**	0.297**	0.052	-0.114	1	
(18)民营企业	0.143*	0.150*	-0.235**	0.139*	0.211**	-0.056	-0.081	-0.519**	1
Mean	4.948	4.961	0.000	0.770	15.694	14.309	0.206	0.510	0.319
S. D.	1.222	1.205	1.000	0.422	0.402	0.492	0.467	0.405	0.501

注：* $p < 0.05$，** $p < 0.01$。

6.2 环境动荡性对不连续创新的影响效应

假设 1 至假设 7 分别提出环境动荡性构念的 4 个不同构成维度对不连续创新的直接影响作用。假设 1 提出技术动态性正向影响技术不连续创新,假设 2 和假设 3 提出市场动态性对技术不连续创新和市场不连续创新均具有正向影响作用,假设 4 和假设 6 分别提出竞争敌对性、政策敌对性与技术不连续创新的竞争性假设,假设 5 与假设 7 则分别提出竞争敌对性和政策敌对性对市场不连续创新的正向影响作用。

表 6.2 是环境动荡性 4 个不同构成维度对技术不连续创新和市场不连续创新直接影响效应的多元线性回归结果。MⅠ-1 和 MⅡ-1 仅仅包含企业规模、企业所在地、企业成长年限、企业产业类型和企业所有制类型等控制变量。MⅠ-2 和 MⅡ-2 是将环境动荡性的技术动态性、市场动态性、竞争敌对性和政策敌对性 4 个不同维度引入回归模型。结果显示,技术动态性显著正向影响技术不连续创新($b=0.368, p<0.001$),假设 1 得到了验证;市场动态性无论对技术不连续创新($b=0.199, p<0.05$)还是对市场不连续创新($b=0.269, p<0.001$)均具有显著正向影响效应,假设 2 和假设 3 均得到了验证;竞争敌对性无论对技术不连续创新($b=0.248, p<0.001$)还是对市场不连续创新($b=0.160, p<0.05$)均具有显著的正向影响效应,因此假设 4a 和假设 5 得到了验证,而竞争性假设 4b 没有得到验证;与竞争敌对性相反,政策敌对性对技术不连续创新具有显著的负向影响作用($b=-0.157, p<0.1$),对市场不连续创新则体现出了显著的正向影响作用($b=0.272, p<0.001$),因此假设 6b 和假设 7 得到了验证,而竞争性假设 6a 没有得到验证。

表 6.2 环境动荡性对不连续创新的影响效应:多元线性回归结果

变量名称	技术不连续创新		市场不连续创新	
	MⅠ-1	MⅠ-2	MⅡ-1	MⅡ-2
控制变量				
企业规模	0.048	0.054	−0.054	0.079

续表

变量名称	技术不连续创新		市场不连续创新	
	MⅠ-1	MⅠ-2	MⅡ-1	MⅡ-2
企业所在地	0.102	0.059	0.221**	0.214***
企业成长年限	−0.021	0.001	0.010	0.032
高技术企业	0.042	−0.025	0.041	0.103†
低技术企业	−0.015	0.073	0.058	0.096
国有企业	−0.124	−0.144	−0.183*	−0.106
民营企业	0.036	−0.022	−0.184*	−0.106
预测变量				
技术动态性		0.368***		0.079
市场动态性		0.199*		0.269***
竞争敌对性		0.248***		0.160*
政策敌对性		−0.157†		0.272***
F	1.057	4.426	3.464	10.021
R^2	0.037	0.203	0.111	0.366
Adjusted R^2	0.002	0.157	0.079	0.329
ΔR^2	0.037	0.167***	0.111**	0.255***
VIF	≤1.766	≤2.040	≤1.763	≤2.066
DW	1.838		1.867	

注：*** $p<0.001$，** $p<0.01$，* $p<0.05$，† $p<0.1$。

6.3 动态能力对不连续创新的影响效应

假设 8、假设 9 和假设 10 分别提出动态能力的 3 个构成维度对不连续创新均具有正向影响作用。表 6.3 是动态能力的 3 个构成维度对不连续创新直接影响效应的多元线性回归分析结果。MⅠ-1 和 MⅡ-1 仅仅包含企业规模、企业所在地、企业成长年限、企业产业类型和企业所有制类型等控制变量。MⅠ-2

和 MⅡ-2 是将机会感知能力、资源整合能力和组织重构能力 3 个构成维度引入回归模型。

表 6.3 结果显示,机会感知能力对企业技术不连续创新具有显著的正向影响效应($b=0.393, p<0.001$),对市场不连续创新的影响效应不显著,由此假设 8a 得到了验证,假设 8b 没有得到验证。类似的,资源整合能力对技术不连续创新也具有显著的正向影响效应($b=0.223, p<0.001$),对市场不连续创新的影响效应不显著,假设 9a 得到了验证,假设 9b 没有得到验证。对于组织重构能力来说,无论对技术不连续创新($b=0.378, p<0.001$)还是对市场不连续创新($b=0.160, p<0.05$)均具有显著的正向影响效应,因此假设 10a 和假设 10b 均得到了验证。

另外,研究还发现,企业所在地显著地正向影响市场不连续创新($b=0.215, p<0.01$);与外资企业或合资企业类型相比,国有企业($b=-0.177, p<0.05$)和民营企业($b=-0.193, p<0.05$)类型则显著负向影响市场不连续创新。

表 6.3 动态能力对不连续创新的影响效应:多元线性回归结果

变量名称	技术不连续创新		市场不连续创新	
	MⅠ-1	MⅠ-2	MⅡ-1	MⅡ-2
控制变量				
企业规模	0.026	−0.043	−0.061	−0.062
企业所在地	0.048	−0.013	0.215**	0.202**
企业成长年限	−0.049	−0.036	0.013	0.020
高技术企业	0.055	0.014	0.065	0.049
低技术企业	0.008	−0.013	0.080	0.042
国有企业	−0.108	−0.067	−0.177*	−0.151†
民营企业	0.012	−0.060	−0.193*	−0.188*
预测变量				
机会感知能力		0.393***		0.021
资源整合能力		0.223***		−0.060
组织重构能力		0.378***		0.160*
F	0.670	10.678	3.398	3.029

续表

变量名称	技术不连续创新		市场不连续创新	
	MⅠ-1	MⅠ-2	MⅡ-1	MⅡ-2
R^2	0.023	0.357	0.108	0.136
Adjusted R^2	−0.012	0.324	0.076	0.091
ΔR^2	0.023	0.334***	0.108**	0.027
VIF	≤1.790	≤1.814	≤1.765	≤1.819
DW	1.807		1.738	

注：*** $p<0.001$，** $p<0.01$，* $p<0.05$，† $p<0.1$。

6.4　环境动荡性与不连续创新：动态能力的中介作用

假设11、假设12和假设13分别提出动态能力的3个构成维度在环境动荡性与不连续创新之间扮演中介角色。表6.4和表6.5是动态能力中介效应检验的多元线性回归结果。

分别对比表6.4中的模型M2和M1、M4和M3、M6和M5发现，机会感知能力在技术动态性、市场动态性、竞争敌对性与技术不连续创新之间具有部分中介作用，在政策敌对性与技术不连续创新之间具有完全中介作用。资源整合能力与环境感知能力具有类似的中介功能，而组织重构能力则仅在政策敌对性与技术不连续创新之间具有完全中介作用。如果将动态能力作为一个整体构念进行分析则发现，动态能力在技术动态性、竞争敌对性与技术不连续创新之间具有部分中介作用，而在市场动态性、政策敌对性与技术不连续创新之间具有完全中介作用。

在验证动态能力在环境动荡性与市场不连续创新之间的中介作用时，通过分别对比表6.5中的模型M2和M1、M4和M3、M6和M5发现，机会感知能力和资源整合能力仅在政策敌对性与市场不连续创新之间具有部分中介作用。而组织重构能力在市场动态性和竞争敌对性与市场不连续创新之间具有部分中介作用。类似的，如果将动态能力作为一个整体构念进行分析可发现，动态能力仅在政策敌对性与市场不连续创新之间具有部分中介作用。

最后,通过综合分析表 6.4 至表 6.6 可知,机会感知能力在技术动态性、市场动态性与技术不连续创新之间具有部分中介作用;资源整合能力在技术动态性与技术不连续创新之间具有部分中介作用,而在政策敌对性与技术不连续创新之间具有完全中介作用;组织重构能力在技术动态性、市场动态性、竞争敌对性与技术不连续创新之间具有部分中介作用。环境动荡性影响不连续创新的中介路径如图 6.1 所示。

表 6.4　环境动荡性与技术不连续创新:动态能力的中介

变量名称	技术不连续创新							
	M1	M2	M3	M4	M5	M6	M7	M8
控制变量								
企业规模	0.054	−0.077	0.054	0.070	0.017	0.034	0.024	−0.037
企业所在地	0.032	0.004	0.059	0.066	0.026	0.037	−0.005	−0.001
企业成长年限	−0.006	−0.049	0.001	0.008	−0.018	−0.002	−0.030	−0.032
高技术企业	−0.021	0.007	−0.025	−0.020	−0.019	−0.053	−0.024	−0.013
低技术企业	0.082	0.112	0.073	0.076	0.099	0.002	0.097	0.047
国有企业	−0.143	−0.109	−0.144	−0.152†	−0.102	−0.080	−0.135	−0.121
民营企业	−0.011	−0.031	−0.022	−0.032	−0.030	−0.030	−0.051	−0.103
预测变量								
技术动态性	0.346***	0.223**	0.368***	0.342***	0.297***	0.297***	0.385***	0.161*
市场动态性	0.224**	0.160*	0.199*	0.186*	−0.004	−0.004	0.180*	−0.088
竞争敌对性	0.260***	0.217**	0.248***	0.245***	0.241***	0.241***	0.211**	0.155*
政策敌对性	−0.163†	−0.139	−0.157†	−0.141	−0.174†	−0.124	−0.164†	−0.055
机会感知能力		0.362***						
资源整合能力				0.110				
组织重构能力						0.399***		
动态能力								0.559***
F	4.372	6.698	4.426	5.617	3.786	6.538	3.929	10.373
R^2	0.202	0.298	0.203	0.214	0.291	0.341	0.185	0.396
Adjusted R^2	0.156	0.254	0.157	0.165	0.131	0.247	0.138	0.358
△R^2	0.167***	0.096***	0.167***	0.011	0.155***	0.113***	0.161***	0.211***
VIF	≤2.037	≤2.043	≤2.040	≤2.063	≤2.040	≤2.061	≤2.042	≤2.099
DW	1.833		1.824		1.946		1.780	

注:*** $p<0.001$,** $p<0.01$,* $p<0.05$,† $p<0.1$。

表 6.5　环境动荡性与市场不连续创新：动态能力的中介

变量名称	市场不连续创新							
	M1	M2	M3	M4	M5	M6	M7	M8
控制变量								
企业规模	0.079	0.116	0.079	0.068	0.079	0.080	0.079	0.088
企业所在地	0.214***	0.220**	0.214***	0.208**	0.214***	0.215**	0.214***	0.212**
企业成长年限	0.032	0.044	0.032	0.027	0.032	0.034	0.032	0.032
高技术企业	0.103	0.096	0.103	0.100	0.103	0.100	0.103	0.102
低技术企业	0.096	0.087	0.096	0.094	0.096	0.086	0.096	0.103
国有企业	−0.106	−0.116*	−0.106	−0.099	−0.106	−0.103	−0.106	−0.109
民营企业	−0.106	−0.099*	−0.106	−0.100	−0.106	−0.106	−0.106	−0.099
预测变量								
技术动态性	0.079	0.111	0.079	0.095	0.079	0.073	0.079	0.113
市场动态性	0.269***	0.289***	0.269***	0.277***	0.269***	0.248**	0.269***	0.308***
竞争敌对性	0.160*	0.172*	0.160*	0.161*	0.160*	0.159*	0.160*	0.167*
政策敌对性	0.272***	0.266**	0.272***	0.262**	0.272***	0.278***	0.272***	0.257**
机会感知能力		−0.102						
资源整合能力				−0.069				
组织重构能力						0.041		
动态能力								−0.083
F	10.021	9.447	10.021	9.309	10.021	9.186	10.021	9.325
R^2	0.366	0.374	0.366	0.370	0.366	0.367	0.366	0.371
Adjusted R^2	0.329	0.334	0.329	0.330	0.329	0.327	0.329	0.331
ΔR^2	0.255***	0.008	0.255***	0.004	0.255***	0.001	0.255***	0.005
VIF	≤2.072	≤2.125	≤2.066	≤2.093	≤2.066	≤2.087	≤2.066	≤2.120
DW	1.831		1.840		1.866		1.830	

注：*** $p<0.001$，** $p<0.01$，* $p<0.05$，' $p<0.1$。

表 6.6 环境动荡性对动态能力的影响效应：多元线性回归结果

变量名称	机会感知能力	资源整合能力	组织重构能力
	M1	M2	M3
企业规模	−0.056	−0.204	0.363 ***
企业所在地	−0.020	−0.081	0.059
企业成长年限	−0.045	−0.062	0.115[†]
高技术企业	0.113	−0.006	−0.074
低技术企业	0.255 ***	−0.014	−0.081
国有企业	−0.047	0.118	−0.100*
民营企业	0.013	0.099	−0.067
技术动态性	0.171*	0.229**	0.318***
市场动态性	0.505***	0.124	0.199*
竞争敌对性	0.028	0.042	0.124[†]
政策敌对性	−0.129	−0.170[†]	−0.063
F	7.883	2.051	6.068
R^2	0.312	0.106	0.258
Adjusted R^2	0.273	0.054	0.215
$\triangle R^2$	0.204***	0.053*	0.122***
VIF	⩽2.039	⩽2.043	⩽2.040
DW	1.918	1.910	2.013

注：*** $p < 0.001$，** $p < 0.01$，* $p < 0.05$，[†] $p < 0.1$。

6.5 不连续创新与组织绩效

假设 14 提出技术不连续创新对组织绩效具有倒 U 形影响作用，假设 15 提

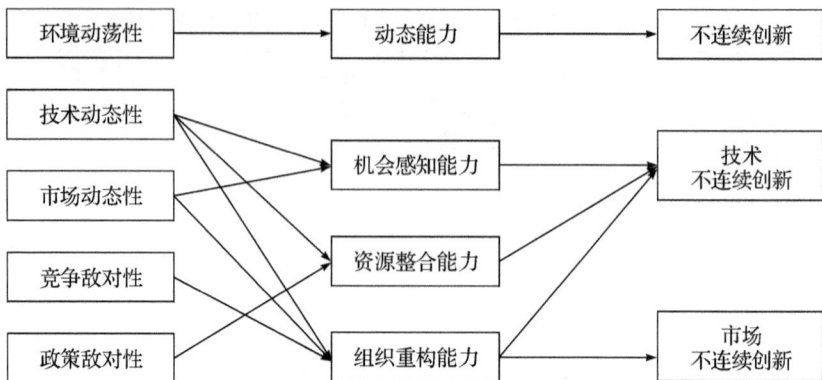

图 6.1　环境动荡性影响不连续创新的中介路径

出市场不连续创新对组织绩效具有正向影响作用。表 6.7 和表 6.8 分别是不连续创新对组织短期绩效和长期绩效的多元线性回归结果。

对于技术不连续创新与组织绩效之间的关系,表 6.7 和表 6.8 的研究结果显示,技术不连续创新的一次项无论对组织短期绩效、长期绩效的单项测量指标还是对整体测量指标($b=0.296$,$p<0.001$;$b=0.319$,$p<0.001$)均具有显著正向影响效应。进而观察技术不连续创新的平方项对短期绩效、长期绩效影响效应发现,技术不连续创新的平方项对企业投资回报率和市场份额等短期绩效指标具有显著负向影响效应($b=-0.135$,$p<0.05$;$b=-0.099$,$p<0.1$),对企业顾客满意度这一长期绩效指标也具有显著负向影响效应($b=-0.144$,$p<0.05$)。因此,假设 14a 和假设 14b 得到了部分验证。

对于市场不连续创新与组织绩效之间的关系,表 6.7 和表 6.8 的研究结果显示,市场不连续创新的一次项无论对组织短期绩效、长期绩效的单项测量指标还是对整体测量指标($b=0.442$,$p<0.001$;$b=0.323$,$p<0.001$)均具有显著正向影响效应。进一步观察市场不连续创新的平方项对短期绩效、长期绩效影响效应发现,市场不连续创新的平方项无论对短期绩效和长期绩效的具体指标还是整体构念($b=0.210$,$p<0.001$;$b=0.343$,$p<0.001$)均具有显著正向影响效应。因此,假设 15a 和假设 15b 得到了验证。

表 6.7 不连续创新对组织短期绩效的多元线性回归结果

变量名称	投资回报率(1)		资产收益率(2)		销售额(3)		市场份额(4)		现金流量(5)		短期绩效(1+2+3+4+5)	
技术不连续创新	0.330***	0.281***	0.222***	0.170***	0.342***	0.286***	0.504***	0.453**	0.209***	0.163*	0.357***	0.296***
市场不连续创新	0.299***	0.318***	0.325***	0.377***	0.246***	0.304***	0.344**	0.366**	0.393***	0.463***	0.383***	0.442***
技术不连续创新^2		−0.135*		0.009		0.016		−0.099†		0.102		−0.005
市场不连续创新^2		0.150*		0.181*		0.199**		0.133*		0.193**		0.210***
F	8.290	7.654	5.206	4.987	5.738	5.648	23.561	20.491	6.638	6.897	10.996	9.926
R^2	0.279	0.306	0.441	0.471	0.459	0.494	0.549	0.567	0.235	0.283	0.326	0.383
Adjusted R^2	0.245	0.266	0.157	0.178	0.174	0.201	0.526	0.540	0.200	0.242	0.295	0.326
ΔR^2	0.183***	0.027*	0.138***	0.028*	0.163***	0.034	0.333***	0.018*	0.176**	0.048*	0.247**	0.036**
VIF	≤1.807	≤1.820	≤1.808	≤1.821	≤1.808	≤1.821	≤1.874	≤1.885	≤1.808	≤1.821	≤1.808	≤1.821

注:*** $p<0.001$，** $p<0.01$，* $p<0.05$，† $p<0.1$。控制变量为:企业规模、企业所在地、企业成长年限、企业产业类型和企业所有制类型。

表 6.8　不连续创新对组织长期绩效的多元线性回归结果

变量名称	顾客满意度(1)		吸引新的顾客(2)		员工建议数量(3)		高管满意度(4)		员工生产力(5)		长期绩效(1+2+3+4+5)	
技术不连续创新	0.371***	0.255***	0.283***	0.174*	0.311***	0.119***	0.293***	0.232**	0.400***	0.189**	0.416***	0.223**
市场不连续创新	0.133†	0.222***	0.196**	0.249***	0.228***	0.189***	0.230	0.305	0.354***	0.238**	0.319***	0.323***
技术不连续创新²		-0.144*		-0.043		-0.048		0.045		0.016		-0.026
市场不连续创新²		0.371***		0.288***		0.274***		0.232**		0.165*		0.343***
F	5.198	7.707	5.060	5.990	3.921	4.716	3.431	4.038	5.236	4.899	7.106	9.051
R²	0.195	0.307	0.191	0.257	0.155	0.214	0.137	0.188	0.196	0.220	0.250	0.344
Adjusted R²	0.158	0.268	0.153	0.214	0.115	0.168	0.097	0.141	0.159	0.175	0.215	0.306
ΔR²	0.147***	0.112***	0.103***	0.066**	0.105***	0.059**	0.128***	0.051**	0.184***	0.024†	0.206***	0.094***
VIF	≤1.806	≤1.819	≤1.811	≤1.824	≤1.822	≤1.833	≤1.808	≤1.821	≤1.811	≤1.824	≤1.809	≤1.821

注:*** $p<0.001$,** $p<0.05$,† $p<0.1$。控制变量为:企业规模、企业所在地、企业产业类型、企业成长年限、企业产业类型和企业所有制类型。

图 6.2、图 6.3 和图 6.4 更加直观地显示了技术不连续创新对组织短期绩效（投资回报率、市场份额）和长期绩效（顾客满意度）的倒 U 形影响效应，即技

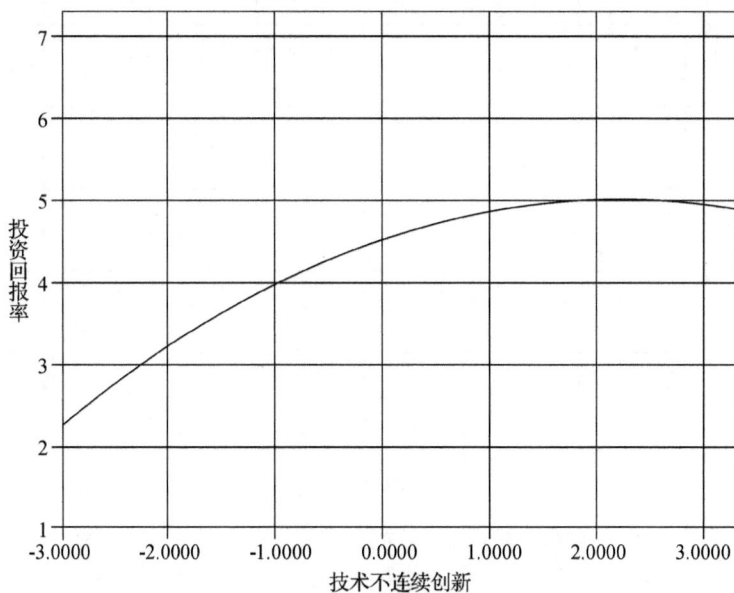

图 6.2　投资回报率与技术不连续创新之间关系的预测模型

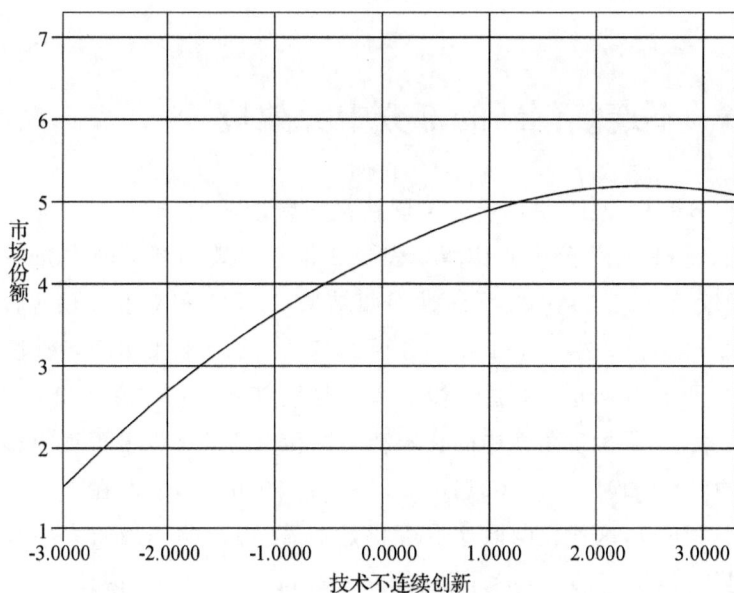

图 6.3　市场份额与技术不连续创新之间关系的预测模型

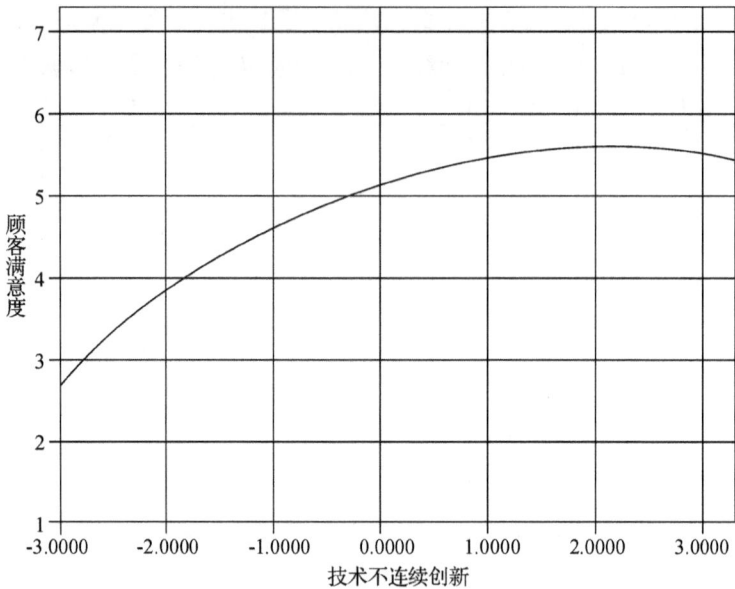

图 6.4　顾客满意度与技术不连续创新之间关系的预测模型

术不连续创新对投资回报率、市场份额和顾客满意度的正向影响效应在到达一个顶点之后开始对组织绩效产生负向影响效应。

6.6　不连续创新的部分中介效应

假设 16 和假设 17 提出不连续创新在环境动荡性、动态能力与组织绩效之间的关系中具有部分中介作用。表 6.9 是不连续创新部分中介环境动荡性与组织绩效之间关系的多元线性回归结果,MⅠ-1 和 MⅡ-1 仅包含控制变量,MⅠ-2 和 MⅡ-2 在 MⅠ-1 和 MⅡ-1 的基础上加入自变量环境动荡性的四个维度,MⅠ-3 和 MⅡ-3 则进一步加入不连续创新这一中介变量。表 6.9 中的 MⅠ-2 表明,环境动荡性中的技术动态性和市场动态性显著正向影响组织短期绩效($b=0.274$,$p<0.001$;$b=0.281$,$p<0.001$),然而在中介变量进入模型之后(MI-3),这种影响效应尽管仍然显著,但影响作用的大小和显著性水平明显下降($b=0.219$,$p<0.01$;$b=0.201$,$p<0.05$)。因此,假设 16a 得到了验证。

对于不连续创新在环境动荡性与长期绩效之间关系的中介效应,表 6.9 中的 MⅡ-2 表明,环境动荡性中的技术动态性、市场动态性和竞争敌对性显著正向影响组织长期绩效($b=0.171,p<0.05$;$b=0.497,p<0.001$;$b=0.160,p<0.05$),在中介变量进入模型之后(MⅡ-3),技术动态性和竞争敌对性对长期绩效没有显著影响效应,而市场动态性对长期绩效的影响作用水平下降了($b=0.473,p<0.001$)。这证明不连续创新在技术动态性、竞争敌对性和长期绩效之间起到完全中介作用,在市场动态性和长期绩效之间起到部分中介作用,假设 16b 得到部分验证。

表 6.9 环境动荡性与组织绩效:不连续创新的中介效应

变量名称	短期绩效			长期绩效		
	MⅠ-1	MⅠ-2	MⅠ-3	MⅡ-1	MⅡ-2	MⅡ-3
控制变量						
企业规模	0.195*	0.290***	0.267***	0.065	0.132	0.135†
企业所在地	0.136†	0.089	0.029	−0.038	0.096	0.077
企业成长年限	−0.094	−0.063	−0.070	−0.058	−0.010	−0.003
高技术企业	0.033	0.016	−0.018	−0.050	−0.055	−0.034
低技术企业	−0.148†	−0.086*	−0.128†	−0.021	0.007	−0.004
国有企业	−0.092	−0.059	−0.022	−0.231*	−0.170*	−0.157†
民营企业	−0.112	−0.076	−0.046	−0.068	−0.063*	−0.069
预测变量						
技术动态性		0.274***	0.219**		0.171*	0.088
市场动态性		0.281***	0.201*		0.497***	0.473***
竞争敌对性		0.087	0.015		0.160*	0.118
政策敌对性		0.131	0.077		−0.091	−0.013
技术不连续创新			0.116†			0.247***
市场不连续创新			0.252***			−0.115
F	2.483	7.047	7.269	1.109	6.104	7.024
R²	0.082	0.289	0.333	0.038	0.260	0.326

续表

变量名称	短期绩效			长期绩效		
	M I -1	M I -2	M I -3	M II -1	M II -2	M II -3
Adjusted R²	0.049	0.248	0.287	0.038	0.222	0.066
ΔR²	—	0.207***	0.045**	—	0.387***	0.050***
VIF	≤1.765	≤2.043	≤2.199	≤1.770	≤2.062	≤2.214

注：*** $p<0.001$，** $p<0.01$，* $p<0.05$，† $p<0.1$。

表 6.10 是不连续创新部分中介动态能力与组织绩效之间关系的多元线性回归结果，M I -1 和 M II -1 仅包含控制变量，M I -2 和 M II -2 在 M I -1 和 M II -1 的基础上加入自变量动态能力的三个维度，M I -3 和 M II -3 进一步加入不连续创新这一中介变量。表 6.10 中的 M I -2 表明，动态能力中的机会感知能力和资源整合能力均显著正向影响组织短期绩效（b＝0.347，$p<0.001$；b＝0.123，$p<0.1$），在不连续创新中介变量进入模型之后（M I -3），这种影响效应尽管仍然显著，但影响作用的大小下降了（b＝0.282，$p<0.001$；b＝0.115，$p<0.1$）。因此，假设 17a 得到了验证。

对于不连续创新在动态能力与长期绩效之间关系的中介效应，表 6.10 中的 M II -2 表明，动态能力的三个构成维度均显著正向影响组织长期绩效（b＝0.348，$p<0.001$；b＝0.186，$p<0.001$；b＝0.588，$p<0.001$），在不连续创新中介变量进入模型之后（M II -3），这种影响效应尽管仍然显著，但影响作用的大小和显著性水平不同程度地下降了（b＝0.295，$p<0.001$；b＝0.153，$p<0.01$；b＝0.513，$p<0.001$）。因此，假设 17b 得到了验证。

表 6.10 动态能力与组织绩效：不连续创新的中介效应

变量名称	短期绩效			长期绩效		
	M I -1	M I -2	M I -3	M II -1	M II -2	M II -3
控制变量						
企业规模	0.209*	0.127	0.173*	0.156	0.119	0.134*
企业所在地	0.129	0.103	0.021	0.038	−0.013	−0.036
企业成长年限	−0.063	−0.073	−0.081	−0.075	−0.043	−0.045
高技术企业	0.015	0.018	0.005	−0.071	−0.100	−0.100

续表

变量名称	短期绩效			长期绩效		
	MⅠ-1	MⅠ-2	MⅠ-3	MⅡ-1	MⅡ-2	MⅡ-3
低技术企业	−0.173*	−0.123	−0.132†	−0.001	−0.048	−0.038
国有企业	−0.128	−0.116	−0.045	−0.240*	−0.175**	−0.157*
民营企业	−0.103	−0.144†	−0.052	−0.095	−0.140*	−0.123*
预测变量						
机会感知能力		0.347***	0.282***		0.348***	0.295***
资源整合能力		0.123†	0.115†		0.186***	0.153**
组织重构能力		0.060	−0.060		0.588***	0.513***
技术不连续创新			0.164*			0.163**
市场不连续创新			0.415***			0.082
F	2.484	5.034	8.946	1.348	21.551	19.384
R^2	0.048	0.212	0.367	0.050	0.549	0.571
Adjusted R^2	0.050	0.170	0.326	0.013	0.524	0.541
ΔR^2	—	0.128***	0.155***	—	0.499***	0.022*
VIF	≤1.770	≤1.804	≤1.853	≤1.709	≤1.824	≤1.842

注：*** $p<0.001$，** $p<0.01$，* $p<0.05$，† $p<0.1$。

6.7 本研究假设检验汇总

总体来说，针对提出的四种假设关系，即环境动荡性对不连续创新的影响及动态能力的调节效应、动态能力对不连续创新的影响、不连续创新对组织绩效的影响以及不连续创新的部分中介效应，本书以204家制造业企业为样本对这些假设进行了检验，结果表明本书所提出大部分假设都得到了验证，研究问题得到了很好的响应，初步实现了本书所提出的研究目标，并完成了主要研究内容。假设验证总体情况如表6.11所示。

表 6.11　本研究假设检验情况汇总

研究问题	假设内容	验证情况
技术动态性与 不连续创新	H1：技术动态性对企业技术不连续创新具有正向影响	支持
市场动态性与 不连续创新	H2：市场动态性对企业技术不连续创新具有正向影响	
	H3：市场动态性对企业市场不连续创新具有正向影响	
竞争敌对性与 不连续创新	H4a：竞争敌对性对企业技术不连续创新具有正向影响	支持
	H4b：竞争敌对性对企业技术不连续创新具有负向影响	不支持
	H5：竞争敌对性对企业市场不连续创新具有正向影响	支持
政策敌对性与 不连续创新	H6a：政策敌对性对企业技术不连续创新具有正向影响	不支持
	H6b：政策敌对性对企业技术不连续创新具有负向影响	支持
	H7：政策敌对性对企业市场不连续创新具有正向影响	
机会感知能力 与不连续创新	H8a：机会感知能力对技术不连续创新具有正向影响	支持
	H8b：机会感知能力对市场不连续创新具有正向影响	不支持
资源整合能力 与不连续创新	H9a：资源整合能力对技术不连续创新具有正向影响	支持
	H9b：资源整合能力对市场不连续创新具有正向影响	不支持
组织重构能力 与不连续创新	H10a：组织重构能力对技术不连续创新具有正向影响	支持
	H10b：组织重构能力对市场不连续创新具有正向影响	
动态能力的中 介作用	H11a：机会感知能力在环境动荡性与技术不连续创新中扮演中介角色	部分 支持
	H11b：机会感知能力在环境动荡性与市场不连续创新中扮演中介角色	
	H12a：资源整合能力在环境动荡性与技术不连续创新中扮演中介角色	
	H12b：资源整合能力在环境动荡性与市场不连续创新中扮演中介角色	
	H13a：组织重构能力在环境动荡性与技术不连续创新中扮演中介角色	
	H13b：组织重构能力在环境动荡性与市场不连续创新中扮演中介角色	

研究问题	假设内容	验证情况
不连续创新与 组织绩效	H14a:技术不连续创新对组织短期绩效的影响效应呈倒 U 形曲线关系	支持
	H14b:技术不连续创新对组织长期绩效的影响效应呈倒 U 形曲线关系	
	H15a:市场不连续创新对组织短期绩效具有正向影响	
	H15b:市场不连续创新对组织长期绩效具有正向影响	
不连续创新的 部分中介作用	H16a:不连续创新在环境动荡性与组织短期绩效之间起部 分中介作用	支持
	H16b:不连续创新在环境动荡性与组织长期绩效之间起部 分中介作用	部分 支持
	H17a:不连续创新在动态能力与组织短期绩效之间起部分 中介作用	支持
	H17b:不连续创新在动态能力与组织长期绩效之间起部分 中介作用	

7

结果讨论与结论

　　本书基于探索性案例研究、理论归纳与演绎提出理论模型,并在大样本问卷调查的基础上运用 SPSS18.0 探索性因子分析和 Amos18.0 验证性因子分析等方法检验了环境动荡性、动态能力、不连续创新和组织绩效等多维构念的信度与效度,最终通过 SPSS18.0 中的多元线性回归分析技术检验了不同多维构念之间关系的有关假设。围绕理论模型和相关假设,本章的主要内容包括五个方面:第一,揭示动态能力和不连续创新这两个核心多维构念的内部结构及其合理性;第二,从"超竞争"、竞争动态性以及资源观、知识观等不同视角解释环境动荡性和动态能力对不连续创新的影响及其内在机制;第三,不连续创新对组织短期绩效和长期绩效非线性影响效应假设检验结果讨论;第四,不连续创新的部分中介作用假设检验结果讨论;第五,基于已有的文献研究和本书的实证发现,对结论进行进一步总结和提炼。

7.1　本书核心构念多维结构的讨论

　　在构建环境动荡性、动态能力和不连续创新三者之间关系理论模型与提出相关假设之前,本研究首先在第二章文献综述部分对不连续创新和动态能力这两个关键构念的构成维度进行了详细的阐述。本研究遵循 Barreto(2010)等学者的研究建议,即既整合已有的研究成果同时又对最新的研究提议进行响应,将动态能力视为由"机会感知能力""资源整合能力""组织重构能力"三个不同维度所构成的"合并型"多维构念;同时,在根本性创新(Utterback,Kim,1986;Utterback,1996)、破坏性创新(Christensen,Bower,1996;Christensen,1997)

等相关概念辨别的基础上,基于不同学者的研究(Garcia,Calantone,2002; Benner,Tushman,2003; Zhou et al.,2005; 姜黎辉,2007; Govindarajan et al.,2011),将不连续创新视为由"技术不连续创新"和"市场不连续创新"两个维度构成。

对 204 家企业样本数据的探索性因子分析和验证性因子分析验证了动态能力和不连续创新构念的多维结构。在动态能力构念的内部构成中,"机会感知能力""资源整合能力""组织重构能力"对动态能力整体构念变异解释的贡献率存在差异性("机会感知能力"解释了整体构念的 26.150%,"资源整合能力"解释了整体构念的 16.504%,"组织重构能力"解释了整体构念的 28.856%),但是 SPSS18.0 的非参数 t 检验结果显示这种差异性是不显著的(见表 7.1、表 7.2),因此可以推断动态能力构念的三个构成维度对整体构念具有相同的贡献度。利用 SPSS18.0 对动态能力不同构成维度进行信度分析,发现其三个维度均具有较高的内部一致性(α 信度系数分别为 0.846、0.851 和 0.899,平均变异数抽取量 AVE 接近于 0.6 或大于 0.6)(见表 5.13)。另外,利用 Amos18.0 对动态能力不同构成维度进行验证性因子分析,发现其测量量表有明显的辨别效度(见表 5.13)。因此,本研究认为动态能力构念由"机会感知能力""资源整合能力""组织重构能力"三个不同的构成维度组成。

表 7.1　动态能力构念多个相关样本非参数 Friedman 检验结果

Ranks		Test Statistics ($N=204$)	
机会感知能力	1.97	Chi-Square	0.001
资源整合能力	2.00	df	2
组织重构能力	2.04	Asymp. Sig.	0.756

表 7.2　动态能力构念多个相关样本非参数 Kendall's W 检验结果

Ranks		Test Statistics ($N=204$)	
机会感知能力	1.97	Kendall's W[a]	0.559
资源整合能力	2.00	df	2
组织重构能力	2.04	Asymp. Sig.	0.756

注:a. Kendall's Coefficient of Concordance。

　　类似的，在不连续创新构念的内部构成中，"技术不连续创新"和"市场不连续创新"对不连续创新整体构念变异解释的贡献率虽然存在差异性（"技术不连续创新"解释了整体构念的 34.717%，"市场不连续创新"解释了整体构念的 33.538%），但是 SPSS18.0 非参数 t 检验结果显示这种差异性也是不显著的（见表 7.3、表 7.4），由此可以推断不连续创新构念的两个构成维度对整体构念具有相同的贡献度。利用 SPSS18.0 对不连续创新不同构成维度进行信度分析，发现其两个维度均具有较高的内部一致性（α 信度系数分别为 0.842 和 0.852，平均变异数抽取量 AVE 大于 0.5）（见表 5.15）。另外，利用 Amos18.0 对不连续创新不同构成维度进行验证性因子分析，发现该测量量表也有明显的辨别效度（见表 5.15）。因此，本研究认为不连续创新构念由"技术不连续创新"和"市场不连续创新"两个不同的构成维度组成。

表 7.3　不连续创新构念两个相关样本非参数 Wilcoxon 检验结果

	Ranks				Test Statistics（$N=204$）	
		N	Mean Ranks	Sum of Ranks		
市场不连续创新－技术不连续创新	Negative Ranks	90[a]	105.72	9515.00	Z	−1.113[d]
	Positive Ranks	114[b]	99.96	11395.00	Asymp. Sig.	0.266
	Ties	0[c]				

　　注：a. 市场不连续创新＜技术不连续创新；b. 市场不连续创新＞技术不连续创新；c. 市场不连续创新＝技术不连续创新；d. Based on positive ranks。

表 7.4　不连续创新构念两个相关样本非参数 Sign 检验结果

	Frequencies		Test Statistics（$N=204$）	
		N		
市场不连续创新－技术不连续创新	Negative Differences	90[a]	Z	−1.610[d]
	Positive Differences	114[b]	Asymp. Sig.	0.107
	Ties	0[c]		

　　注：a. 市场不连续创新＜技术不连续创新；b. 市场不连续创新＞技术不连续创新；c. 市场不连续创新＝技术不连续创新；d. Based on positive ranks。

　　值得注意的是，在动态能力构念的三个不同构成维度中，与"机会感知能力"和"组织重构能力"相比，"资源整合能力"对整体构念的贡献度相对不足，这暗含了当前在"超竞争"环境下组织适应性研究领域的两个重要研究趋势：一是基于创业理论或企业家（或企业家精神）理论，强调外部机会的识别与机会利用（Shane，2000；Shane，Venkatraman，2000）的重要性；二是基于组织"双元性"理论（Tushman，O'Reilly Ⅲ，1996；Christensen，1997；Tushman，O'Reilly，1997；Gibson，Birkinshaw，2004），强调对组织机构的设计或再设计以抓住转瞬即逝的创新机会的重要性。然而，对不连续创新的两个不同的构成维度来说，它们对整体构念的贡献度比较相似，并且对不同类型的组织绩效的变异具有相似的解释力，体现出它们对企业的成长和发展具有同等重要的地位。

7.2 环境动荡性与不连续创新假设检验结果讨论

对于环境动荡性与不连续创新之间的关系，本研究针对技术动态性和市场动态性两个构念，提出它们均正向影响不连续创新（技术不连续创新和市场不连续创新）；针对竞争敌对性和政策敌对性两个构念，分别提出了两对竞争性的假设。

（1）环境动态性与不连续创新

对于技术动态性和市场动态性，研究发现它们均显著地正向影响不连续创新。研究结果进一步证实了 Zhou 等（2005）、Koberg 等（2003）、De Tienne 和Koberg（2002）、Utterback（1996）等学者的研究结论。例如，Koberg 等（2003）、De Tienne 和 Koberg（2002）基于组织惯性和创新战略选择的视角，认为由顾客、代理商、供应商、管制部门与机构以及市场和技术的发展带来的变革，将有利于培育一个创新的环境，并且环境动态性能够通过降低组织惯性和管理惯性，进而使高管能够在更大的创新选择范围内进行选择或者采取不同的创新响应，最终他们通过对航空、电子元器件和通信三大高技术产业企业的大样本实证研究证实，环境动态性对不连续创新具有显著的正向影响效应。

Zhou 等（2005）指出，为了应对高技术动态性所导致的产品生命周期缩短、竞争优势被侵蚀等，企业必须增强研发投入强度并抓住新技术所创造的新一代产品的机会，同时，高技术动态性也能够使企业利用技术进步的优势改变现有的价值链网络，进而促进企业突破性创新。对于市场不确定性来说，他们认为，在高市场不确定性条件下,识别顾客需求的变化变得日益困难,渐进性创新已经不能满足顾客需要(Wind,Mahajan,1997),因此企业需要进行突破性创新,如重塑顾客行为方式以超越顾客需求和创造顾客需求(Porter,1985;Hamel et al.,1994)。他们在中国情境下进行了实证检验,证实了环境动态性(技术动态性、需求不确定性)对不连续创新具有显著正向影响作用。

另外,Utterback(1996)也明确指出,高技术动态性能够激励企业对根本性产品技术的开发,以提高企业利润、吸引顾客和获取市场份额。

本书的研究发现进一步丰富了环境动态性对不连续创新正向影响作用的理论解释。一方面,高技术动态性意味着科学(如物理化学)、技术(纳米技术、新材料技术)的飞速发展,为企业在新的技术轨迹内创造和利用机会提供了条件,使其打开一片新的成长和赢利空间(Rosenbusch et al.,2007)。高市场动态性则意味着顾客口味和需求偏好的不断变化,使需求的性质发生显著的改变,并因此改变顾客对产品或服务需求的类型与数量,从本质上看,市场动态性越高,全新的利基市场越容易出现,这鼓励了企业家或高管从事高风险、高回报的创新工程,同时,这种新的利基市场及新兴顾客的出现,为企业不连续创新的商业化提供关键的资源保证(Dean,Meyer,1996)。另一方面,从组织战略制定过程的视角看,感知环境动态性改变了企业以往创新战略决策制定过程中的偏好及其内在一致性(Cho,Hambrick,2006;Robert Mitchell et al.,2011),使其能够从渐进性创新的惯性中解放出来,沿着与当前技术开发、产品开发完全不同的轨迹前进。

与此同时,环境扫描/创新搜索等领域的研究也为环境动态性与不连续创新之间的关系提供了新的解释视角。一些研究指出,环境动态性很高有利于企业增加对外部环境的扫描的频率(Elenkov,1997),进而促进企业开展不连续创新(姜黎辉,2007)。

(2)环境敌对性与不连续创新

对于环境敌对性与不连续创新之间的关系,本书提出了两对竞争性的假设。实证研究结果进一步验证了Zhou等(2005)关于竞争强度正向影响市场基础上的突破性创新的研究结论。另外,本研究还进一步深化和扩展了Zhou等(2005)关于竞争强度与基于技术的突破性创新的研究,他们一方面认为,在市场竞争非常激烈的情况下,企业将特别关注成本(Porter,1985),并通过对竞争对手行为和技术的简单模仿而将其优势内部化,以降低产品创新中的高成本;同时,他们还认为从市场的角度,在市场竞争非常激烈的情况下,企业也将通过识别具有不同价值系统的新的细分市场和服务于新的顾客以抵消竞争对手的优势(Porter,1985),而这些基于市场的创新将具有超越现有技术和取代现有产品的潜力,因此提出竞争强度负向影响企业基于技术的突破性创新而正向影响企业基于市场的突破性创新。

本书通过对 204 家企业样本数据的多元线性回归分析发现,竞争敌对性除了对市场不连续创新具有显著的正向影响效应外,对技术不连续创新也具有显著的正向影响效应。通过更为深入和系统的分析发现,在阐述产业竞争强度与突破性创新之间的关系时,Zhou 等(2005)仅仅指出了企业的一种适应性行为——降低成本,而忽略了企业还可能使用其他适应性行为。例如,Covin 等(2000)明确指出,为了应对敌对环境中的竞争,企业将具有两种完全不同的适应性行为,一种是以降低库存、提高生产率、流水线操作等典型的控制成本行为为特征的"效率"战略,另一种是运用避免直接参与竞争的市场差异化战略以与竞争对手相区别。而 Miller(1987)关于环境敌对性与市场差异化战略之间显著正相关的研究结论支持了这种观点。

因此,本书认为为了更充分地理解竞争敌对性与企业不连续创新之间的关系,需要从不同的视角或者多视角进行分析,如基于资源依赖或市场竞争的战略选择视角进行分析时会得出负向关系的研究结论。但是,从当前奥地利经济学派的企业家理论(企业家精神)或公司创业理论的视角进行分析时却得出了完全相反的研究结论,实证结果也进一步证实,该理论提供了非常有效的分析视角,并在完全不同的理论方面具有决定性的解释力。

除了聚焦于产业环境动荡性对不连续创新的影响作用外,本书还从制度(政策)环境层次进行研究,丰富了已有文献关于环境动荡性与不连续创新之间的关系的研究。具体来看,研究发现政策敌对性对技术不连续创新具有显著的负向影响效应,然而对市场不连续创新则具有显著的正向影响效应,表明资源依赖和企业家理论(企业家精神)或公司创业理论在技术不连续创新和市场不连续创新方面具有截然不同的解释力。在政策敌对性与技术不连续创新之间的关系上,资源依赖视角更具解释力,即政策敌对性通过约束社会技术资源的流动、转移管理者的注意力,并将企业有限的资源用于与政府机构或相关人员构建或维持良好的政治连带/网络/关系等非市场行为,从而抑制企业在技术发展与技术变革趋势的预测、新技术或新产品研发等领域更多的资源投入,那些风险和不确定性程度较高的技术不连续创新项目将被规避。因此,政策敌对性对技术不连续创新具有负向影响效应。

然而,对于政策敌对性与市场不连续创新之间的关系来说,资源依赖视角存在不足,企业家理论(企业家精神)或公司创业理论提供了更具解释力的视角。本书认为中国政府产业政策的不断变化或其演化趋势是放松产业管制、释放自身所控制的战略性资源、为企业公平竞争营造一个多元和异质性的商业环境(Davies,Walters,2004;Tan et al.,2007),并通过政策的设计和再设计(如"改革开放"、"自主创新"、建设"创新型国家"、"走出去"和"战略性新兴产业规划"),增强企业创业导向,启动公司创业行为和创业过程,为不连续创新提供了强劲动力,从而使企业为了获取更高的利润和提高市场份额而积极开发和引入满足甚至超过顾客当前需要的产品或服务。因此,政策敌对性对企业市场不连续创新具有正向影响效应。

另外,在环境动荡性的不同维度对不连续创新影响效应大小方面,本书也得出了一些有趣的发现。例如,相对于市场动态性和政策敌对性,技术动态性和竞争敌对性对技术不连续创新具有更强的影响效应(回归系数分别为0.368和0.248),表明技术发展和技术变革以及激烈的市场竞争在促进企业追求先进技术或新技术方面有强大推动力;然而,对于市场不连续创新来说,政策敌对性和市场动态性则具有更大的影响效应(回归系数分别为0.272和0.269),技术动态性的影响微乎其微(回归系数仅为0.079且不显著),表明政府政策和顾客需求变化在促进企业满足追求或创造超越顾客需求的产品方面有强大推动力。

7.3 动态能力与不连续创新假设检验结果讨论

本书将企业动态能力视为合并型的多维构念(Barreto,2010),并检验了机会感知能力、资源整合能力和组织重构能力三个不同构成维度对不连续创新的直接影响效应。基于204家企业大样本数据的实证发现,动态能力的三个不同构成维度均显著正向影响技术不连续创新；然而，对市场不连续创新来说，仅组织重构能力对其具有显著正向效应。本研究直接证实了 Salomo 等（2007）、O'Connor（2008）以及 O'Connor 等（2008）的研究观点，即动态能力能够使企业有效应对高度复杂和模糊的任务，因此为培育、实施和维持不连续创新提供了一个非常适合的路径。

具体来看，在动态能力构念不同构成维度与技术不连续创新之间的关系方面，Tushman 和 Anderson（1986）以及 Anderson 和 Tushman（1990）指出，技术不连续创新（能力破坏型技术不连续性）是建立在与先前不同的知识、技术和能力基础之上的，甚至需要企业完全抛弃已有的知识和过时的技术，因此不仅需要企业增强不连续创新的感知重要性、改变企业投资意愿（Chandy，Tellis，1998），同时更需要企业打破已有创新过程中的组织惯性、管理惯性和能力惯性（Chandy，Tellis，2000）。动态能力作为扩展、修改、变革和/或创造组织常规能力的一种高阶能力（Winter，2000，2003；Cepeda，Vera，2007；Wang，Ahmed，2007），是对外部环境的一种"主动加工"过程（高若阳，2010），有利于企业创造性搜索和战略性意义建构（Pandza，Thorpe，2009），从而增强对不连续创新的感知重要性和打破已有路径或惯例的约束，促进企业开展不连续创新。最后，本研究的实证证实了动态能力构念三个不同构成维度对技术不连续创新的正向影响效应。

对于动态能力构念的不同构成维度与市场不连续创新之间的关系，实证研究证实机会感知能力和资源整合能力与市场不连续创新之间的假设关系没有得到验证，仅有组织重构能力显著地正向影响市场不连续创新。究其原因，可能是技术不连续创新和市场不连续创新所需的知识类型不同，以及技术和市场不连续创新对企业已有知识、技术和能力基础的破坏程度不同。对于价值链上科学知识、技术知识和产品市场知识等三种不同功能领域的知识（Lavie，Rosenkopf，2006），企业在进行市场不连续创新时，往往更加需要技术知识和产品相关的知识，对企业已有知识、技术和能力基础的破坏程度也相对较小，并且企业在日常经营管理过程中也逐步积累了如何利用这些知识及将其商业化的成功经验、结构与能力，因此此时机会感知能力和资源整合能力对市场不连续创新的影响作用也就不那么明显。而技术不连续创新则不同，它需要的往往是科学知识和技术知识，对企业已有知识、技术和能力基础的破坏程度较大甚至对其具有替代作用，识别、获取、利用以及创造这些知识亟须来自机会感知能力、资源整合能力和组织重构能力等多方面的支持才能成功。

7.4　环境动荡性与不连续创新：动态能力中介作用假设检验结果讨论

除了检验环境动荡性、动态能力构念的不同构成维度对不连续创新的独立影响效应外，本书还将动态能力视为环境动荡性影响不连续创新的具体路径加以研究。从本质上讲，环境动荡性是一种由外而内的视角，关注外部环境变化所带来的动力或压力对不连续创新的影响，而动态能力则是一种由内而外的视角，关注企业内部资源与结构的主动调整对不连续创新的影响，外部因素往往通过作用于内部因素才能发挥作用，动态能力在环境动荡性与不连续创新之间扮演重要的中介角色。而 Zhou 等（2005）、Koberg 等（2003）、De Tienne 和 Koberg（2002）以及 Utterback（1996）等学者的研究都主要关注环境动荡性对不连续创新的影响效应，然而对中间发生的条件和机制关注不够。

本书研究结果表明，动态能力在环境动荡性与不连续创新之间，呈现出部分中介作用，其中动态能力还在政策敌对性和不连续创新之间具有完全中介作用；证实了环境动荡性在直接驱动企业不连续创新的同时，还将通过企业自身的一系列战略与组织活动间接影响不连续创新，诸如企业研发、产品开发、流程变革、战略更新、结构调整等等。研究结果对理解环境特征如何驱动企业不连续创新的具体路径具有重要意义。

7.5　不连续创新与组织绩效假设检验结果讨论

在不连续创新与组织绩效之间的关系研究方面，理论模型和研究假设所提出的技术不连续创新对组织短期绩效和长期绩效具有倒 U 形影响效应得到了部分验证，市场不连续创新对组织短期绩效和长期绩效的正向影响效应假设得到了完全验证。

首先,研究结果进一步支持了 Zhou 等(2005)的研究发现,即无论是技术不连续创新还是市场不连续创新,因为其既能够为当前的主流顾客提供利益同时其创新产品又能受到新市场或新兴市场顾客的欢迎,所以对组织绩效均体现出了显著的正向影响效应。

其次,对于技术不连续创新对组织短期绩效和长期绩效的倒 U 形影响关系,本研究发现与当前组织学习(March,1991;Uotila et al.,2009)、创新搜索(Katila,Ahuja,2002;Laursen,Salter,2006)等领域的研究发现相一致。例如,Uotila 等(2009)在研究利用式学习和探索性学习对组织短期绩效的影响时指出,企业探索性学习活动能够促进新知识的开发并创造自身生存和长期繁荣所需的能力,但是过度聚焦于探索性学习活动则将导致企业锁定在"失败—搜索与变革—再失败—再搜索与变革"的循环之中(Levinthal,March,1993),最终对组织绩效和长期运行产生不利影响,他们最终通过实证研究证实了探索性学习对组织短期绩效的倒 U 形影响效应。Katila 和 Ahuja(2002)以及 Laursen 和 Salter(2006)关于创新搜索与新产品引入以及创新搜索与企业创新绩效之间关系的研究也证实,由于广泛的搜索增加了对新技术和新知识的整合成本、降低了企业对新信息正确响应的能力(即可靠性)(Katila,Ahuja,2002)、分散了管理者对特定创意的注意力(Laursen,Salter,2006)等,企业创新搜索的宽度对新产品引入或创新绩效产生倒 U 形影响作用,基于实证的研究证实了这种倒 U 形影响效应。

本研究基于知识吸收能力的视角,提出并实证证实了当企业过度追求技术不连续创新时,非但不能够为其带来良好的组织短期绩效和长期绩效,反而由于高整合成本、技术开发中的非规模经济性和商业化困难等原因,会对其产生负向的影响作用,即技术不连续创新对组织短期绩效和长期绩效具有倒 U 形影响效应。本研究结论也与"破坏性创新"研究中的经典理论观点相一致(Christensen,Rosenbloom,1995;Christensen,Bower,1996;Christensen,1997)。具体来说,这种倒 U 形影响效应可以从三个方面进行解释:过度追求技术不连续创新将导致企业增加对新技术或前沿技术研发或引入的成本,以及不同技术领域知识之间进行整合的成本;企业缺乏将这些全新的技术或知识商业化的过程中所需的生产或市场相关的知识;企业忽略了市场或顾客的真正需求，例如低成本、便捷或快速而非世界一流的技术性能。

再次，关于市场不连续创新对组织绩效的影响作用，实证结果表明无论对组织短期绩效还是对组织长期绩效来说，市场不连续创新对其均体现出显著的正向影响效应，并且这种影响边际递增。其原因可以从以下四个方面进行解释：过度追求市场不连续创新使企业不但能够满足当前主流市场顾客的现实需要，而且还能超越顾客当前需求为其提供超额价值；创造新的顾客价值需求，以此获取新的经济增长点；吸引当前主流市场中的高端顾客，使企业的市场定位由低端转向高端；吸引潜在的顾客或开发新市场或新兴市场中的新顾客。这些潜在顾客、高端顾客或新顾客愿意为不连续创新的高成本和高风险买单，支持企业短期绩效和长期绩效的不断提高。

7.6 环境动荡性、动态能力与组织绩效：不连续创新中介作用假设检验结果讨论

针对外部环境与组织绩效之间关系研究结论的争议性（Rosenbusch et al.，2007）、缺乏说服力（Rosenbusch et al.，2011）或者环境增强组织绩效的内在机制的不明确性（Short et al.，2007；Rosenbusch et al.，2011）；同时，针对动态能力与组织绩效/竞争优势之间关系研究观点的不一致性，如有的学者指出动态能力对企业竞争优势具有直接影响效应（Teece，Pisano，1994；Teece et al.，1997；Barreto，2010），而也有大量学者声称动态能力对组织绩效/竞争优势的影响作用是间接的（Eisenhardt，Martin，2000；Zott，2003；Zahra et al.，2006；Helfat et al.，2007；Ambrosini，Bowman，2009；Ambrosini et al.，2009），本书从创新的视角进行分析，试图打开环境影响组织绩效内在机制的黑箱，并协调动态能力影响组织绩效/竞争优势的不同观点。

本书实证结果表明，不连续创新无论对环境动荡性与组织绩效还是对动态能力与组织绩效之间的关系，均展现出了部分中介作用，其中不连续创新在技术动态性、竞争敌对性和长期绩效之间起到完全中介作用，证实了环境动荡性和动态能力并不直接影响组织绩效的提升，而是通过部分改变企业内部的资源配置方式（Eisenhardt，Martin，2000）、修改企业资源或惯例束

(Zott,2003),或者改变企业的资源基础(Helfat et al.,2007)等对其具有间接影响作用。研究结果对理解环境、动态能力如何驱动组织绩效的提升具有重要意义。

7.7　研究结论

当前,环境动荡程度很高,新技术、新市场、新规则和各种突发事件的不断涌现,大大触发了企业开展不连续创新(Bessant et al.,2005;Phillips et al.,2006a,2006b),并使之成为企业生存和快速发展的战略性选择。

然而,一系列研究表明,由于感知激励不足、信息过滤、组织惯性等的制约(Ehrnberg,Sjöberg,1995;Chandy,Tellis,2000),已有企业通常难以有效应对不连续创新(Christensen,Rosenbloom,1995;Christensen,1997;Hill,Rothaermel,2003),这被一些学者形象地称为"在位者诅咒"(Chandy,Tellis,2000),从而使企业不连续创新决策和实施变得异常复杂和困难。

如何摆脱"诅咒",已有研究从战略导向、组织学习、知识搜索、组织情境、资源积累、企业基本特征等企业层因素和高管层因素等方面展开了研究,但是对更为广泛的制度情境(政策等)以及组织能力前因的研究还处于初步探索阶段。更为重要的是,已有研究主要从单一的视角并多用案例研究的方法进行分析,影响了研究结论的普适性。

基于此,本书建立在奥地利经济学派有关机会发现的理论以及企业理论中的资源依赖理论的基石之上,首先严格界定了不连续创新和动态能力两个构念的内涵与维度构成,并明确了环境动荡性的研究层次和分析维度;然后实证检验了环境动荡性和动态能力对不连续创新的直接影响效应。主要研究结论如下。

(1)对于不连续创新和动态能力的构成维度

本书提出不连续创新可以从技术基础和市场基础两个方面进行分析,将其划分为技术不连续创新和市场不连续创新两个相对独立的构成维度。在最终的大样本实证研究中,不连续创新的两维度划分方法得到了验证。利用SPSS18.0的非参数 t 检验结果也显示,技术不连续创新和市场不连续创新之间相互关联但却是不同的(见表 7.3、表 7.4)，并且它们对不连续创新整体构念具有相同的贡献度。

对于动态能力构念的构成维度，本研究响应 Barreto(2010)的研究建议，首先继承 Teece 等(1994,1997)早期关于动态能力的观点，其次整合 Teece 等(2000,2007,2008)最新的观点，将动态能力视为由机会感知能力、资源整合能力和组织重构能力三个维度构成的合并型多维构念。最终大样本实证研究证实了三维度划分方法的合理性。利用 SPSS18.0 的非参数 t 检验结果显示，机会感知能力、资源整合能力和组织重构能力三个构成维度之间相关但却是不同的(见表 7.1、表 7.2)，并且它们对动态能力整体构念具有相同的贡献度。

(2)对于环境动荡性对不连续创新的直接影响效应

大样本实证研究结果一方面证实了 Zhou 等(2005)、Koberg 等(2003)、De Tienne 和 Koberg(2002)、Utterback(1996)关于环境动荡性正向影响不连续创新的研究发现，同时又丰富和扩展了现有的研究。具体如下。

技术动态性对技术不连续创新具有显著的正向影响效应；市场动态性无论对技术不连续创新还是对市场不连续创新均具有显著的正向影响效应；关于竞争敌对性对技术不连续创新的影响作用，实证结果显示它们之间的正向影响效应得到了支持，而竞争敌对性对技术不连续创新的负向影响作用没有被验证；关于政策敌对性对不连续创新的影响作用，研究得到了不同的结论，即政策敌对性对技术不连续创新具有显著的负向影响效应，而对市场不连续创新则具有显著的正向影响效应。

(3)对于动态能力对不连续创新的直接影响效应

对于技术不连续创新，机会感知能力、资源整合能力和组织重构能力对其均具有显著的正向效应；对于市场不连续创新，机会感知能力、资源整合能力对其没有体现出显著影响效应，仅有组织重构能力对其具有显著正向影响效应。另外，本书还提出并证实了动态能力在环境动荡性与不连续创新关系中的调节效应，然而，由于构念内涵及测量方式的差异性，动态能力三个维度具有截然不同的调节效应。

(4)对于不连续创新对组织绩效的影响效应

对于不连续创新与组织绩效之间的关系，实证研究发现，技术不连续创新

对组织短期绩效（投资回报率、市场份额）和长期绩效（顾客满意度）均具有倒 U
形的影响效应；而市场不连续创新则无论对组织短期绩效还是长期绩效均体现
出了显著的正向影响效应，并且这种影响效应边际递增。

　　（5）对于不连续创新的部分中介效应

　　本书基于实证研究发现，不连续创新无论对环境动荡性与组织绩效还是对
动态能力与组织绩效之间的关系，均展现出了部分中介作用，表明了不连续创
新在改变企业内部资源配置方式、修改企业资源或惯例束、改变企业的资源基
础等方面的重要作用。

8

研究贡献与展望

▼

本书在中国制度转型情境下探索和检验了环境动荡性、动态能力对不连续创新的直接影响效应,并在此基础上提出和检验不连续创新对组织绩效的倒 U 形影响效应,以及不连续创新在动态能力与组织绩效、环境动荡性与组织绩效之间的部分中介效应,研究结论对战略管理理论、创新管理理论以及动荡环境下企业适应性行为等领域研究具有贡献。

8.1 理论贡献

8.1.1 为环境与组织行为之间关系的研究提供新观点

本研究基于根本性创新(Utterback,Kim,1986;Utterback,1996)和破坏性创新(Christensen,Bower,1996;Christensen,1997)两种主要不连续创新类型(Hang et al.,2006;Tellis,2006;Govindarajan et al.,2011),并根据一系列学者对创新类型或分析视角的观点(Garcia,Calantone,2002;Gatignon et al.,2002;Benner,Tushman,2003;Govindarajan,Kopalle,2006),明确将不连续创新划分为技术不连续创新和市场不连续创新两个构成维度,表 7.3 和表 7.4 的实证研究结果有力支持了该观点的合理性。

鉴于不连续创新对组织适应性和战略性竞争力获取的极度重要性,本研究与战略导向(Zhou et al.,2005)、组织学习(De Tienne,Koberg,2002;Koberg et al.,2003;O'Connor et al.,2008)、知识搜索(Ahuja,Morris Lampert,2001;Phene et al.,2006;Jiang et al.,2010)、组织情境(Chandy,Tellis,2000)、资源积累

(Landry et al. ,2002；Perrons，Platts，2005；Perrons et al. ,2005；Subramaniam，Youndt，2005)、高管认知(Kaplan et al. ,2003；Eggers，Kaplan，2009)和企业基本特征(Chandy，Tellis，1998；De Tienne，Koberg，2002；Koberg et al. ,2003)等视角研究互补，从制度环境和产业环境两个层次以及动态性和敌对性两个维度研究其对企业不连续创新的直接影响效应，对已有研究进行了深化和扩展。

研究发现既验证了 Zhou 等（2005）、Koberg 等（2003）、De Tienne 和 Koberg(2002)等关于不连续创新环境前因的研究，同时又扩展了已有的研究发现，即竞争敌对性对技术不连续创新和市场不连续创新均有显著的正向影响作用，而政策敌对性则对技术不连续创新和市场不连续创新展现出了完全不同的影响效应。另外，本研究进一步证实了在中国制度转型情境下，环境动荡性对企业创新行为的决定性影响作用，特别是对市场不连续创新方面。例如，环境动荡性对技术不连续创新的变异具有 13.1％的贡献率，而对市场不连续创新的变异则有 32.9％的贡献率。

8.1.2 为动荡环境下驱动不连续创新提供新解释

与渐进性创新有着本质性的不同，不连续创新具有高度的不确定性、不可预测性、偶然性、非线性、随机性以及学习和探索性的特征(Lynn et al. ,1996；Rice et al. ,1998；Phillips et al. ,2006a)。因此，企业在不连续创新方面的决策和实施困难重重，然而动态能力作为企业构建、调整、整合、重构内外资源、技能以及不同职能部门能力的能力(Teece，Pisano，1994；Teece et al. ,1997)，为有效地应对不连续创新这种高度复杂和模糊性的任务提供了极好的研究视角、分析工具或研究路径(Salomo et al. ,2007；O'Connor，2008；O'Connor et al. ,2008)，在环境动荡性与不连续创新之间扮演中介角色。

本研究从组织认知、组织惯性、组织决策制定过程等视角展开分析，不仅从理论上论证了动态能力是企业不连续创新的重要驱动因素，而且从实证方面证实了其对不连续创新的影响效应和内在作用机制。总体来看，与 Salomo 等（2007）、O'Connor(2008)以及 O'Connor 等（2008）理论研究观点相一致，动态能力理论视角研究企业不连续创新不仅理论上可行，而且也经受住了实证的检验，为不连续创新决策和实施提供了一个新的解释。

8.1.3 为战略管理领域动态能力理论的发展提供新见解

本研究响应 Barreto(2010)的研究建议，将动态能力视为合并型的多维构念，沿着传统的动态能力研究路径，认为动态能力构念构成维度的研究将逐渐由组织行为维度深入和扩展到组织或管理者个体微观认知维度和态度维度(冯军政，魏江，2011)。通过整合已有的研究观点并响应最新的研究提议，本研究清晰、明确地将动态能力的构念解构为三个维度，即机会感知能力、资源整合能力和组织重构能力，从而整合了 Teece 等(1994,1997)早期关于动态能力的理论观点以及 Teece 等(2000,2007,2008)、O'Reilly Ⅲ 和 Tushman(2008)最新的研究进展，为动态能力理论的发展提供了有益的见解。

以全球竞争中的半导体、信息服务和软件等高技术产业全球竞争为背景，Teece 和 Pisano(1994)提出企业如何适应环境快速变革的动态能力理论，并指出动态能力中的"能力"主要是强调企业在应对环境变化时的调整、整合和重构内外组织技能、资源和职能能力的能力。尽管他们所提出的动态能力的思想被学术界和企业管理实践者广为接受，但是后来的研究却出现了明显不同的观点，如 Eisenhardt 和 Martin(2000)将动态能力视为企业一系列具体的、可识别的战略和组织过程，如产品开发、联盟、战略决策制定等。这使得后来的研究倾向出现了分化，导致动态能力概念的模糊性(Kraatz,Zajac,2001)、难以理解性(Winter,2003)、同义反复性(Collis,1994；Williamson,1999)或缺乏共同的研究基础(Wang,Zajac,2007)等，最终使不同研究之间出现不一致性和研究结果缺乏概化性成为必然。

本研究继承 Teece 等学者关于动态能力研究的传统观点，以此为脉络提出了其机会感知能力、资源整合能力和组织重构能力三维度构成的科学性和合理性，最终大样本实证研究显示这三个构成维度之间虽然高度相关但并不相同，表 7.1 和表 7.2 有力地支持了这种观点。

8.1.4 为转型经济或新兴经济情境下组织适应性行为研究提供新思路

本研究通过聚焦于环境动荡性和动态能力对企业不连续创新的影响作用，对制度转型或者新兴经济情境下组织适应性行为的研究具有理论贡献。近年来,在西方发达市场经济体系下,一种通过罕见的大规模结构变革达到适应性的间断均衡模型(Gersick,1991;Romanelli,Tushman,1994;Burgelman,2002)开始盛行,并逐渐成为战略管理领域组织适应性研究的主导模型(Romanelli,Tushman,1994;Eisenhardt,Tabrizi,1995)。在中国制度转型或新兴经济情境下,一些学者已经指出,企业当前的适应性行为具有典型的不连续性成长(吴晓波等,2009a)、非线性学习(吴晓波等,2009b)、大范围跨行业转型(李廉水等,2004)以及"探索—学习—探索"的独特发展路径(熊军,章凯,2009)。

本研究从战略决策制定和组织行为的视角认为,不连续创新而非渐进性创新是中国企业在持续高度"动态性"(Tan,Litschert,1994;Tan,Tan,2005)、"剧烈动荡"(Meyer et al.,1990;Peng,2003)和"湍流"型变化(武亚军 et al.,2005;武亚军,2009)环境下的战略选择,对企业长期、快速成长(Kaplan,1999;Hang et al.,2006)至关重要,是企业长期快速成长的发动机(Chandy,Tellis,1998;Kaplan,1999;Hang et al.,2006;Salomo et al.,2007)。中国企业不能一味地囿于其固有的技术轨迹、业务领域或市场范围进行渐进式创新,而必须根据环境变化特征并通过构建自身动态能力实现不连续创新,甚至启动公司创业过程,以更新自身核心能力和重构竞争优势,否则将使企业的长期发展面临致命的威胁和巨大的机会成本(魏江等,2011)。

更为关键的是,本研究为中国企业如何通过实施不连续创新提升组织绩效提供了新的观点。研究证实,适度地开展技术不连续创新有利于企业极大地提升已有产品的技术性能、显著地降低成本、开发新的功能(Tushman,Anderson,1986;Anderson,Tushman,1990;Rice et al.,1998;Leifer et al.,2000;Rice et al.,2002)、开发新的产品线、开辟新的业务领域、转变与顾客和供应商之间的关系(Lynn et al.,1996;Leifer et al.,2001),进而提升企业组织短期绩效和长期绩效。然而,过度开展技术不连续创新则会导致所创造出的新产品的技术性能大大超越顾客的需求、商业化过程困难重重且成本高昂进而抑制组织绩效的提升。市场不连续创新则对组织绩效具有持续提升的作用,因为中国区域市场发展的不平衡性、竞争的激烈性、消费者市场需求的多样化和多层次性等,使得不同的细分市场在中国同时存在,总能为企业市场创新提供资源支持。

8.2　企业管理实践启示

不连续创新已经成为"超竞争"（D'Aveni,1994,1998）或环境"不连续"变革（Prahalad,1998）情境下企业生存和发展的战略性选择,是企业长期快速成长的发动机（Chandy，Tellis,1998；Kaplan,1999；Hang et al.,2006；Salomo et al.,2007）。已有大量研究认为,不连续创新能够提升已有产品的技术性能、显著地降低成本、开发新的功能（Tushman,Anderson,1986；Anderson,Tushman,1990；Rice et al.,1998；Leifer et al.,2000；Rice et al.,2002）、开发新的产品线、开辟新的业务领域、转变与顾客和供应商之间的关系（Lynn et al.,1996；Leifer et al.,2001）以及开发新的市场或新兴市场（Christensen,1997）等。然而,由于不连续创新过程的高度不确定性和高投入性、产出的极端模糊性和严重滞后性,在要不要实施不连续创新、如何实施不连续创新等问题上,还远未形成一致性的观点甚至存在一些质疑。本研究从环境动荡性和动态能力两个方面系统地检验不连续创新的驱动因素,澄清了学术界和企业管理领域在上述问题上的一些质疑,研究结果对企业创新管理实践具有理论指导价值,主要体现在以下几方面。

（1）强化企业对制度转型情境下环境动荡性的认识

本研究进一步证实,环境动荡性是企业不连续创新的重要触发因素（Bessant et al.,2005；Phillips et al.,2006a,2006b）,对市场不连续创新来说更是如此。尽管每个企业的管理者都可能认识到外部产业竞争环境和制度环境的动态性和敌对性变化,并对企业管理实践具有重要的影响,但是,不同的企业所感受到的动态性和敌对性程度是不同的,并且并非所有企业都能从环境的动荡变化中受益。本书的研究结论指出,面临环境的动荡性变化,企业不能坐以待毙,而是应该采取前瞻性、进攻性的组织行为积极应对,甚至启动公司创业行为：一方面激发企业的市场差异化战略以避免直接竞争,进而使其追求新颖、前沿或新兴的科学技术；另一方面促使企业为寻找新的生存空间而不断开拓新的市场或新兴市场,从而使其追求虽然技术性能相对较差,但是却能导致组织绩效极大提升的新兴技术。

(2)增强企业培育和构建动态能力的意识

动态能力是企业获取和维持竞争优势最为独特和难以模仿的资产（Griffith，Harvey，2001），需要从企业内部培育和构建而非从市场交易中获取。与生产经营等常规能力不同，动态能力是组织扩展、修改、变革和/或创造组织常规能力的一种高阶能力（Winter，2000，2003；Cepeda，Vera，2007；Wang，Ahmed，2007），它决定着企业生产、销售等常规能力的变化速度（Collis，1994；Winter，2003；Hoopes，Madsen，2008；Drnevich，Kriauciunas，2011）。因此，企业在培育和构建动态能力时，必须认识到其与组织的常规能力有所不同。

从动态能力构念的内部维度构成上讲，动态能力是由三种子能力所构成的合并型多维构念（Barreto，2010），即机会感知能力、资源整合能力和组织重构能力三个维度。这三种子能力对企业整体动态能力构念具有相同的贡献度，因此为了培育和构建动态能力，企业需要同时关注这三种子能力之间的均衡发展。机会感知能力意味着加强研发投入强度，探索和再探索顾客需求或潜在顾客需求，密切监控供应商、竞争对手的创新行为，密切跟踪科学或技术领域的最新研究成果以及通过各种途径了解行业的发展现状和趋势。资源整合能力意味着有效利用不同技术或市场领域的知识，促进新知识和新技术在企业内的广泛传播以及加强组织不同部门、不同组织成员之间的知识交流与共享。组织重构能力意味着建立有机和灵活的组织结构，赋予不同的部门较大的自主决定权，适时地对组织流程、工作职责或任务进行再设计，以及及时地对已有投资进行剥离并在新兴的技术或业务领域加强投资力度，确保企业能够及时对外部环境的变化进行快速响应。

(3)为动荡性环境下提升组织绩效提供思路

本研究实证发现，在环境动荡性情境下，企业从事不连续创新活动将对企业组织绩效的增强和提升具有至关重要的影响。在一般情况下，管理者往往更加关注那些风险较小、收益明显并且相对容易实施的渐进式创新，以快速带来组织绩效的提升。本研究建议，在当前中国高度动荡性的环境下，企业需要将企业的资源和管理者的注意力转移到不连续创新，以不断获取新技术、新知识和构建新能力，特别是构建与市场相关的新能力。这里需要指出的是，企业最终长期健康快速的成长与发展需要平衡渐进性创新和不连续创新。根据已有研究，这种平衡可以从两个方面实施：第一，空间分离，即将渐进性创新和不连续创新在不同的地点或不同的业务/技术领域实施，以降低两种创新系统之间的矛盾性或冲突性；第二，时间分离，即从技术周期的视角看，企业在某一时间阶段聚焦于渐进性创新，而在下一个时间阶段聚焦于不连续创新，两种创新是在时间上持续交替循环往复的过程。

尽管实证研究结果表明，无论是技术不连续创新还是市场不连续创新，对组织短期绩效和长期绩效均具有显著的促进作用。对于技术不连续创新来说，过度追求优越的技术性能并不能够保证组织绩效的持续提升，相反会对其（投资回报率、市场份额、顾客满意度）产生抑制作用，因此企业在开展技术不连续创新的过程中，需要密切关注当前顾客或者潜在顾客的市场需求，而不能一味地追求先进的技术性能。对于市场不连续创新来说，研究结果发现其无论对组织短期绩效还是对长期绩效均具有显著的正向影响效应，并且这种影响边际递增，表明企业在成长和发展过程中，应在探索和再探索已有主流顾客或新兴顾客需求或潜在顾客需求的基础上，不断追求新的产品或服务，尽管它们在短时间内对于顾客来说是难以理解的、需要付出较大成本、使用新产品或新服务需要较长时间的学习等，但是顾客愿意为企业高昂的创新成本买单，进而致使组织绩效的持续提升。

8.3 局限性与未来进一步研究的问题

总体来看，本研究在以往动态能力、创新等理论研究的基础上取得了一定的理论进展。例如，明确了动态能力和不连续创新构念的内涵与构成维度，进一步扩展和深化了已有研究对环境动荡性与不连续创新之间关系的研究，探索和构建了动态能力对不连续创新的直接影响作用、内在机制及其在环境动荡性与不连续创新之间关系中所发挥的调节作用，提出和检验了技术不连续创新对组织绩效的非线性（倒 U 形）影响作用，基于不连续创新的视角理清了环境动荡性、动态能力对组织绩效的影响机制。然而，受本人理论基础薄弱、研究经验不足、时间和精力有限等各方面影响和制约，本书的研究不可避免地存在一些不足，同时也为未来的研究指出了新的研究方向，归纳起来主要包括以下三个方面。

8.3.1　夯实理论构念的内涵与构成维度的划分

首先,在动态能力构念的构成维度上,本研究遵循 Teece 等学者所提出的动态能力研究路径(Teece,Pisano,1994; Teece et al.,1997; Teece,2000, 2007),在整合已有研究成果和最近研究提议的基础上,将其划分为机会感知能力、资源整合能力和组织重构能力三个维度。尽管这种三维度划分方法也得到了一些学者的认同(高若阳,2010;黄俊等,2010),但是总体来说其在构成维度的划分和测量方法方面存在严重的分歧,特别是国内学者的研究,导致了相关的实证研究之间彼此割裂、缺少关联性,研究结论不一致甚至相互矛盾,既严重阻碍动态能力理论研究的深入开展,也极大地影响了相关研究对企业管理实践的指导作用(冯军政,魏江,2011)。因此,未来研究仍需要进一步检验动态能力三维度划分方法的科学性和合理性。

其次,在不连续创新构念的内涵与构成维度划分上,Koberg 等(2003)、De Tienne 和 Koberg(2002)将不连续创新视为单维构念进行研究,尽管 Garcia 和 Calantone(2002)、Benner 和 Tushman(2003)、姜黎辉(2007)等研究认为应该从技术和市场两个方面对不连续创新进行分析,但并未直接证实检验不连续创新构念的二维度划分方法的科学性。本书在借鉴 Zhou 等(2005)关于突破性创新构念构成维度二维划分法的基础上,聚焦于相对企业和顾客来说更具新颖性的创新(Garcia,Calantone,2002; Zhou et al.,2005),明确地将不连续创新区分为技术不连续创新和市场不连续创新,为未来不连续创新/根本性创新/突破性创新理论研究提供基础。另外,还需要从更为广泛的视角对不连续创新构念的内涵进行深入分析,比如严格区分技术不连续创新与根本性创新(包括突破性创新)、市场不连续创新与破坏性创新和架构创新以及技术不连续创新与市场不连续创新,二者是不连续创新的两个独立的维度还是两种类型仍需要进行深入的分析。

再次,环境动荡性是一个内涵非常广泛的构念,它不仅包括不同层次的环境,而且学术界在其维度划分上还没有形成统一的方法。例如,环境复杂性、环境动态性与环境异质性等概念之间存在很大的重叠;而在环境丰裕性和环境敌对性二者之间,有的学者将其视为一个连续体的两端,而有的学者将其视为两种完全不同的构念(Rosenbusch et al.,2007)。另外,关于环境敌对性,

Lumpkin 和 Dess(2001)强调应当将其单独划分出来以检验其独立影响作用。而本书的研究结果表明敌对性的来源不同（竞争敌对性、政策敌对性），其对企业不连续创新具有截然不同的影响，因此需要进一步对敌对性进行更为深入的分析，如由竞争、产业管制、劳动力或者原材料短缺带来的敌对性等。

8.3.2　深化不连续创新的环境前因及其理论基础

首先，本研究对环境动荡性构念的分析层次聚焦于制度环境（政策）和产业环境两个层次，将其分析维度聚焦于动态性和敌对性两个相对独立的维度进行研究(Lumpkin，Dess，2001；Robert Mitchell et al.，2011)，在制度转型或新兴经济情境下，未来研究还可以关注更为广泛的制度和文化情境，如法律、规则和标准等对不连续创新的影响，特别是将其视为自变量而非背景条件(Peng，2005b)。而在环境动荡性的构成维度上，还可以结合具体的研究情境，检验环境复杂性、异质性等对不连续创新的直接影响作用。

其次，现有研究在不连续创新内在理论基础方面的探讨被明显忽略了。本研究认为，De Tienne 和 Koberg(2002)以及 Koberg 等(2003)在研究中的论述虽然间接表明了复杂性理论和信息处理理论为其理论基础的重要观点，但并不能直接和清晰地阐述不连续创新的发生机制，尚不能成为理论基础。而 Zhou 等(2005)关于战略导向、组织学习和市场力量对突破性创新影响作用的研究中，更是缺乏对所依赖的理论基础的阐述。本研究基于超竞争和竞争动态性等领域的研究，认为奥地利经济学派的有关理论(Chen et al.，2010)、企业理论、认知理论等都是不连续创新的重要基石。未来研究需要对不连续创新的理论基础及其内在机制进行更为清晰、明确的阐述，并对不同的理论进行有效的整合，以使对不连续创新现象的理论解释更具说服力。

再次，探讨不连续创新与渐进性创新之间的均衡对组织绩效的影响。根据 Lynn 等(1996)对美国和日本不同产业成功企业的经验总结以及 Tushman 和 O'Reilly(1997)在研究如何培育持续创新问题时提出的观点，本书认为不连续创新和渐进性创新是辩证统一的，两者之间的优化组合是获取和维持竞争优势进而取得优越组织绩效的关键，且实证结果表明不连续创新在环境动荡性、动态能力与组织绩效之间具有部分中介作用，进一步证实了不连续创新与渐进性创新和谐均衡发展的重要性。因此，未来研究应基于间断均衡理论(Gersick，

1991；Romanelli，Tushman，1994；Burgelman，2002）加强此方面的理论探索，以推动理论研究的不断丰富和发展，并对企业创新管理实践产生更强的解释力。

8.3.3 优化研究设计

首先，在样本选择与数据来源上，由于问卷的发放与回收受调查方式、地域特点以及企业本身配合情况等方面的影响，样本结构的构成出现偏态分布。例如，在 204 个样本企业中，在企业所有制类型上，50.98%为民营企业；在企业所属产业类型上，高技术企业占 40.20%；在企业总部的地域分布上，61.76%的样本企业集中在江苏和浙江两个经济发达省份；而在企业成长年限上，40.20%的样本企业的成立时间在 7~15 年（见表 5.1）。因此，未来研究应该加强对样本企业结构的控制，以减少样本偏误对研究结论的影响。

其次，在构念内涵与变量测量上，一方面，所基于的根本性创新（Utterback，Kim，1986；Utterback，1996）和破坏性创新（Christensen，Bower，1996；Christensen，1997）这两种不连续创新类型（Hang et al.，2006；Tellis，2006）的科学性和合理性有待商榷。例如，Gatignon 等（2002）以及 Govindarajan 和 Kopalle（2006）指出，管理者能够在根本性创新、破坏性创新、能力增强与能力破坏性创新等不同的构念上进行区别。因此，未来的研究需要对这些不同的构念的概念、内涵及其测量方式进行严格的区分。另一方面，由于目前对动态能力和不连续创新构念仍没有相对成熟的量表可用，基于知识观的动态能力测量方式（Prieto et al.，2009；章威，2009）在构念内容效度方面受到质疑；同时本研究对环境动荡性、动态能力以及不连续创新等不同构念采用感知测量的方法，未来的研究可以使用客观数据来测量，例如用行业中企业进入与退出的数量或者行业利润率等来测量竞争敌对性，用特定时期政府出台的产业政策的数量来测量政策敌对性等。

再次，在研究方法选择上，本研究采用多元线性回归的方法对所提出的假设进行检验，包括环境动荡性与动态能力对企业不连续创新的直接影响作用，动态能力对环境动荡性与不连续创新之间关系的调节作用，以及不连续创新对企业组织绩效的影响作用。因此，不连续创新作为因变量而存在，而在其他研究模型中则又作为自变量，基于已有文献观点，这种理论模型可以采用结构方程模型的方法进行检验（Anderson，Gerbing，1988；Rothaermel，Deeds，2004），未来研究可以考虑整合不同的研究方法。

8.3.4　扩展研究情境

已有不连续创新的研究情境主要聚焦于航空、电子元器件、通信等高技术行业（De Tienne，Koberg，2002；Koberg et al.，2003）以及中国情境下的耐用消费品或非耐用消费品品牌业务单元（Zhou et al.，2005）等，早期研究更是对企业规模或者企业是否为在位企业（Chandy，Tellis，1998，2000）等比较关注，而更为广泛的情境因素如制度发展水平等尚未得到有效的探索和检验。例如，本研究发现，企业产业类型、所有制类型（表 6.3）和所在地（见表 6.5）等对不连续创新（市场不连续创新）均具有显著的影响效应。然而，由于研究问题、研究目标和研究内容、专著篇幅的制约，本书未能就这些不同的研究情境单独展开研究。因此，针对不同产业情境或企业情境展开理论和实证研究是深化和扩展不连续创新理论研究的一个很有前景的方向，也是不连续创新理论研究取得突破的重点。未来可以针对不同的具体情境，对高技术产业企业与低技术产业企业、大企业与中小企业、在位企业与新进入企业、发达国家企业与转型或新兴国家企业等进行比较研究，以得到更为普适性的研究结论，为不连续创新理论的完善和发展添砖加瓦。

参考文献

[1] Abernathy, W. J. , Clark, K. B. Innovation: Mapping the winds of creative destruction [J]. Research Policy, 1985, 14(1):3-22.

[2] Adner, R. , Helfat, C. E. Corporate effects and dynamic managerial capabilities[J]. Strategic Management Journal, 2003, 24(10): 1011-1025.

[3] Ahuja, G. , Morris Lampert, C. Entrepreneurship in the large corporation: A longitudinal study of how established firms create breakthrough inventions[J]. Strategic Management Journal, 2001, 22(6/7): 521-543.

[4] Aldrich, H. Organizations and environments[M]. Englewood Cliffs, NJ: Prentice-Hall, 1979.

[5] Ambrosini, V. , Bowman, C. What are dynamic capabilities and are they a useful construct in strategic management? [J]. International Journal of Management Reviews, 2009, 11(1): 29-49.

[6] Ambrosini, V. , Bowman, C. , Collier, N. Dynamic capabilities: An exploration of how firms renew their resource base[J]. British Journal of Management, 2009, 20(S1): 9-24.

[7] Amit, R. , Schoemaker, P. J. H. Strategic assets and organizational rent[J]. Strategic Management Journal, 1993, 14(1): 33-46.

[8] Anderson, J. C. , Gerbing, D. W. Structural equation modeling in practice: A review and recommended two step approachs[J]. Psychological Bulletin, 1988, 103(3): 411-423.

[9] Anderson, P. Complexity theory and organization science[J]. Organization Science, 1999, 10(3): 216-232.

[10] Anderson, P. , Tushman, M. L. Technological discontinuities and dominant designs: A cyclical model of technological change[J]. Administrative Science Quarterly, 1990, 35 (4): 604-633.

[11] Andrade，G.，Mitchell，M.，Stafford，E. New evidence and perspectives on mergers[J]. Journal of Economic Perspectives，2001，15：103-120.

[12] Ansoff,H. I.，McDonnell，E. J. Implanting Strategic Management[M]. NY：Prentice Hall，1990.

[13] Arthurs,J. D.，Busenitz，L. W. Dynamic capabilities and venture performance：The effects of venture capitalists[J]. Journal of Business Venturing，2006，21(2)：195-215.

[14] Atuahene-Gima，K.，Li，H.，De Luca，L. M. The contingent value of marketing strategy innovativeness for product development performance in Chinese new technology ventures[J]. Industrial Marketing Management，2006，35(3)：359-372.

[15] Baradell，J. G.，Klein，K. Relationship of life stress and body consciousness to hypervigilant decision making[J]. Journal of Personality and Social Psychology，1993，64(2)：267-273.

[16] Barnett,W. P.，Hansen，M. T. The red queen in organizational evolution[J]. Strategic Management Journal，1996，17(S1)：139-157.

[17] Barney，J. B. Firm resources and sustained competitive advantage[J]. Journal of Management，1991，17(1)：99-120.

[18] Barney,J. B. Is the Resource-based "View" a useful perspective for strategic management research? Yes[J]. Academy of Management Review，2001，26(1)：41-56.

[19] Barreto，I. Dynamic capabilities：A review of past research and an agenda for the future[J]. Journal of Management，2010，36(1)：256-280.

[20] Benner，M.，Tushman，M. Exploitation，exploration，and process management：The productivity dilemma revisited[J]. Academy of Management Review，2003，28(2)：238-256.

[21] Benner,M. J. Financial market reactions following technological discontinuities：A non-event study in two industries[J]. Industrial and Corporate Change，2007，17(1)：109-154.

[22] Bessant，J.，Lamming，R.，Noke，H.，Phillips，W. Managing innovation beyond the steady state[J]. Technovation，2005，25(12)：1366-1376.

[23] Biedenbach，T.，Söderholm，A. The challenge of organizing change in hypercompetitive industries：A literature review[J]. Journal of Change Management，2008，8(2)：123-145.

[24] Bourgeois Ⅲ，L. J. On the measurement of organizational slack[J]. Academy of Management Review，1981，6(1)：29-39.

[25] Bower, J. L.，Christensen，C. M. Disruptive technologies：Catching the wave[J].

Harvard Business Review, 1995, 13(1):43-53.

[26] Bowman, C., Ambrosini, V. How the resource-based and the dynamic capability views of the firm inform corporate-level strategy[J]. British Journal of Management, 2003, 14(4): 289-303.

[27] Brouthers, K. D., Brouthers, L. E., Werner, S. Influences on strategic decision-making in the Dutch financial services industry[J]. Journal of Management, 2000, 26 (5): 863-883.

[28] Brown, S. L., Eisenhardt, K. M. Product development: Past research, present findings, and future directions[J]. Academy of Management Review, 1995, 20(2): 343-378.

[29] Buchko, A. A. Conceptualization and measurement of environmental uncertainty: An assessment of the miles and snow perceived environmental uncertainty scale[J]. Academy of Management Journal, 1994, 37(2): 410-425.

[30] Burgelman, R. A. Strategy as vector and the inertia of coevolutionary lock-in[J]. Administrative Science Quarterly, 2002, 47(2): 325-357.

[31] Calantone, R. J., Schmidt, J. B., Song, X. M. Controllable factors of new product success: A cross-national comparison[J]. Marketing Science, 1996, 15(4): 341-358.

[32] Cantner, U., Pyka, A. Technological evolution: An analysis within the knowledge-based approach[J]. Structural Change and Economic Dynamics, 1998, 9(1):85-107.

[33] Carlile, P. R. Transferring, translating, and transforming: An integrative framework for managing knowledge across boundaries [J]. Organization Science, 2004, 15 (5): 555-568.

[34] Caves, R. E., Porter, M. E. Market structure, oligopoly, and stability of market shares[J]. Journal of Industrial Economics, 1978, 26(4): 289-313.

[35] Cepeda, G., Vera, D. Dynamic capabilities and operational capabilities: A knowledge management perspective[J]. Journal of Business Research, 2007, 60(5): 426-437.

[36] Chakravarthy, B. S. Adaptation: A promising metaphor for strategic management[J]. Academy of Management Review, 1982, 7(1): 35-44.

[37] Chakravarthy, B. S., Doz, Y. Strategy process research: Focusing on corporate self-renewal[J]. Strategic Management Journal, 1992, 13(S1): 5-14.

[38] Chandy, R. K., Tellis, G. J. Organizing for radical product innovation: The overlooked role of willingness to cannibalize[J]. Journal of Marketing Research, 1998, 35(4): 474-487.

[39] Chandy,R. K., Tellis, G. J. The incumbent's curse? Incumbency, size, and radical product innovation[J]. Journal of Marketing, 2000, 64(3): 1-17.

[40] Chen, M. J., Lin, H. C., Michel, J. G. Navigating in a hypercompetitive environment: The roles of action aggressiveness and TMT integration[J]. Strategic Management Journal, 2010, 31(13): 1410-1430.

[41] Child, J. Organizational structure, environment and performance: The role of strategic choice[J]. Sociology, 1972, 6(1): 1-22.

[42] Child, J., Rodrigues, S. B. The internationalization of Chinese firms: A case for theoretical extension? [J]. Management and Organization Review, 2005, 1(3): 381-410.

[43] Cho, T. S., Hambrick, D. C. Attention as the mediator between top management team characteristics and strategic change: The case of airline deregulation [J]. Organization Science, 2006, 17(4): 453-469.

[44] Choi,C., Lee, S., Kim, J. A note on countertrade: Contractual uncertainty and transaction governance in emerging economies[J]. Journal of International Business Studies, 1999, 30(1): 189-201.

[45] Christensen, C. M. Exploring the limits of the technology S-curve, part I : Component technologies[J]. Production and Operations Management, 1992a, 1(4): 334-357.

[46] Christensen, C. M. Exploring the limits of the technology S-curve, part II : Architectural technologies [J]. Production and Operations Management, 1992b, 1(4): 358-366.

[47] Christensen, C. M. The innovator's dilemma: When new technologies cause great firms to fail[M]. Cambridge, MA: Harvard Business School Press,1997.

[48] Christensen, C. M. The ongoing process of building a theory of disruption[J]. Journal of Product Innovation Management, 2006, 23(1): 39-55.

[49] Christensen, C. M., Bower, J. L. Customer power, strategic investment, and the failure of leading firms[J]. Strategic Management Journal, 1996, 17(3): 197-218.

[50] Christensen, C. M., Overdorf, M. Meeting the challenge of disruptive change[J]. Harvard Business Review, 2000, 78(2): 66-77.

[51] Christensen, C. M., Rosenbloom, R. S. Explaining the attacker's advantage: Technological paradigms, organizational dynamics, and the value network[J]. Research Policy, 1995, 24(2): 233-257.

[52] Clark, K. B., Chew, W. B., Fujimoto, T. Product development in the world auto

industry: Strategy, organization and performance [M]. Cambridge, MA: Harvard Business School Press, 1991.

[53] Cohen, W. M., Levinthal, D. A. Absorptive capacity: A new perspective on learning and innovation[J]. Administrative Science Quarterly, 1990, 35(1): 128-153.

[54] Collis, D. J. How valuable are organizational capabilities? [J] Strategic Management Journal, 1994, 15(S1):143-152.

[55] Covin, J. G., Slevin, D. P. Strategic management of small firms in hostile and benign environments[J]. Strategic Management Journal, 1989, 10(1): 75-87.

[56] Covin, J. G., Slevin, D. P., Heeley, M. B. Pioneers and followers: Competitive tactics, environment, and firm growth[J]. Journal of Business Venturing, 2000, 15 (2): 175-210.

[57] Cronbach, L. J. Coefficient alpha and the internal structure of tests [J]. Psychometrika, 1951, 16(3): 297-334.

[58] Cuieford, J. P. Fundamental statistics in psychology and education[M]. New York: McGraw-Hill, 1965.

[59] D'Aveni, R. A. Hypercompetition[M]. New York :Free Press, 1994.

[60] D'Aveni, R. A. Waking up to the new era of hypercompetition [J]. Washington Quarterly, 1998, 21(1):183-196.

[61] Døving, E., Gooderham, P. N. Dynamic capabilities as antecedents of the scope of related diversification: The case of small firm accountancy practices [J]. Strategic Management Journal, 2008, 29(8): 841-857.

[62] Daft, R. L., Becker, S. W. Innovation in organizations: Innovation adoption in school organizations[M]. New York: Elsevier, 1978.

[63] Daft, R. L., Sormunen, J., Parks, D. Chief executive scanning, environmental characteristics, and company performance: An empirical study [J]. Strategic Management Journal, 1988, 9(2): 123-139.

[64] Danneels, E. The dynamics of product innovation and firm competences[J]. Strategic Management Journal, 2002, 23(12): 1095-1121.

[65] Danneels, E. Disruptive technology reconsidered: A critique and research agenda[J]. Journal of Product Innovation Management, 2004, 21(4): 246-258.

[66] Danneels, E. Organizational antecedents of second-order competences [J]. Strategic Management Journal, 2008, 29(5): 519-543.

[67] Danneels, E. Survey measures of first- and second-order competences[J]. Strategic

Management Journal，2016，37(10)：2174-2188.

[68] Danneels，E. Trying to become a different type of company：Dynamic capability at Smith Corona[J]. Strategic Management Journal，2010，3：1-31.

[69] Davies，H.，Walters，P. Emergent patterns of strategy，environment and performance in a transition economy[J]. Strategic Management Journal，2004，25(4)：347-364.

[70] Day，G. S. The capabilities of market-driven organizations[J]. Journal of Marketing，1994，58(4)：37-52.

[71] Dean Jr，J. W.，Sharfman，M. P. Procedural rationality in the strategic decision-making process[J]. Journal of Management Studies，1993，30(4)：587-610.

[72] Dean，T. J.，Meyer，G. D. Industry environments and new venture formations in US manufacturing：A conceptual and empirical analysis of demand determinants［J］. Journal of Business Venturing，1996，11(2)：107-132.

[73] Delmas，M. A. Innovating against European rigidities：Institutional environment and dynamic capabilities[J]. Journal of High Technology Management ，2002，13（1）：19-43.

[74] Derfus，P. J.，Maggitti，P. G.，Grimm，C. M.，Smith，K. G. The red queen effect：Competitive actions and firm performance[J]. Academy of Management Journal，2008，51(1)：61-80.

[75] Dess，G. G.，Beard，D. W. Dimensions of organizational task environments［J］. Administrative Science Quarterly，1984，29(1)：52-73.

[76] De Tienne，D. R.，Koberg，C. S. The impact of environmental and organizational：Factors on discontinuous innovation within high-technology industries ［J］. IEEE Transactions on Engineering Management，2002，49(4)：352-364.

[77] Dewar，R. D.，Dutton，J. E. The adoption of radical and incremental innovations：An empirical analysis[J]. Management Science，1986，32(11)：1422-1433.

[78] Dougherty，D. Interpretive barriers to successful product innovation in large firms[J]. Organization Science，1992，3(2)：179-202.

[79] Drnevich，P. L.，Kriauciunas，A. P. Clarifying the conditions and limits of the contributions of ordinary and dynamic capabilities to relative firm performance[J]. Strategic Management Journal，2011，32(3)：254-279.

[80] Duchesneau，T.，Cohn，S.，Dutton，J. A study of innovation in manufacturing：Determinants，processes，and methodological issues(Vols. 1&2)[R]. Orono，Maine：Social Science Research Institute，University of Maine，1979.

[81] Duncan, R. B. Characteristics of organizational environments and perceived environmental uncertainty[J]. Administrative Science Quarterly, 1972, 17(3): 313-327.

[82] Dutton, J. E. Interpretations on automatic: A different view of strategic issue diagnosis [J]. Journal of Management Studies, 1993, 30(3): 339-357.

[83] Dwyer, F. R. , Welsh, M. A. Environmental relationships of the internal political economy of marketing channels[J]. Journal of Marketing Research, 1985, 22(4): 397-414.

[84] Eggers, J. P. , Kaplan, S. Cognition and renewal: Comparing CEO and organizational effects on incumbent adaptation to technical change[J]. Organization Science, 2009, 20 (2): 461-477.

[85] Ehrnberg, E. On the definition and measurement of technological discontinuities[J]. Technovation, 1995, 15(7): 437-452.

[86] Ehrnberg, E. , Jacobsson, S. Technological discontinuity and competitive strategy-revival through FMS for the European machine tool industry? [J] Technological Forecasting and Social Change, 1993, 44(1):27-48.

[87] Ehrnberg, E. , Jacobsson, S. Indicators of discontinuous technological change: An exploratory study of two discontinuities in the machine tool industry [J]. R&D Management, 1997, 27(2): 107-126.

[88] Ehrnberg, E. , Sjöberg, N. Technological discontinuities, competition and firm performance[J]. Technology Analysis & Strategic Management, 1995, 7(1): 93-107.

[89] Eisenhardt, K. M. Building theory from case studies research [J]. Academy of Management Review, 1989, 14(4): 531-550.

[90] Eisenhardt, K. M. , Martin, J. A. Dynamic capabilities: What are they? [J] Strategic Management Journal, 2000, 21(10/11):1105-1121.

[91] Eisenhardt, K. M. , Tabrizi, B. N. Accelerating adaptive processes: Product innovation in the global computer industry[J]. Administrative Science Quarterly, 1995, 40(1): 84-110.

[92] Elenkov, D. S. Strategic uncertainty and environmental scanning: The case for institutional influences on scanning behavior[J]. Strategic Management Journal, 1997, 18(4): 287-302.

[93] Eliashberg, J. , Robertson, T. S. New product preannouncing behavior: A market signaling study[J]. Journal of Marketing Research, 1988, 25(3): 282-292.

[94] Emery, F. E. , Trist, E. The causal texture of organizational environments[J]. Human

Relations, 1965, 18(1):21-31.

[95] Ettlie, J. , Bridges, W. Environmental uncertainty and organizational technology policy [J]. IEEE Transactions on Engineering Management, 1982, 29(1): 2-10.

[96] Ettlie, J. E. , Bridges, W. P. , O'Keefe, R. D. Organization strategy and structural differences for radical versus incremental innovation[J]. Management Science, 1984, 30 (6): 682-695.

[97] Fahey, L. , Narayanan, V. Macroenvironmental analysis for strategic management [M]. West, St. Paul: MN, 1986.

[98] Fiet, J. O. , Jr. , W. I. N. , Clouse, V. G. H. Systematic search as a source of technical innovation: An empirical test[J]. J. Eng. Technol. Manage, 2007, 24(2): 329-346.

[99] Fiet, J. O. , Piskounov, A. , Patel, P. C. Still searching (systematically) for entrepreneurial discoveries[J]. Small Business Economics, 2005, 25(3):489-504.

[100] Fleming, L. Recombinant uncertainty in technological search [J]. Management Science, 2001, 47(1): 117-132.

[101] Funk,J. L. Components, systems and technological discontinuities[J]. Long Range Planning, 2008, 41(5):555-573.

[102] Gaglio, C. , Katz, J. The psychological basis of opportunity identification: Entrepreneurial alertness[J]. Small Business Economics, 2001, 16(1):95-111.

[103] Garcia, R. , Calantone, R. A critical look at technological innovation typology and innovativeness terminology: A literature review[J]. Journal of Product Innovation Management, 2002, 19(1):110-132.

[104] Garg, V. K. , Walters, B. A. , Priem, R. L. Chief executive scanning emphases, environmental dynamism, and manufacturing firm performance[J]. Strategic Management Journal, 2003, 24(8): 725-744.

[105] Gatignon, H. , Tushman, M. L. , Smith, W. , Anderson, P. A structural approach to assessing innovation: Construct development of innovation locus, type, and characteristics[J]. Management Science, 2002, 48(9): 1103-1122.

[106] Gatignon, H. , Xuereb, J. M. Strategic orientation of the firm and new product performance[J]. Journal of Marketing Research, 1997, 34(1): 77-90.

[107] Gavetti, G. Cognition and hierarchy: Rethinking the microfoundations of capabilities' development[J]. Organization Science, 2005, 16(6): 599-617.

[108] Gavetti, G. , Levinthal, D. Looking forward and looking backward: Cognitive and

experiential search[J]. Administrative Science Quarterly, 2000, 45(1): 113-137.

[109] Gersick, C. J. G. Revolutionary change theories: A multilevel exploration of the punctuated equilibrium paradigm[J]. Academy of Management Review, 1991, 16(1): 10-36.

[110] Gersick, C. J. G. Pacing of strategic change: The case of a new venture[J]. Academy of Management Journal, 1994, 37(1): 9-45.

[111] Gibson, C. B., Birkinshaw, J. The antecedents, consequences, and mediating role of organizational ambidexterity[J]. Academy of Management Journal, 2004, 47(2): 209-226.

[112] Gilbert, C. G. Unbundling the structure of inertia: Resource versus routine rigidity [J]. Academy of Management Journal, 2005, 48(5): 741-763.

[113] Goll, I., Rasheed, A. Rational decision-making and firm performance: The moderating role of the environment[J]. Strategic Management Journal, 1997, 18(7): 583-591.

[114] Govindarajan,V., Kopalle, P. K. Disruptiveness of innovations: Measurement and an assessment of reliability and validity[J]. Strategic Management Journal, 2006, 27(2): 189-199.

[115] Govindarajan, V., Kopalle, P. K., Danneels, E. The effects of mainstream and emerging customer orientations on radical and disruptive innovations [J]. Journal of Product Innovation Management, 2011, 28(S1): 121-132.

[116] Grant, R. M. Contemporary strategy analysis: Concepts, techniques, applications[M]. Cambridge, MA: Basil Blackwell, Inc., 1995.

[117] Griffith, D. A., Harvey, M. G. A resource perspective of global dynamic capabilities [J]. Journal of International Business Studies, 2001, 32(3): 597-606.

[118] Griliches, Z. Patent statistics as economic indicators: A survey[J]. Journal of Economic Literature, 1990, 28(4): 1661-1707.

[119] Grimpe, C., Sofka, W. Search patterns and absorptive capacity: Low- and high-technology sectors in European countries[J]. Research Policy, 2009, 495-506.

[120] Guthrie, D. Between markets and politics: Organizational responses to reform in China [J]. American Journal of Sociology, 1997, 102(5):1258-1304.

[121] Hage, J. Theories of organization: Form, process, and transformation[M]. New York: Wiley, 1980.

[122] Hair, J. F., Wrson, R. E., Tatham, R. L., Black, W. C. Multivariate data analysis [M]. London: Prentice-hall, 1998.

[123] Hambrick, D. C. Specialization of environmental scanning activities among upper level executives[J]. Journal of Management Studies, 1981, 18(3): 299-320.

[124] Hambrick, D. C. Environmental scanning and organizational strategy[J]. Strategic Management Journal, 1982, 3(2): 159-174.

[125] Hambrick, D. C. The top management team: Key to strategic success[J]. California Management Review, 1987, 30(1):88-108.

[126] Hamel, G., Dos, L. Y., Prahalad, C. K. Competing for the future[J]. Harvard Business Review, 1994, 72(4): 122-128.

[127] Hamel, G., Valikangas, L. The quest for resilience[J]. Harvard Business Review, 2003, 81(9): 52-63.

[128] Hang, C., Neo, K., Chai, K. Discontinuous technological innovations: A review of its categorization[J]. IEEE International Conference on Management of Innovation and Technology, 2006, 253-257.

[129] Hannan, M. T., Freeman, J. The population ecology of organizations[J]. American Journal of Sociology, 1977, 82(5): 929-964.

[130] Hannan, M. T., Freeman, J. Structural inertia and organizational change[J]. American Sociological Review, 1984, 49(2): 149-164.

[131] Hargadon, A., Sutton, R. I. Technology brokering and innovation in a product development firm[J]. Administrative Science Quarterly, 1997, 42(4): 716-749.

[132] Harhoff, D., Narin, F., Scherer, F. M., Vopel, K. Citation frequency and the value of patented inventions[J]. Review of Economics and Statistics, 1999, 81(3): 511-515.

[133] Harrison, D. A., Price, K. H., Bell, M. P. Beyond relational demography: Time and the effects of surface- and deep-level diversity on work group cohesion[J]. Academy of Management Journal, 1998, 41(1): 96-107.

[134] Hawawini, G., Subramanian, V., Verdin, P. Is performance driven by industry- or firm-specific factors? A new look at the evidence[J]. Strategic Management Journal, 2003, 24(1): 1-16.

[135] Helfat, C. E. Know-how and asset complementarity and dynamic capability accumulation: The case of R&D[J]. Strategic Management Journal, 1997, 18(5): 339-360.

[136] Helfat, C. E., Finkelstein, S., Mitchell, W., et al. Dynamic capabilities: Understanding strategic change in organizations[M]. Oxford: Blackwell, 2007.

[137] Helfat, C. E., Peteraf, M. A. The dynamic resource-based view: Capability

lifecycles[J]. Strategic Management Journal, 2003, 24(10): 997-1010.

[138] Henderson, R. Underinvestment and incompetence as responses to radical innovation: Evidence from the photolithographic alignment equipment industry[J]. The RAND Journal of Economics, 1993, 24(2): 248-270.

[139] Henderson, R. M. The failure of established firms in the face of technical change: A study of photolithographic alignment equipment[D]. Harvard University, 1988.

[140] Henderson, R. M., Clark, K. B. Architectural innovation: The reconfiguration of existing technologies and the failure of established firm[J]. Administrative Science Quarterly, 1990, 35(2): 9-30.

[141] Hermelo, F. D, Vassolo, R. Institutional development and hypercompetition in emerging economies[J]. Strategic Management Journal, 2010, 31(13): 1457-1473.

[142] Hill, C. W. L., Rothaermel, F. T. The performance of incumbent firms in the face of radical technological innovation[J]. Academy of Management Review, 2003, 28 (2): 257-274.

[143] Hillman, A. J., Hitt, M. A. Corporate political strategy formulation: A model of approach, participation, and strategy decisions[J]. Academy of Management Review, 1999, 24(4):825-842.

[144] Hodge, B. J., Johnson, H. J. Management and organizational behavior: A multidimensional approach[M]. New York: Wiley, 1970.

[145] Hodgkinson, G. P., Healey, M. P. Psychological foundations of dynamic capabilities: Reflexion and reflection in strategic management [J]. Academy of Management Proceedings, 2009, 32(13):1500-1516.

[146] Hoopes, D. G., Madsen, T. L. A capability-based view of competitive heterogeneity[J]. Industrial and Corporate Change, 2008, 17(3): 393-427.

[147] Horváthová, E. Does environmental performance affect financial performance? A meta-analysis[J]. Ecological Economics, 2010, 70(1): 52-59.

[148] Hoskisson, R., Eden, L., Lau, C., Wright, M. Strategy in emerging economies [J]. Academy of Management Journal, 2000, 43(3): 249-267.

[149] Hough, J. R., White, M. A. Environmental dynamism and strategic decision-making rationality: An examination at the decision level[J]. Strategic Management Journal, 2003, 24(5): 481-489.

[150] Huber, G. Organizational learning: The contributing processes and a review of the literatures[J]. Organization Science, 1991, 2(1):88-115.

[151] Hung，R. Y. Y.，Chung，T.，Lien，B. Y. H. Organizational process alignment and dynamic capabilities in high-tech industry[J]. Total Quality Management & Business，2007，18(9)：1023-1034.

[152] Iansiti，M. Shooting the rapids：Managing product development in turbulent environments[J]. California Management Review，1995，38(1)：37-58.

[153] Iansiti，M.，Clark，K. B. Integration and dynamic capability：Evidence from product development in automobiles and mainframe computers[J]. Industrial and Corporate Change，1994，3(3)：557.

[154] Iglesias，V. Perceptions about service：How much do they influence quality evaluations? [J] Journal of Service Research，2004，7(1)：90-103.

[155] Jacobson，R. The austrian school of strategy[J]. Academy of Management Review，1992，17(4)：782-807.

[156] Jantunen，A.，Puumalainen，K.，Saarenketo，S.，Kyl heiko，K. Entrepreneurial orientation，dynamic capabilities and international performance[J]. Journal of International Entrepreneurship，2005，3(3)：223-243.

[157] Jaworski，B. J.，Kohli，A. K. Market orientation：Antecedents and consequences [J]. The Journal of Marketing，1993，57(3)：53-70.

[158] Jiang，L.，Tan，J.，Thursby，M. Incumbent firm invention in emerging fields：Evidence from the semiconductor industry[J]. Strategic Management Journal，2010，32(1)：55-75.

[159] Kaplan，S.，Murray，F.，Rebecca. Discontinuities and senior management：Assessing the role of recognition in pharmaceutical firm response to biotechnology[J]. Industrial and Corporate Change，2003，12(4)：203-233.

[160] Kaplan，S. M. Discontinuous innovation and the growth paradox[J]. Strategy & Leadership，1999，27(2)：16-21.

[161] Katila，R. New product search over time：Past ideas in their prime? [J] Academy of Management Journal，2002，45(5)：995-1010.

[162] Katila，R.，Ahuja，G. Something old，something new：A longitudinal study of search behavior and new product introduction[J]. Academy of Management Journal，2002，45(6)：1183-1194.

[163] Keats，B. W.，Hitt，M. A. A causal model of linkages among environmental dimensions，macro organizational characteristics，and performance[J]. Academy of Management Journal，1988，31(3)：570-598.

[164] Keim，G. D.，Zeithaml，C. P. Corporate political strategy and legislative decision making：

A review of contingency approach[J]. Academy of Management Review, 1986, 11
(4):828-843.

[165] Khandwalla, P. N. Effect of competition on the structure of top management control
[J]. Academy of Management Journal, 1973, 16(2):285-295.

[166] Khandwalla, P. N. Some top management styles, their context and performance[J].
Organization and Administrative Sciences, 1976, 7(4): 21-51.

[167] King, A. A., Tucci, C. L. Incumbent entry into new market niches: The role of
experience and managerial choice in the creation of dynamic capabilities [J].
Management Science, 2002, 48(2): 171-186.

[168] Kirzner, I. M. Entrepreneurial discovery and the competitive market process: An
Austrian approach[J]. Journal of Economic Literature, 1997, 35(1): 60-85.

[169] Kirzner, I. M. The driving frce of the market: Essays in austrian economics[M].
London: Routledge, 2000.

[170] Klein, S., Frazier, G. L., Roth, V. J. A transaction cost analysis model of channel
integration in international markets[J]. Journal of Marketing Research, 1990, 27(2):
196-208.

[171] Koberg, C. S., De Tienne, D. R., Heppard, K. A. An empirical test of
environmental, organizational, and process factors affecting incremental and radical
innovation[J]. The Journal of High Technology Management Research, 2003, 14(1):
21-45.

[172] Koka, B. R., Madhavan, R., Prescott, J. E. The evolution of interfirm networks:
Environmental effects on patterns of network change[J]. Academy of Management
Review, 2006, 31(3): 721-737.

[173] Korn, H. J. The evolution of strategic simplicity: Exploring two models of
organizational adaptation[J]. Journal of Management, 1996, 22(6): 863-887.

[174] Kraatz, M. S., Zajac, E. J. How organizational resources affect strategic change and
performance in turbulent environments: Theory and evidence [J]. Organization
Science, 2001, 12(5):632-657.

[175] Kuipers, D. R., Miller, D. P., Patel, M. A. The legal environment and corporate
valuation: Evidence from cross-border takeovers [J]. International Review of
Economics and Finance, 2008, 18(1):1-16.

[176] Landry, R., Amara, N., Lamari, M. Does social capital determine innovation? To
what extent? [J]. Technological Forecasting & Social Change, 2002, 69 (7):

681-701.

[177] Lant, T. K., Milliken, F. J., Batra, B. The role of managerial learning and interpretation in strategic persistence and reorientation: An empirical exploration[J]. Strategic Management Journal, 1992, 13(8): 585-608.

[178] Larson, A., Starr, J. A. A network model of organization formation [J]. Entrepreneurship: Theory and Practice, 1993, 17(2): 5-15.

[179] Laursen, K., Salter, A. Open for innovation: The role of openness in explaining innovation performance among U. K. manufacturing firms[J]. Strategic Management Journal, 2006, 27(2):131-150.

[180] Lavie, D., Rosenkopf, L. Balancing exploration and exploitation in alliance formation [J]. Academy of Management Journal, 2006, 49(4): 797-818.

[181] Leifer, R., Gina Colarelli, O. C., Rice, M. Implementing radical innovation in mature firms: The role of hubs[J]. Academy of Management Executive, 2001, 15(3): 102-113.

[182] Levinthal, D. A. Organizational adaptation and environmental selection-interrelated processes of change[J]. Organization Science, 1991, 2(1): 140-146.

[183] Levinthal, D. A., March, J. G. The myopia of learning[J]. Strategic Management Journal, 1993, 14(S2):95-112.

[184] Levitt, B., March, J. G. Organizational learning[J]. Annual Review of Sociology, 1988:14, 319-340.

[185] Li, H., Atuahene-Gima, K. Product innovation strategy and the performance of new technology ventures in China[J]. Academy of Management Journal, 2001, 44(6): 1123-1134.

[186] Li, H., Zhang, Y. The role of managers' political networking and functional experience in new venture performance: Evidence from China's transition economy[J]. Strategic Management Journal, 2007, 28(8):791-804.

[187] Li, J. J., Poppo, L., Zhou, K. Z. Do managerial ties in China always produce value? Competition, uncertainty, and domestic vs. foreign firms[J]. Strategic Management Journal, 2008, 29(4): 383-400.

[188] Li, Y., Peng, M. W. Developing theory from strategic management research in China [J]. Asia Pacific Journal of Management, 2008, 25(3): 563-572.

[189] Li, Y. H., Huang, J. W., Tsai, M. T. Entrepreneurial orientation and firm performance: The role of knowledge creation process [J]. Industrial Marketing

Management, 2009, 38(4): 440-449.

[190] Liao, J. J., Kickul, J. R., Ma, H. Organizational dynamic capability and innovation: An empirical examination of internet firms[J]. Journal of Small Business Management, 2009, 47(3): 263-286.

[191] Lichtenthaler, U. Absorptive capacity, environmental turbulence, and the complementarity of organizational learning processes[J]. Academy of Management Journal, 2009, 52(4): 822-846.

[192] Lichtenthaler, U., Ernst, H. Developing reputation to overcome the imperfections in the markets for knowledge[J]. Research Policy, 2007, 36(1): 37-55.

[193] Lin, Z. J., Peng, M. W., Yang, H., Sun, S. L. How do networks and learning drive M&As? An institutional comparison between China and the United States[J]. Strategic Management Journal, 2009, 30(10): 1113-1132.

[194] Lord, M. D. Corporate political strategy and legislative decision making[J]. Business and Society, 2000, 39(1):76-93.

[195] Lubatkin, M. H., Simsek, Z., Ling, Y., Veiga, J. F. Ambidexterity and performance in small- to medium-sized firms: The pivotal role of top management team behavioral integration[J]. Journal of Management, 2006, 32(5): 646-672.

[196] Lumpkin, G. T., Dess, G. G. Linking two dimensions of entrepreneurial orientation to firm performance: The moderating role of environment and industry life cycle[J]. Journal of Business Venturing, 2001, 16(5): 429-451.

[197] Lunnan, R., Haugland, S. A. Predicting and measuring alliance performance: A multidimensional analysis[J]. Strategic Management Journal, 2008, 29(5): 545-556.

[198] Luo, Y. Capability exploitation and building in a foreign market: Implications for multinational enterprises[J]. Organization Science, 2002, 13(1): 48-63.

[199] Luo, Y. Industrial dynamics and managerial networking in an emerging market: The case of China[J]. Strategic Management Journal, 2003, 24(13): 1315-1327.

[200] Lynn, G. S., Morone, J. G., Paulson, A. S. Marketing and discontinuous innovation: The probe and learn process[J]. California Management Review, 1996, 38(3): 8-37.

[201] Macher, J. T., Mowery, D. C. Measuring dynamic capabilities: Practices and performance in semiconductor manufacturing[J]. British Journal of Management, 2009, 20(S1):S41-S62.

[202] Macher, J. T., Richman, B. D. Organizational responses to discontinuous innovation: A case study approach[J]. International Journal of Innovation Management, 2004, 8(1):

87-114.

[203] Magnusson, T., LindstrÖm, G., Berggren, C. Architectural or modular innovation? Managing discontinuous product development in response to challenging environmental performance targets[J]. International Journal of Innovation Management, 2003, 7(1): 1-26.

[204] Maitlis, S. The social processes of organizational sensemaking[J]. Academy of Management Journal, 2005, 48(1): 21-49.

[205] Malik, O. R., Kotabe, M. Dynamic capabilities, government policies, and performance in firms from emerging economies: Evidence from India and Pakistan[J]. Journal of Management Studies, 2009, 46(3): 421-450.

[206] March, J. G. Exploration and exploitation in organizational learning[J]. Organization Science, 1991, 2(1): 71-87.

[207] March, J. G., Simon, H. A. Organizations[M]. New York: McGraw-Hill, 1958.

[208] Markides, C. Disruptive innovation: In need of better theory[J]. Journal of Product Innovation Management, 2006, 23(1):19-25.

[209] Marsh, S. J., Stock, G. N. Creating dynamic capability: The role of intertemporal integration, knowledge retention, and interpretation[J]. Journal of Product Innovation Management, 2006, 23(5): 422-436.

[210] May, R. C., Stewart Jr, W. H., Sweo, R. Environmental scanning behavior in a transitional economy: Evidence from Russia[J]. Academy of Management Journal, 2000, 43(3): 403-427.

[211] McCarthy, I. P., Lawrence, T. B., Wixted, B., Gordon, B. R. A Multidimensional conceptualization of environmental velocity [J]. Academy of Management Review, 2010, 35(4): 604-626.

[212] McGrath, R. N. Technological discontinuities and media patterns: Assessing electric vehicle batteries[J]. Technovation, 1998, 18(11): 677-687.

[213] McKelvey, M. D. Discontinuities in genetic engineering for pharmaceuticals? Firm jumps and lock-in systems of innovation[J]. Technology Analysis &· Strategic Management, 1996, 8(2): 107-116.

[214] McKelvie, A., Davidsson, P. From resource base to dynamic capabilities: An investigation of new firms[J]. British Journal of Management, 2009, 20(S1),S63-S80.

[215] McNamara, G., Aime, F., Vaaler, P. M. Is performance driven by industry- or firm-specific factors? A response to Hawawini, Subramanian, and Verdin[J]. Strategic

Management Journal, 2005, 26(11): 1075-1081.

[216] McNamara, G., Vaaler, P. M., Devers, C. Same as it ever was: The search for evidence of increasing hypercompetition[J]. Strategic Management Journal, 2003, 24 (3): 261-278.

[217] Menguc, B., Auh, S. Creating a firm-level dynamic capability through capitalizing on market orientation and innovativeness[J]. Journal of the Academy of Marketing Science, 2006, 34(1): 63.

[218] Meyer, A. D. Adapting to environmental jolts[J]. Administrative Science Quarterly, 1982, 27(4): 515-538.

[219] Meyer, A. D., Brook, G., Goes, J. B. Environmental jolts and industry revolutions: Organizational responses to discontinuous change[J]. Strategic Management Journal, 1990, 11(4): 93-110.

[220] Meyer, K. E., Peng, M. W. Probing theoretically into central and Eastern Europe: Transactions, resources, and institutions[J]. Journal of International Business Studies, 2005, 36(6): 600-621.

[221] Meyers, P. W. Non-linear learning in large technological firms: Period four implies chaos[J]. Research Policy, 1990, 19(2):97-115.

[222] Meyers, P. W., Tucker, F. G. Defining roles for logistics during routine and radical technological innovation[J]. Journal of the Academy of Marketing Sciences, 1989, 17 (1): 73-82.

[223] Miles, R. E., Snow, C. C., Meyer, A. D., Coleman Jr, H. J. Organizational strategy, structure, and process[J]. Academy of Management Journal, 1978, 3(3): 546-562.

[224] Miles, R. E., Snow, C. C., Pfeffer, J. Organization-environment: Concepts and issues[J]. Industrial Relations, 1974, 13(3): 244-264.

[225] Miller, D. The correlates of entrepreneurship in three types of firms[J]. Management Science, 1983, 29(7): 770-791.

[226] Miller, D. The structural and environmental correlates of business strategy[J]. Strategic Management Journal, 1987, 8(1): 55-76.

[227] Miller, D. Relating Porter's business strategies to environment and structure: Analysis and performance implications[J]. Academy of Management Journal, 1988, 31(2):280-308.

[228] Miller, D. What happens after success: The perils of excellence[J]. Journal of

Management Studies，1994，31(3)：325-358.

[229] Miller，D.，Chen，M. J. Sources and consequences of competitive inertia：A study of the U. S. airline industry[J]. Administrative Science Quarterly，1994，39(1)：1-23.

[230] Miller，D.，Friesen，P. H. Archetypes of strategy formulation[J]. Management Science，1978，24(9)：921-933.

[231] Miller，D.，Friesen，P. H. Innovation in conservative and entrepreneurial firms：Two models of strategic momentum[J]. Strategic Management Journal，1982a，3(1)：1-25.

[232] Miller，D.，Friesen，P. H. Structural change and performance：Quantum vs. piecemeal-incremental approaches [J]. Academy of Management Journal，1982b，25(4)：867-892.

[233] Miller，D.，Friesen，P. H. Strategy-making and environment [J]. Strategic Management Journal，1983，4(3)：221-231.

[234] Miller，D.，Friesen，P. H.，Mintzberg，H. Organizations：A quantum view[M]. Englewood Cliffs，NJ：Prentice-Hall，1984.

[235] Milliken，F. J. Three types of perceived uncertainty about the environment：State，effect，and response uncertainty[J]. Academy of Management Review，1987，12(1)：133-143.

[236] Mintzberg，H. The structuring of orgnizations[M]. Englewood Cliffs，NJ：Prentice-Hall，1979.

[237] Mitchell，W. Whether and when？Probability and timing of incumbents' entry into emerging industrial subfields[J]. Administrative Science Quarterly，1989，34(2)：208-230.

[238] Miyazaki，K. Search，learning and accumulation of technological competences：The case of optoelectronics[J]. Industrial and Corporate Change，1994，3(3)：631.

[239] Neill，S.，McKee，D.，Rose，G. M. Developing the organization's sensemaking capability：Precursor to an adaptive strategic marketing response [J]. Industrial Marketing Management，2007，36(6)：731-744.

[240] Nelson，R. R.，Winter，S. G. An evolutionary theory of economic change[M]. Cambridge，MA：Belknap Press，1982.

[241] Newbert，S. L. Value，rareness，competitive advantage，and performance：A conceptual-level empirical investigation of the resource-based view of the firm[J]. Strategic Management Journal，2008，29(7)：745-768.

[242] Ng, D. W. A modern resource based approach to unrelated diversification[J]. Journal of Management Studies, 2007, 44(8): 1481-1502.

[243] Nicholls-Nixon, C. L., Cooper, A. C., Woo, C. Y. Strategic experimentation: Understanding change and performance in new ventures[J]. Journal of Business Venturing, 2000, 15(5-6): 493-521.

[244] Noke, H., Perrons, R. K., Hughes, M. Strategic dalliances as an enabler for discontinuous innovation in slow clockspeed industries: Evidence from the oil and gas industry[J]. R&D Management, 2008, 38(2): 129-139.

[245] Nooteboom, B. Inter-firm alliances: Analysis and design[M]. London: Routledge, 1999.

[246] Nunnally, J. C. Psychometric theory[M]. New York: McGraw-Hill, 1967.

[247] O'Connor, G. C. Major innovation as a dynamic capability: A systems approach[J]. Journal of Product Innovation Management, 2008, 25(4): 313-330.

[248] O'Connor, G. C., Ravichandran, T., Robeson, D. Risk management through learning: Management practices for radical innovation success[J]. Journal of High Technology Management Research, 2008, 19(1): 70-82.

[249] O'Reilly Ⅲ, C. A., Tushman, M. Ambidexterity as a dynamic capability: Resolving the innovator's dilemma[J]. Research in Organizational Behavior, 2008, 28(1):185-206.

[250] Oktemgil, M., Greenley, G. Consequences of high and low adaptive capability in UK companies[J]. European Journal of Marketing, 1997, 31(7/8): 445-466.

[251] Olleros, F. J. Emerging industries and the burnout of pioneers[J]. Journal of Product Innovation Management, 1986, 1(2): 5-18.

[252] Paladino, A. Analyzing the effects of market and resource orientations on innovative outcomes in times of turbulence[J]. Journal of Product Innovation Management, 2008, 25(6): 577-592.

[253] Pandza, K., Thorpe, R. Creative search and strategic sense-making: Missing dimensions in the concept of dynamic capabilities[J]. British Journal of Management, 2009, 20(S1):S118-S131.

[254] Peng, M. How network strategies and institutional transitions evolve in Asia[J]. Asia Pacific Journal of Management, 2005a, 22(4):321-336.

[255] Peng, M., Heath, P. The growth of the firm in planned economies in transition: Institutions, organizations, and strategic choice[J]. Academy of Management Review, 1996, 21(2): 492-528.

[256] Peng, M., Luo, Y. Managerial ties and firm performance in a transition economy: The

nature of a micro-macro link[J]. Academy of Management Journal, 2000, 43(3): 486-501.

[257] Peng, M. W. Towards an institution-based view of business strategy[J]. Asia Pacific Journal of Management, 2002, 19(2): 251-267.

[258] Peng, M. W. Institutional transitions and strategic choices[J]. Academy of Management Review, 2003, 28(2): 275-296.

[259] Peng, M. W. From China strategy to global strategy[J]. Asia Pacific Journal of Management, 2005b, 22(2):123-141.

[260] Peng, M. W., Sun, S. L., Pinkham, B., Chen, H. The institution-based view as a third leg for a strategy tripod[J]. Academy of Management Perspectives, 2009, 23(3): 63-81.

[261] Perrons, K., Platts, K. Outsourcing strategies for radical innovations: Does industry clockspeed make a difference? [J]. Journal of Manufacturing Technology Management, 2005, 16(8): 842-863.

[262] Perrons, R. K., Richards, M. G., Platts, K. What the hare can teach the tortoise about make-buy strategies for radical innovations[J]. Management Decision, 2005, 43 (5): 670-690.

[263] Peteraf, M., Di Stefano, G., Verona, G. The elephant in the room of dynamic capabilities: Bringing two diverging conversations together[J]. Strategic Management Journal, 2013, 34(12): 1389-1410.

[264] Phene, A., Fladmoe-Lindquist, K., Marsh, L. Breakthrough innovations in the US biotechnology industry: The effects of technological space and geographic origin[J]. Strategic Management Journal, 2006, 27(4): 369-388.

[265] Phillips, W., Lamming, R., Bessant, J., Noke, H. Discontinuous innovation and supply relationships: Strategic dalliances[J]. R&D Management, 2006a, 36(4): 451-461.

[266] Phillips, W., Noke, H., Bessant, J., Lamming, R. Beyond the steady state: Managing discontinuous product and process innovation[J]. International Journal of Innovation Management, 2006b, 10(2): 175-196.

[267] Pilkingtona, A., Teichert, T. Management of technology: Themes, concepts and relationships[J]. Technovation, 2006, 26(3): 288-299.

[268] Pinto, M. B., Pinto, J. K. Project team communication and cross-functional cooperation in new program development [J]. Journal of Product Innovation Management, 1990, 7(3): 200-212.

[269] Podsakoff, P. M. , Organ, D. W. Self-reports in organizational research: Problems and prospects[J]. Journal of Management, 1986, 12(4): 531-544.

[270] Potter, D. Rare mettle: Gold and silver strategies to succeed in hostile markets[J]. California Management Review, 1994, 37(1): 65-82.

[271] Porter, M. E. Competitive Advantage[M]. New York: Free Press,1985.

[272] Porter, M. E. Competitive strategy: Techniques for analyzing industries and competitors [M]. New York: Free Press,1980.

[273] Powell, T. C. Competitive advantage: Logical and philosophical considerations[J]. Strategic Management Journal, 2001, 22(9): 875-888.

[274] Prahalad, C. K. Managing discontinuities: The emerging challenges[J]. Research Technology Management, 1998, 41(3): 14-22.

[275] Priem, R. L. , Butler, J. E. Is the resource-based "view" a useful perspective for strategic management research? [J] Academy of Management Review, 2001, 26(1): 22-40.

[276] Prieto, I. M. , Revilla, E. , Rodríguez-Prado, B. Building dynamic capabilities in product development: How do contextual antecedents matter? [J] Scandinavian Journal of Management, 2009, 25(3): 313-326.

[277] Rice, M. P. , Leifer, R. , O'Connor, G. C. Commercializing discontinuous innovations: Bridging the gap from discontinuous innovation project to operations[J]. IEEE Transactions on Engineering Management, 2002, 49(4):330-340.

[278] Rice, M. P. , O'Connor, G. C. , Peters, L. S. , Morone, J. G. Managing discontinuous innovation[J]. Research Technology Management, 1998, 41(3): 52-58.

[279] Richard, O. C. , Murthi, B. , Ismail, K. The impact of racial diversity on intermediate and long-term performance: The moderating role of environmental context [J]. Strategic Management Journal, 2007, 28(12): 1213-1233.

[280] Robert Baum, J. , Wally, S. Strategic decision speed and firm performance[J]. Strategic Management Journal, 2003, 24(11): 1107-1129.

[281] Robert Mitchell, J. , Shepherd, D. A. , Sharfman, M. P. Erratic strategic decisions: When and why managers are inconsistent in strategic decision making[J]. Strategic Management Journal, 2011, 32(7): 683-704.

[282] Roberts, P. W. , Eisenhardt, K. M. Austrian insights on strategic organization: From market insights to implications for firms[J]. Strategic Organization, 2003, 1 (3): 345-352.

［283］ Romanelli, E., Tushman, M. L. Organizational transformation as punctuated equilibrium: An empirical test[J]. Academy of Management Journal, 1994, 37(5): 1141-1166.

［284］ Rosenbloom, R., Christensen, C. M. Technological discontinuities, organizational capabilities, and strategic commitments[J]. Industrial and Corporate Change, 1994, 3 (3): 655-685.

［285］ Rosenbusch, N., Bausch, A., Galander, A. The impact of environmental characteristics on firm performance: A meta-analysis [J]. Academy of Management Proceedings, 2007.

［286］ Rosenbusch, N., Rauch, A., Bausch, A. The mediating role of entrepreneurial orientation in the task environment-performance relationship: A meta-analysis[J]. Journal of Management, 2012, 39(3):633-659.

［287］ Rosenkopf, L., Nerkar, A. Beyond local search: Boundary-spanning, exploration, and impact in the optical disk industry[J]. Strategic Management Journal, 2001, 22 (4):287-306.

［288］ Rothaermel, F. T. Technological discontinuities and the nature of competition[J]. Technology Analysis & Strategic Management, 2000, 12(2): 149-160.

［289］ Rothaermel, F. T. Technological discontinuities and interfirm cooperation: What determines a startup's attractiveness as alliance partner? [J]. IEEE Transactions on Engineering Management, 2002, 49(4): 387-397.

［290］ Rothaermel, F. T., Deeds, D. L. Exploration and exploitation alliances in biotechnology: A system of new product development [J]. Strategic Management Journal, 2004, 25(3): 201-221.

［291］ Rothaermel, F. T., Hess, A. M. Building dynamic capabilities: innovation driven by individual-, firm-, and network-level effects[J]. Organization Science, 2007, 18(6): 898-921.

［292］ Rothaermel, F. T., Hill, C. W. L. Technological discontinuities and complementary assets: A longitudinal study of industry and firm performance [J]. Organization Science, 2005, 16(1): 52-70.

［293］ Roy, A., Walters, P. G. P., Luk, S. T. K. Chinese puzzles and paradoxes: Conducting business research in China[J]. Journal of Business Research, 2001, 52 (2): 203-210.

［294］ Sackman, S. Cultural knowledge in organizations: Exploring the collective mind[M].

Newbury Park, CA: Sage, 1991.

[295] Sadowski, B. M., Dittrich, K., Duysters, G. M. Collaborative strategies in the event of technological discontinuities: The case of Nokia in the mobile telecommunication industry[J]. Small Business Economics, 2003, 21(2):173-186.

[296] Salomo, S., Gemünden, H. G., Leifer, R. Research on corporate radical innovation systems-A dynamic capabilities perspective: An introduction [J]. Journal of Engineering and Technology Management, 2007, 24(1-2): 1-10.

[297] Schreyögg, G., Kliesch-Eberl, M. How dynamic can organizational capabilities be? Towards a dual-process model of capability dynamization[J]. Strategic Management Journal, 2007, 28(9): 913-933.

[298] Schuler, D. Corporate political strategy and foreign competition: The case of the steel industry[J]. Academy of Management Journal, 1996, 39(3):720-737.

[299] Shane, S. Prior knowledge and the discovery of entrepreneurial opportunities[J]. Organization Science, 2000, 11(4): 448-469.

[300] Shane, S., Venkatraman, S. The promise of entrepreneurship as a field of research [J]. Academy of Management Review, 2000, 25(1): 217-226.

[301] Sharfman, M. P., Dean, J. W. Conceptualizing and measuring the organizational environment: A multidimensional approach[J]. Journal of Management, 1991, 17(4): 681-700.

[302] Short, J. C., Ketchen Jr, D. J., Palmer, T. B., Hult, G. T. M. Firm, strategic group, and industry influences on performance[J]. Strategic Management Journal, 2007, 28(2): 147-167.

[303] Sine, W. D., David, R. J. Environmental jolts, institutional change, and the creation of entrepreneurial opportunity in the US electric power industry[J]. Research Policy, 2003, 32(2): 185-207.

[304] Sinha, R. K., Noble, C. H. The adoption of radical manufacturing technologies and firm survival[J]. Strategic Management Journal, 2008, 29(9): 943-962.

[305] Sirmon, D. G., Hitt, M. A. Managing resources: Linking unique resources, management, and wealth creation in family firms[J]. Entrepreneurship Theory and Practice, 2003, 27(4): 339-358.

[306] Sirmon, D. G., Hitt, M. A., Ireland, R. D. Managing firm resources in dynamic environments to create value: Looking inside the black box [J]. Academy of Management Review, 2007, 32(1): 273-292.

[307] Slater, S. F. , Narver, J. C. Does competitive environment moderate the market orientation-performance relationship? [J]. The Journal of Marketing, 1994, 58(1): 46-55.

[308] Slater, S. F. , Olson, E. M. , Hult, G. T. M. The moderating influence of strategic orientation on the strategy formation capability - performance relationship [J]. Strategic Management Journal, 2006, 27(12): 1221-1231.

[309] Slevin, D. P. , Covin, J. G. Strategy formation patterns, performance, and the significance of context[J]. Journal of Management, 1997, 23(2): 189-209.

[310] Smit, B. , Wandel, J. Adaptation, adaptive capacity and vulnerability[J]. Global Environmental Change, 2006, 16(3): 282-292.

[311] Smith, K. G. , Cao, Q. An enterpreneurial perspective on the firm-environment relationship[J]. Strategic Entrepreneurship Journal, 2007, 1(3-4):329-344.

[312] Smith, K. G. , Collins, C. J. , Clark, K. D. Existing knowledge, knowledge creation capability, and the rate of new product introduction in high-technology firms[J]. Academy of Management Journal, 2005, 48(2): 346-357.

[313] Snyder, N. H. , Glueck, W. F. Can environmental volatility be measured objectively? [J]. Academy of Management Journal, 1982, 25(1): 185-192.

[314] Spedale, S. Technological discontinuities: Is co-operation an option? [J]. Long Range Planning, 2003, 36 (3):253-268.

[315] Staal, M. A. , Bolton, A. , Yaroush, R. , Bourne Jr, L. Cognitive performance and resilience to stress[M]. Boca Raton, FL: CRC Press,2008.

[316] Stadler, C. , Helfat, C. E. , Verona, G. The impact of dynamic capabilities on resource access and development[J]. Organization Science, 2013, 24(6):1782-1804.

[317] Steiger, J. H. Structure estimation model evaluation and modification: An interval estimation approach[J]. Multivariate Behavioral Research, 1990, 25(1):173-180.

[318] Stopford, J. M. , Baden-Fuller, C. W. F. Creating corporate entrepreneurship[J]. Strategic Management Journal, 1994, 15(7): 521-536.

[319] Subramaniam, M. , Youndt, M. A. The influence of intellectual capital on the types of innovative capabilities [J]. Academy of Management Journal, 2005, 48 (3): 450-463.

[320] Takii, K. The value of adaptability - through the analysis of a firm's prediction ability [J]. Journal of Economics and Business, 2007, 59(2): 144-162.

[321] Tan, J. , Li, S. , Xia, J. When iron first, visible hand, and invisible hand meet:

Firm-level effects of varying institutional environments in China [J]. Journal of Business Research, 2007, 60(7): 786-794.

[322] Tan, J., Tan, D. Environment-strategy co-evolution and co-alignment: A staged model of Chinese SOEs under transition[J]. Strategic Management Journal, 2005, 26 (2): 141-157.

[323] Tan, J. J., Litschert, R. J. Environment-strategy relationship and its performance implications: An empirical study of Chinese electronics industry [J]. Strategic Management Journal, 1994, 15(1): 1-20.

[324] Teece, D. J. Explicating dynamic capabilities: The nature and microfoundations of (sustainable) enterprise performance[J]. Strategic Management Journal, 2007, 28 (13): 1319-1350.

[325] Teece, D. J., Pisano, G. The dynamic capabilities of firms: An introduction[J]. Industrial and Corporate Change, 1994, 3(3): 537-556.

[326] Teece, D. J. Strategies for managing knowledge assets: The role of firm structure and industrial context[J]. Long Range Planning, 2000, 33(1): 35-54.

[327] Teece, D. J., Pisano, G., Shuen, A. Dynamic capabilities and strategic management[J]. Strategic Management Journal, 1997, 18(7): 509-533.

[328] Teece, D. J. Profiting from technological innovation: Implications for integration, collaboration, licensing and public policy[J]. Research Policy, 1986, 15(6): 285-305.

[329] Tellis, G. Disruptive technology or visionary leadership [J]. Journal of Product Innovation Management, 2006, 23(1):34-38.

[330] Thomas Ⅲ, L. The two faces of competition: Dynamic resourcefulness and the hypercompetitive shift[J]. Organization Science, 1996, 7(3): 221-242.

[331] Thomas, J. B., Clark, S. M., Gioia, D. A. Strategic sensemaking and organizational performance: Linkages among scanning, interpretation, action, and outcomes [J]. Academy of Management Journal, 1993, 36(2): 239-270.

[332] Thompson, J. D. Organizations in action[M]. New York: McGraw-Hill, 1967.

[333] Trajtenberg, M. A penny for your quotes: Patent citations and the value of innovations[J]. RAND Journal of Economics, 1990, 21(1): 172-187.

[334] Tripsas, M. Surviving radical technological change through dynamic capability: Evidence from the typesetter industry[J]. Industrial and Corporate Change, 1997, 6 (2): 341-377.

[335] Tung, R. Dimentions of organizational environments: An exploratory study of their

impact on organizational structure[J]. Academy of Management Journal, 1979, 22 (4):672-693.

[336] Tushman, M. L., Anderson, P. Technological discontinuities and organizational environments[J]. Administrative Science Quarterly, 1986, 31(3): 439-465.

[337] Tushman, M. L., O'Reilly Ⅲ, C. A. Ambidextrous organizations: Managing evolutionary and revolutionary change[J]. California Management Review, 1996, 38(4): 8-30.

[338] Uotila, J., Maula, M., Keil, T., Zahra, S. A. Exploration, exploitation, and financial performance: Analysis of S&P 500 corporations[J]. Strategic Management Journal, 2009, 30(2): 221-231.

[339] Utterback, J. M. Mastering the dynamics of innovation[M]. Boston: Harvard Business School Press, 1996,

[340] Utterback, J. M., Kim, L. Invasion of a stable business by radical innovation[J]. R&D Management, 1986, 16(1): 113-151.

[341] Van den Bosch, F. A. J., Volberda, H. W., De Boer, M. Coevolution of firm absorptive capacity and knowledge environment: Organizational forms and combinative capabilities[J]. Organization Science, 1999, 10(4): 551-568.

[342] Venkatraman, N. Strategic orientation of business enterprises: The construct, dimensionality, and measurement[J]. Management Science, 1989, 35(8): 942-962.

[343] Veryzer, R. W. The roles of marketing and industrial design in discontinuous new product development[J]. Journal of Product Innovation Management, 2005, 22(1): 22-41.

[344] Veryzer,Jr. R. W.,Discontinuous innovation and the new product development process [J]. Journal of Product Innovation Management, 1998, 15(4): 304-321.

[345] Vincent, L. Innovation midwives: Sustaining innovation streams in established companies[J]. Research Technology Management, 2005, 48(1): 41-49.

[346] Virany, B., Tushman, M. L., Romanelli, E. Executive succession and organization outcomes in turbulent environments: An organization learning approach [J]. Organization Science, 1992, 3(1): 72-91.

[347] Walder, A. G. Local governments as industrial firms: An organizational analysis of China's transitional economy[J]. American Journal of Sociology, 1995, 101(2): 263-301.

[348] Wang, C. L., Ahmed, P. K. Dynamic capabilities: A review and research agenda [J]. International Journal of Management Reviews, 2007, 9(1): 31-51.

[349] Wang, L. , Zajac, E. Alliance or acquisition? A dyadic perspective on interfirm resource combinations[J]. Strategic Management Journal, 2007, 28(13): 1291-1317.

[350] Weick, K. E. Sensemaking in Organizations[M]. Thousand Oaks, CA: Sage, 1995,

[351] Weick, K. E. , Roberts, K. H. Collective mind in organizations: Heedful interrelating on flight decks[J]. Administrative Science Quarterly, 1993, 38(3): 357-381.

[352] Weick, K. E. , Sutcliffe, K. M. , Obstfeld, D. Organizing and the process of sensemaking[J]. Organization Science, 2005, 16(4): 409-421.

[353] Wholey, D. R. , Brittain, J. Characterizing environmental variation[J]. Academy of Management Journal, 1989, 32(4): 867-882.

[354] Wiersema, M. F. , Bantel, K. A. Top management team turnover as an adaptation mechanism: The role of the environment[J]. Strategic Management Journal, 1993, 14 (7): 485-504.

[355] Wiggins, R. R. , Ruefli, T. W. Schumpeter's ghost: Is hypercompetition making the best of times shorter? [J]. Strategic Management Journal, 2005, 26(10): 887-911.

[356] Wiggins, R. R. , Ruefli, T. W. Sustained competitive advantage: Temporal dynamics and the incidence and persistence of superior economic performance[J]. Organization Science, 2002, 13(1): 82-105.

[357] Wiklund, J. , Shepherd, D. Entrepreneurial orientation and small business performance: A configurational approach[J]. Journal of Business Venturing, 2005, 20 (1): 71-91.

[358] Williamson, O. E. Strategy research: Governance and competence perspectives[J]. Strategic Management Journal, 1999, 20(12): 1087-1108.

[359] Wind, J. , Mahajan, V. Issues and opportunities in new product development: An introduction to the special issue[J]. Journal of Marketing Research, 1997, 34(1): 1-12.

[360] Winter, S. G. The Satisficing principle in capability learning [J]. Strategic Management Journal, 2000, 21(10-11): 981-996.

[361] Winter, S. G. Understanding dynamic capabilities[J]. Strategic Management Journal, 2003, 24(10): 991-995.

[362] Woiceshyn, J. , Daellenbach, U. Integrative capability and technology adoption: Evidence from oil firms[J]. Industrial and Corporate Change, 2005, 14(2):307-342.

[363] Worren, N. , Moore, K. , Cardona, P. Modularity, strategic flexibility, and firm

performance: A study of the home appliance industry[J]. Strategic Management Journal, 2002, 23(12): 1123-1140.

[364] Wu, L. Y. Resources, dynamic capabilities and performance in a dynamic environment: Perceptions in Taiwanese IT enterprises [J]. Information & Management, 2006, 43(4): 447-454.

[365] Wu, L. Y. Entrepreneurial resources, dynamic capabilities and start-up performance of Taiwan's high-tech firms[J]. Journal of Business Research, 2007, 60(5): 549-555.

[366] Wu, L. Y. Applicability of the resource-based and dynamic-capability views under environmental volatility[J]. Journal of Business Research, 2010, 63(1): 27-31.

[367] Xin, K., Pearce, J. Guanxi: Connections as substitutes for formal institutional support[J]. Academy of Management Journal, 1996, 39(6): 1641-1658.

[368] Yasai-Ardekani, M., Nystrom, P. C. Designs for environmental scanning systems: Tests of a contingency theory[J]. Management Science, 1996, 42(2): 187-204.

[369] Yin, R. K. Case study research: Design and methods [M]. (3rd edition). Thousand Oaks: Sage, 2003.

[370] Zahra, S., Sapienza, H., Davidsson, P. Entrepreneurship and dynamic capabilities: A review, model and research agenda[J]. Journal of Management Studies, 2006, 43(4): 917-955.

[371] Zahra, S. A. Environment, corporate entrepreneurship, and financial performance: A taxonomic approach[J]. Journal of Business Venturing, 1993, 8(4): 319-340.

[372] Zahra, S. A. Technology strategy and financial performance: Examining the moderating role of the firm's competitive environment [J]. Journal of Business Venturing, 1996a, 11(3): 189-219.

[373] Zahra, S. A. Technology strategy and new venture performance: A study of corporate-sponsored and independent biotechnology ventures[J]. Journal of Business Venturing, 1996b, 11(4): 289-321.

[374] Zahra, S. A., Bogner, W. C. Technology strategy and software new ventures' performance: Exploring the moderating effect of the competitive environment[J]. Journal of Business Venturing, 2000, 15(2): 135-173.

[375] Zahra, S. A., Covin, J. G. Contextual influences on the corporate entrepreneurship-performance relationship: A longitudinal analysis[J]. Journal of Business Venturing, 1995, 10(1): 43-58.

[376] Zahra, S. A., George, G. Absorptive capacity: A review, reconceptualization, and extension

[J]. Academy of Management Review, 2002, 27(2): 185-203.

[377] Zhang, Y., Li, H. Innovation search of new ventures in a technology cluster: The role of ties with service intermediaries[J]. Strategic Management Journal, 2010, 31 (1): 88-109.

[378] Zhou, K. Z., Li, C. B. How does strategic orientation matter in Chinese firms? [J]. Asia Pacific Journal of Management, 2007, 24(4): 447-466.

[379] Zhou, K. Z., Li, C. B. How strategic orientations influence the building of dynamic capability in emerging economies[J]. Journal of Business Research, 2010, 63(3): 224-231.

[380] Zhou, K. Z., Su, C., Bao, Y. A paradox of price-quality and market efficiency: A comparative study of the US and China markets[J]. International Journal of Research in Marketing, 2002, 19(4): 349-365.

[381] Zhou, K. Z., Tse, D. K., Li, J. J. Organizational changes in emerging economies: Drivers and consequences[J]. Journal of International Business Studies, 2006, 37(2): 248-263.

[382] Zhou, K. Z., Wu, F. Technological capability, strategic flexibility, and product innovation[J]. Strategic Management Journal, 2010, 31(5): 547-561.

[383] Zhou, K. Z., Yim, C. K., Tse, D. K. The effects of strategic orientations on technology-and market-based breakthrough innovations[J]. Journal of Marketing, 2005, 69(2): 42-60.

[384] Zollo, M., Winter, S. G. Deliberate learning and the evolution of dynamic capabilities [J]. Organization Science, 2002, 13(3): 339-351.

[385] Zott, C. Dynamic capabilities and the emergence of intra-industry differential firm performance: Insights from a simulation study[J]. Strategic Management Journal, 2003, 24(2): 97-125.

[386] 蔡地, 万迪. 民营企业家政治关联、政府干预与多元化经营[J]. 当代经济科学, 2009, 31(6): 17-22.

[387] 曹红军, 赵剑波. 动态能力如何影响企业绩效:基于中国企业的实证研究[J]. 南开管理评论, 2008, 11(6): 54-65.

[388] 曹红军, 赵剑波, 王以华. 动态能力的维度:基于中国企业的实证研究[J]. 科学学研究, 2009, 27(1): 36-44.

[389] 陈运森, 朱松. 政治关系、制度环境与上市公司资本投资[J]. 财经研究, 2009, 35(12): 27-39.

[390] 邓少军, 芮明杰. 组织动态能力演化微观认知机制研究前沿探析与未来展望[J]. 外国经济与管理, 2010, 32(11)：26-34.

[391] 方军雄. 政府干预、所有权性质与企业并购[J]. 管理世界, 2008(9)：118-123.

[392] 冯军政, 魏江. 国外动态能力维度划分及测量研究综述与展望[J]. 外国经济与管理, 2011, 33(7)：26-33.

[393] 高若阳. 基于知识观的组织模块性与企业适应性研究[D]. 杭州：浙江大学, 2010.

[394] 葛宝山, 董保宝. 基于动态能力中介作用的资源开发过程与新创企业绩效关系研究[J]. 管理学报, 2009, 6(4)：520-526.

[395] 何铮, 谭劲松, 陆园园. 组织环境与组织战略关系的文献综述及最新研究动态[J]. 管理世界, 2006(11)：144-151.

[396] 贺小刚, 李新春, 方海鹰. 动态能力的测量与功效：基于中国经验的实证研究[J]. 管理世界, 2006(3)：94-103.

[397] 贺远琼, 田志龙. 组织因素与环境因素对企业政治战略的影响：一个研究综述[J]. 当代经济管理, 2007, 29(2)：14-18.

[398] 侯杰泰, 温忠麟, 成子娟. 结构方程模型及其应用[M]. 北京：教育科学出版社, 2004.

[399] 胡望斌, 张玉利, 牛芳. 我国新企业创业导向、动态能力与企业成长关系实证研究[J]. 中国软科学, 2009(4)：107-118.

[400] 黄俊, 王钊, 白硕, 等. 动态能力的测度：基于国内汽车行业的实证研究[J]. 管理评论, 2010, 22(1)：76-81.

[401] 姜黎辉. 技术环境扫描行为、外部联结特征与不连续创新的关系：基于制造企业的实证研究[D]. 西安：西安交通大学, 2007.

[402] 姜黎辉, 张朋柱, 彭诗金. 企业技术环境扫描模式研究[J]. 工业技术经济, 2006, 25(1)：74-77.

[403] 蒋勤峰. 孵化企业社会资本与创业绩效关系研究：基于动态能力中介效应的分析[D]. 上海：上海交通大学, 2007.

[404] 蒋勤峰, 田晓明. 企业动态能力对企业创业绩效作用的实证研究[J]. 心理科学, 2008, 31(5)：1094-1099.

[405] 蒋勤峰, 田晓明, 王重鸣. 企业动态能力测量之实证研究：以270家孵化器入孵企业为例[J]. 科学学研究, 2008, 26(3)：604-611.

[406] 焦豪. 企业动态能力、环境动态性与绩效关系的实证研究[J]. 软科学, 2008, 22(4)：112-117.

[407] 焦豪, 魏江, 崔瑜. 企业动态能力构建路径分析：基于创业导向和组织学习的视角

[J]. 管理世界，2008(4)：91-106.

[408] 揭筱纹，钟国梁. 企业动态能力测量维度研究：基于泰国企业的实证数据[J]. 软科学，2009，23(5)：137-139.

[409] 李大元，项保华，陈应龙. 企业动态能力及其功效：环境不确定性的影响[J]. 南开管理评论，2009，12(6)：60-68.

[410] 李廉水，吴利华，徐彦武，郁明华. 公司跨行业转型：特征分析与风险控制[J]. 管理世界，2004(1)：118-129.

[411] 李增泉，余谦，王晓坤. 掏空、支持与并购重组：来自我国上市公司的经验证据[J]. 经济研究，2005(1)：95-105.

[412] 刘洪. 组织结构变革的复杂适应系统观[J]. 南开管理评论，2004，7(3)：51-56.

[413] 吕鸿江，刘洪，陶厚永. 组织适应性驱动因素探析[J]. 外国经济与管理，2007，29(10)：47-53.

[414] 罗党论，唐清泉. 政治关系、社会资本与政策资源获取：来自中国民营上市公司的经验证据[J]. 世界经济，2009(7)：84-96.

[415] 马庆国. 管理统计：数据获取、统计原理、SPSS 工具与应用研究[M]. 北京：科学出版社，2002.

[416] 孟晓斌，王重鸣，杨建锋. 企业动态能力理论模型研究综述[J]. 外国经济与管理，2007，29(10)：9-16.

[417] 潘红波，夏新平，余明桂. 政府干预、政治关联与地方国有企业并购[J]. 经济研究，2008(4)：41-52.

[418] 潘越，戴亦一，李财喜. 政治关联与财务困境公司的政府补助：来自中国 ST 公司的经验证据[J]. 南开管理评论，2009，12(5)：6-17.

[419] 唐建新，陈冬. 地区投资者保护、企业性质与异地并购的协同效应[J]. 管理世界，2010(8)：102-116.

[420] 唐晓华，苏梅梅. 产业过度竞争测度基准及聚类分析[J]. 中国工业经济，2003(6)：29-35.

[421] 田晓明，蒋勤峰，王重鸣. 企业动态能力与企业创业绩效关系实证研究：以 270 家孵化企业为例分析[J]. 科学学研究，2008，26(4)：812-819.

[422] 魏江，冯军政. 国外不连续创新研究现状评介与研究框架构建[J]. 外国经济与管理，2010，32(6)：9-16.

[423] 魏江，冯军政，王海军. 制度转型期中国本土企业适应性成长路径：基于海尔不连续创新的经验研究[J]. 管理学报，2011，8(4)：493-503.

[424] 魏江，焦豪. 创业导向、组织学习与动态能力关系研究[J]. 外国经济与管理，2008，

30(2)：36-41.

[425] 吴晓波，马如飞，毛茜敏. 基于二次创新动态过程的组织学习模式演进：杭氧 1996—2008 纵向案例研究[J]. 管理世界，2009b(2)：152-164.

[426] 吴晓波，周浩军，周伟华，窦伟. 企业成长不连续性与二次创业周期模型[J]. 管理世界，2009a(B12)：69-79.

[427] 武亚军. 中国本土新兴企业的战略双重性：基于华为、联想和海尔实践的理论探索[J]. 管理世界，2009(12)：120-136.

[428] 武亚军，高旭东，李明芳. 国际化背景下的中国本土企业战略：一个理论框架与应用分析[J]. 管理世界，2005(11)：101-113.

[429] 夏立军，方轶强. 政府控制、治理环境与公司价值：来自中国证券市场的经验证据[J]. 经济研究，2005(5)：40-51.

[430] 熊军，章凯. 中国民营企业动态环境下的适应性成长路径：一项追踪案例研究[J]. 管理世界，2009(S1)：27-36.

[431] 鄢德春. 动态能力的概念和理论有价值吗？[J].科学学研究，2007,25(3)：478-481.

[432] 张建君，张志学. 中国民营企业家的政治战略[J]. 管理世界，2005(7)：94-105.

[433] 章威. 基于知识的企业动态能力研究：嵌入性前因及创新绩效结果[D].杭州:浙江大学，2009.

[434] 钟国梁，揭筱纹. 因子分析法在企业动态能力测量中的应用研究：以泰国企业为例[J]. 软科学，2008，22(12)：67-71.

附录 1

企业访谈提纲

第一部分：企业基本情况

1.请简单介绍企业的发展历程，包括主要发展阶段、每个发展阶段的主要发展战略、有代表性的关键事件等。

2.请详述当前企业所涉及的主要技术领域、业务领域和产品领域，并简单介绍企业的业务结构和市场范围等。

3.请简单说明企业当前的组织结构、子公司的地理分布和所从事的主要行业，以及总部每个职能部门的定位、主要职责等。

4.请简单介绍企业当前产品的市场占有率、目标市场定位等。

第二部分：企业创新管理情况

1.请简单描述企业技术中心成立和发展的历程，技术中心在企业当前发展过程中所扮演的角色，以及技术中心组织结构和具体职能。

2.企业技术中心近期、中期和长期的技术发展路径是什么，有何具体的实现目标？

3.请问当前企业所在行业技术发展过程中的关键技术、共性技术、前沿技术或新兴技术有哪些？掌握这些技术的组织（比如企业、高校或者研究机构）是哪些？

4.请详细描述企业铅酸电池/铅酸电池事业部在技术开发中的技术项目来源渠道有哪些，项目经费管理、过程管理、人员管理和绩效评价方式有什么特点？

5.当前企业在铅酸电池技术开发过程中的研发合作对象有哪些，合作领域以及合作方式如何？

6.与铅酸电池技术开发相比,企业对锂电池/锂电池事业部技术开发中的技术项目来源渠道有哪些,项目经费管理、过程管理、人员管理和绩效评价方式有何差异性?

7.当前企业在锂电池技术开发过程中的研发合作对象有哪些,合作领域以及合作方式如何? 与铅酸电池技术开发过程相比有何独特性?

8.请详细描述当前技术中心的运行机制,包括人才培养机制、知识管理机制、激励机制和文化建设机制等方面的具体措施及其独特性。

第三部分:企业组织绩效情况

1.企业1994年9月成立至今,共申请多少专利? 其中发明专利所占比例为多少? 在所有申请的专利中,铅酸电池技术领域的专利所占比重如何,锂电池技术领域的专利所占比重如何?

2.请问对于铅酸电池技术领域中的众多产品类型来说,近年来不同系列的产品在技术性能上的变化程度如何? 与铅酸电池产品相比,锂电池产品的技术性能有何优势,这些优势主要体现在哪些方面?

3.1994年企业成立以来,特别是2001年以来,企业总体销售额/新产品销售额/利润率有什么变化趋势? 其中铅酸电池业务领域和锂电池业务领域的销售额/新产品销售额/利润率有何发展趋势?

附录 2

企业调查问卷

尊敬的先生/女士：

您好！

非常感谢您在百忙之中抽出时间参与我们的调查！本问卷旨在研究"企业动态能力、创新特征与竞争优势"之间的作用关系,答案没有对错之分,请选择(电子版请用不同颜色标注)与您想法最为接近的答案。您的回答对研究结论具有至关重要的影响,其中前两部分由一个人填写,其余由另一个人填写。本问卷纯属学术研究之用,所获信息绝不用于任何商业目的,请您放心并尽可能根据实际情况客观回答。如果您对本研究的结论感兴趣,请在问卷结尾处注明,并留下您的通信方式,届时我们会及时将研究成果发您。

问卷完成后,请您及时通过合适的方式将其反馈给我们。

★返还给问卷发放人;

★E-mail 至:＊＊＊＊＊＊＊＊＊＊＊＊;

★邮寄至:＊＊＊＊＊＊＊＊＊＊＊＊。

如果您对问卷有任何疑问,请您及时联系我们,联系电话:＊＊＊＊＊＊＊＊＊＊＊＊。

一、企业基本信息

1. 企业名称:_____   2. 企业成立时间:_____

3. 企业所在地:_____   4. 企业主营业务所属行业:_____

5. 企业所有制类型:○国有;○民营;○外资;○合资;○其他。

6. 企业最近三年平均每年的员工人数:○50 人以下;○50～99 人;○100～499 人;○500～999 人;○1000 人以上。

7. 企业最近三年年均总资产规模:○100 万元以下;○100 万～1000 万元;

○1000万～1亿元;○1亿～10亿元;○10亿元以上。

8.企业最近三年年均营业额:○100万元以下;○100万～1000万元;○1000万～1亿元;○1亿～10亿元;○10亿元以上。

9.您对企业总体经营状况的了解程度:○非常不了解;○不太了解;○一般了解;○比较了解;○非常了解。

二、企业经营管理

以下是对企业内部经营管理状况的描述,请您根据本企业的实际情形进行选择	完全不同意━━━━→完全同意						
	1	2	3	4	5	6	7
在研发方面进行了大量的投资以探索各种技术可能性	○	○	○	○	○	○	○
经常探索和再探索顾客需求或潜在的顾客需求	○	○	○	○	○	○	○
密切监控供应商、竞争对手的创新行为	○	○	○	○	○	○	○
密切跟踪科学或技术领域的最新研究成果	○	○	○	○	○	○	○
经常通过各种途径了解行业的发展现状和趋势	○	○	○	○	○	○	○
能够有效地利用属于不同技术或应用领域的知识	○	○	○	○	○	○	○
从外部获得的新知识能够在企业内部充分地共享	○	○	○	○	○	○	○
行业信息或市场信息能够在企业内部广泛地传播	○	○	○	○	○	○	○
能够灵活地调整企业的组织结构	○	○	○	○	○	○	○
企业赋予了不同部门很大的自主决定权	○	○	○	○	○	○	○
能够适时地对已有的工作流程和程序进行再设计	○	○	○	○	○	○	○
能够适时地对部门的工作任务和职能进行再设计	○	○	○	○	○	○	○
能够适时地调整内外关系网络和网络沟通方式	○	○	○	○	○	○	○
能够及时地抛弃已经过时的资源或知识	○	○	○	○	○	○	○

三、企业创新

以下是对企业创新状况的描述，请您根据本企业的实际情形进行选择	完全不同意←————————→完全同意						
	1	2	3	4	5	6	7
在创新过程中引用了根本不同的新知识或新技术	○	○	○	○	○	○	○
创新使已有产品或服务的生产工艺或机器设备过时	○	○	○	○	○	○	○
创新从根本上改变了当前的产品/服务	○	○	○	○	○	○	○
创新使已有产品或服务中的经验或知识过时	○	○	○	○	○	○	○
通过创新开发的新产品/服务替代了已有的产品或服务	○	○	○	○	○	○	○
原有顾客难以理解通过创新开发的新产品或新服务	○	○	○	○	○	○	○
原有顾客购买新产品或新服务时需要付出较大的成本	○	○	○	○	○	○	○
原有顾客需要通过较长时间的学习后才能完全使用创新所开发出来的新产品或新服务	○	○	○	○	○	○	○

四、外部环境

以下是对企业所处的外部环境特征的描述,请您根据实际情形进行选择	完全不同意←————————→完全同意						
	1	2	3	4	5	6	7
企业所在产业内的技术变化非常快	○	○	○	○	○	○	○
产业技术变化为整个行业的发展提供了大量的机会	○	○	○	○	○	○	○
在未来几年内,企业很难预测行业技术在何处出现	○	○	○	○	○	○	○
行业技术的突破性发展,促进了大量新产品创意的产生	○	○	○	○	○	○	○
在企业所在的市场中,顾客很乐于接受新的产品创意	○	○	○	○	○	○	○
在企业所在的市场中,顾客的产品偏好变化非常快	○	○	○	○	○	○	○
市场所出现的新顾客在产品需求方面不同于现有顾客	○	○	○	○	○	○	○
我们的顾客倾向于不停地寻找新产品	○	○	○	○	○	○	○
政府出台的行业政策变化很快	○	○	○	○	○	○	○
政府出台的行业政策的目标是模糊的	○	○	○	○	○	○	○
在不同的时期或阶段,政府行业政策的目标差异很大	○	○	○	○	○	○	○
企业很难预测政府行业政策的变化趋势	○	○	○	○	○	○	○
产业失败率很高	○	○	○	○	○	○	○
产业风险很高,坏决策很容易威胁到企业的生存能力	○	○	○	○	○	○	○
产业竞争强度很大	○	○	○	○	○	○	○
激烈的价格战是产业的特征	○	○	○	○	○	○	○
低边际利润是本产业的特征	○	○	○	○	○	○	○

五、组织绩效

以下是与行业主要竞争对手相比，对组织绩效的描述，请您根据本企业的实际情形选择	完全不同意←————————→完全同意						
	1	2	3	4	5	6	7
企业的投资回报率较高	○	○	○	○	○	○	○
企业的资产收益率较高	○	○	○	○	○	○	○
企业的产品销售额的增长率较高	○	○	○	○	○	○	○
企业的产品销售利润率较高	○	○	○	○	○	○	○
企业的市场份额增长率较高	○	○	○	○	○	○	○
企业的现金流量较多	○	○	○	○	○	○	○
企业更能提升顾客满意度	○	○	○	○	○	○	○
企业更能吸引新的顾客	○	○	○	○	○	○	○
企业得以贯彻实施的员工建议比去年多	○	○	○	○	○	○	○
企业高层管理团队对业绩相当满意	○	○	○	○	○	○	○
企业员工平均生产力高于竞争对手	○	○	○	○	○	○	○

您辛苦了，请重新检查一下是否遗漏了对某些问项的回答！

感谢您对本研究的支持和参与！

您如果对该研究感兴趣，以及为了方便与您沟通，请留下您的联系方式：

联系电话或 E-mail：_____。

最后，再次提醒您及时将问卷反馈给我们，谢谢！

图书在版编目（CIP）数据

破解企业不连续创新：驱动力、路径与效应 / 冯军政著. —杭州：浙江大学出版社，2022.1
ISBN 978-7-308-17721-4

Ⅰ.①破… Ⅱ.①冯… Ⅲ.①企业创新—研究 Ⅳ.
①F273.1

中国版本图书馆 CIP 数据核字（2017）第 318526 号

破解企业不连续创新：驱动力、路径与效应

冯军政　著

责任编辑	杨利军	
责任校对	陈　翩	
封面设计	闰江文化	
出版发行	浙江大学出版社	
	（杭州市天目山路 148 号　邮政编码 310007）	
	（网址：http://www.zjupress.com）	
排　版	杭州青翊图文设计有限公司	
印　刷	广东虎彩云印刷有限公司绍兴分公司	
开　本	710mm×1000mm　1/16	
印　张	16.25	
字　数	250 千	
版 印 次	2022 年 1 月第 1 版　2022 年 1 月第 1 次印刷	
书　号	ISBN 978-7-308-17721-4	
定　价	58.00 元	